外贸独立站建站实操从入门到精通

周杭胜 ◎ 著

北京大学出版社

PEKING UNIVERSITY PRESS

内 容 简 介

本书从传统外贸客户开发方式的弊端讲起，通过新旧外贸客户开发思维对应的投入与收获的差异，引申出未来外贸页面开发过程中外贸独立站＋谷歌 SEO 模式的重要性。通过对外贸独立站的搭建和谷歌 SEO 的实操讲解，让毫无经验的读者也能看得懂，并对新的外贸客户开发方法产生兴趣。

本书涵盖的内容主要有：传统外贸客户开发模式中存在的问题，正确认识外贸独立站的优势与效果，搭建外贸独立网站的前期准备工作，外贸独立站搭建的实操讲解，网站页面加载速度优化，谷歌 SEO 新手指南，关键词的相关研究，如何输出高质量的原创内容，如何做高质量的网站外链，以及如何用 Google Analytics 工具来分析网站的相关统计数据等。

本书内容通俗易懂，包含大量的实操案例和配图，真正做到了零基础的外贸从业新手都能看懂。本书特别适合外贸 SOHO、外贸建站爱好者、外贸新人阅读学习。

图书在版编目（CIP）数据

外贸独立站建站实操从入门到精通/周杭胜著.—北京：北京大学出版社，2022.11
ISBN 978-7-301-33192-7

Ⅰ.①外⋯ Ⅱ.①周⋯ Ⅲ.①电子商务－网站建设 Ⅳ.①F713.361.2

中国版本图书馆CIP数据核字(2022)第147157号

书　　　名	外贸独立站建站实操从入门到精通 WAIMAO DULIZHAN JIANZHAN SHICAO CONG RUMEN DAO JINGTONG
著作责任者	周杭胜　著
责任编辑	刘　云
标准书号	ISBN 978-7-301-33192-7
出版发行	北京大学出版社
地　　址	北京市海淀区成府路205号　100871
网　　址	http://www.pup.cn　　新浪微博：@北京大学出版社
电子邮箱	编辑部 pup7@pup.cn　　总编室 zpup@pup.cn
电　　话	邮购部 010-62752015　发行部 010-62750672　编辑部 010-62570390
印　刷　者	北京鑫海金澳胶印有限公司
经　销　者	新华书店
	720毫米×1020毫米　16开本　24.5印张　462千字 2022年11月第1版　2024年6月第2次印刷
印　　数	3001-5000册
定　　价	89.00 元

未经许可，不得以任何方式复制或抄袭本书之部分或全部内容。
版权所有，侵权必究
举报电话：010-62752024　电子邮箱：fd@pup.cn
图书如有印装质量问题，请与出版部联系。电话：010-62756370

前　言

很高兴看到近年来伟大祖国在复兴中国梦方面所取得的成就，也为祖国成为世界第二大经济体感到自豪。在这份优异的成绩单背后，每一位勤奋、刻苦的中华儿女都留下了默默奋斗的身影。在新冠肺炎疫情的无情肆虐下，中国人民用独有的智慧和坚韧的决心，艰难地克服了外贸出口的困境，并且在外界环境不利的局面下实现了稳健的增长！这就是中国力量！

但我们也要在这次疫情影响所造成的问题中吸取相关的教训。比方说，线下展会受到疫情影响不能正常举办，很多以往靠着展会开拓外贸客户的企业一下子受到了老客户订单流失和新客户开拓渠道关闭的双重影响，导致企业的稳健运营出现了很大的状况。

鉴于此，身为外贸行业一员的我有了撰写此书的想法，并乐于将自己平时开发新客户的方法分享给广大的外贸从业人员，希望这些有别于传统外贸客户开发形式的新方法，能够为大家的工作带来一点新的思路。

传统的外贸从业人员需要主动寻找潜在客户，而采用外贸独立站 + 谷歌 SEO（搜索引擎优化）的方式，将会转变为潜在目标客户主动联系我们。这样做的好处在于，一方面，可以将更多的时间、精力投入更有采购需要的目标客户群体中，让双方的沟通能够更加直接，并且在后期的询盘转化过程中，也能够有更好的效率。这样可以避免传统的外贸客户开发方式中低质量开发信所带来的无效工作资源损耗。另一方面，在未来企业品牌和公司信息输出等方面，能够获得更好的机会。

本书的特点在于理论与实际紧密结合，在各个章节大量使用了实践操作案例，并辅以详尽的操作配图，方便零基础的外贸新人能够快速掌握并成功搭建出属于自己的外贸独立站。

在相关的技术原理方面，本书尽可能采用通俗易懂的语言进行描述，以常见的事物进行举例和解释，避免使用一些枯燥晦涩的专业性原理，在轻松的操作环境中学习更易掌握。但是在一些特定的内容上，本书尽可能地采用了相关内容的官方说明，以避免不同语言之间因为翻译所造成的意义偏差。

本书从新旧两种不同的外贸客户开发思维模式着手，从本质上去辨析了这两者之间的区别，通过辨析来让读者正确认识外贸独立站带给我们的好处。有了搭建外贸独立站的需求之后，就需要进行相关的前期准备工作了（这里特指建站的整体分析和考虑，而不是建站所需的硬件条件，在明确了自己网站所针对的目标市场和目标客户之后才需要着手考虑网站硬件条件的配备），本书还通过案例实操讲解的模式，说明一般的外贸独立站网页需要具备哪些相关的核心内容，以及如何用相关工具实现这些内容，并且对一些常见的易错环节进行了重点说明。

网站搭建完成只是有了一个获取流量的基础，需要通过相关的优化操作才能够使网站实现真正的外贸客户开发。谷歌 SEO 大体上分为站内优化和站外优化两个方面。站内优化着重讲解了网站页面加载速度优化的影响因素和提升加载速度的解决方案，并用三大章节的内容，详细讲解了网站关键词、高质量原创内容、谷歌 SEO 的相关规则，这是本书内容的核心，同时也是谷歌 SEO 工作的核心。

因为篇幅关系，本书没有对将社媒流量引入外贸独立站方面的内容进行拓展，只对外链构建方面的内容进行了详细说明。最后以 Google Analytics 分析工具的运用补全了日常网站优化工作的重要环节——数据分析，通过 Google Analytics 工具所得出的相关数据能够让我们对自己网站的具体情况有非常清楚的了解，明确地知道网站的不足，以及如何解决这些短板问题。

目 录

第1章 思路决定出路——外贸客户开发的新理念

1.1 传统外贸客户开发方式存在的问题 2
    1.1.1 难以摆脱的老思想 2
    1.1.2 思维上的局限性 2
    1.1.3 操作方法上的局限性 3
    1.1.4 客户来源的局限性 4
1.2 传统外贸客户开发忽视的沉没成本 5
    1.2.1 金钱 6
    1.2.2 精力 7
    1.2.3 时间 7
1.3 传统外贸客户开发方式背后的隐患 8
1.4 传统外贸客户开发过程中的痛点 11
1.5 开发信存在的问题 13
1.6 其他一些困难和波折 17
1.7 转变思路,让客户主动发询盘 20

第2章 正确认识外贸独立网站

2.1 这些年对外贸独立站的误解 28
2.2 外贸独立网站是否需要投入大量资金 31
2.3 外贸独立网站的后期维护是否非常麻烦 36

第3章 外贸独立网站的前期准备工作

3.1 当前行业的全面分析...............42
 3.1.1 世界各国对某一产品的采购状况调研......................42
 3.1.2 国内某一产品的出口状况调研................................46
 3.1.3 行业的市场调研和预测..49

3.1.4 竞争对手 about us 页面的相关描述.................................51
3.2 运用 SWOT 分析法分析自己的企业与产品..............................55
3.3 结合自身情况进行市场细分与选择..58
3.4 目标客户群体的相关分析........62

第4章 外贸独立站的基础条件准备

4.1 外贸独立网站的硬件准备.........68
 4.1.1 好域名是网站成功的基础..68
 4.1.2 域名购买实操讲解.........71
4.2 服务器的选择和注意事项.........75
 4.2.1 服务器类型....................76
 4.2.2 网站服务器购买实操.....76
4.3 域名解析和 WordPress 网站后台简介..81
 4.3.1 域名解析实操讲解.........81
 4.3.2 如何登录 WordPress 网站后台..84
4.4 建站主题的选择和注意事项.....89
4.5 建站主题和相关插件的安装.....93

第5章 外贸独立网站的主体框架构建

5.1 网站首页的搭建.....................102
    5.1.1 网站首页搭建实操（一）
   106
    5.1.2 网站首页搭建实操（二）
   115
    5.1.3 网站首页搭建实操（三）
   127
5.2 搭建公司介绍页面.................137
    5.2.1 搭建公司介绍页面的注意事项...................................137
    5.2.2 公司介绍页面搭建实操
   139
5.3 网站产品页面的搭建注意事项
   149
5.4 联系信息页面的搭建注意事项
   153
5.5 文章聚合页面的搭建注意事项
   161

第6章 外贸独立站的速度优化

6.1 网站速度测评指标.................170
6.2 谷歌测速工具 PageSpeed Insights...................................173
6.3 主流网页加载速度测试工具....177
    6.3.1 GTmetrix.......................177
    6.3.2 WebPageTest..................182
    6.3.3 FAST OR SLOW............185
6.4 网站速度优化操作指南（缓存篇）...................................188
    6.4.1 WP-Rocket.....................189
    6.4.2 WP Super Cache............193
    6.4.3 SG Optimizer.................200
6.5 网站速度优化操作指南（CDN）...................................209
    6.5.1 Cloudflare......................211
    6.5.2 NitroPack......................216

第7章 网站搜索引擎优化

7.1 网站搜索引擎优化的相关概念 226
   7.1.1 分析用户的搜索关键词 227
   7.1.2 在索引数据库中检索相符的内容 228
   7.1.3 为索引网页排名 229
   7.1.4 返回最佳结果 230
   7.1.5 用户的具体情况也会影响排名结果 230
7.2 谷歌 SEO 基础了解 231
   7.2.1 帮助谷歌和用户了解网站页面内容 231
   7.2.2 谷歌 SEO 基础工作指南 237
   7.2.3 Google Search Console 体验 240
7.3 谷歌 SEO 进阶 246
   7.3.1 更改搜索结果的呈现方式（一） 246
   7.3.2 更改搜索结果的呈现方式（二） 249
   7.3.3 结构化数据的工作原理和作用 254

第8章 外贸独立网站的关键词研究

8.1 关键词研究 258
   8.1.1 关键词的来源 258
   8.1.2 Core Keywords 261
   8.1.3 自定义关键词词库 262
8.2 关键词研究工具 265
   8.2.1 使用 Ahrefs 研究关键词 266
   8.2.2 使用 SEMrush 工具研究关键词 272
   8.2.3 使用 SpyFu 工具研究关键词 277

第9章 如何输出高质量的内容

- 9.1 正确理解谷歌《搜索质量评估指南》 283
  - 9.1.1 页面质量评估准则 283
  - 9.1.2 了解移动端用户的需求 287
- 9.2 针对目标客户群体输出高价值内容 290
  - 9.2.1 如何正确书写网站页面的标题 290
  - 9.2.2 如何正确书写网站页面的元描述 293
  - 9.2.3 图片 alt 属性与 heading 标签 297
  - 9.2.4 正确理解 TF-IDF 的算法和作用 302
- 9.3 正确发挥 Landing Page 的作用 304
  - 9.3.1 Landing Page 指南 305
  - 9.3.2 删除 Landing Page 的主导航功能 310
  - 9.3.3 严格区分流量的不同针对对象以创建 Landing Page 内容 311
  - 9.3.4 利用锚文本打通 Landing Page 与普通页面 311

第10章 添加高质量的网站外链

- 10.1 正确认识网站外链的意义 314
  - 10.1.1 生而不平等的外链 315
  - 10.1.2 外链源网站要具有良好"新鲜度"指标 317
  - 10.1.3 外链的数量应该呈现出稳步增长的态势 318
  - 10.1.4 消失后的外链还可能存在一定的"影响力" 319
  - 10.1.5 无法被谷歌抓取的 JavaScript 链接不能传递"信任票" 320
- 10.2 寻找合适的外链构建方式 321

- 10.2.1 外链源网站的选择原则 321
- 10.2.2 摩天大楼式外链的构建方法 324
- 10.2.3 外链拓展辅助工具 325
- 10.3 外链构建工作的实操讲解 329
  - 10.3.1 寻找正确的外链构建目标对象 330
  - 10.3.2 常见的外链构建模式 333

第11章 外贸网站的数据分析和管理

- 11.1 Google Analytics 基础 338
  - 11.1.1 Google Analytics 入门知识 338
  - 11.1.2 Google Analytics 后台功能简介 342
  - 11.1.3 谷歌广告系列与转化 348
  - 11.1.4 在 Google Analytics 中设置目标 349
- 11.2 Google Analytics 进阶 355
  - 11.2.1 如何利用 Google Analytics 对数据进行收集和处理 355
  - 11.2.2 Google Analytics 应用配置和衡量计划的制订 358
  - 11.2.3 Google Analytics 的数据收集和配置设置 360
  - 11.2.4 Google Analytics 事件跟踪与其他设置 365
- 11.3 利用 Google Analytics 进行再营销 370

第1章
思路决定出路——
外贸客户开发的新理念

▶ **本章要点**

很多从事外贸出口的制造型企业和外贸公司还在沿用十几年前的客户开发理念,导致整个开发过程困难重重,虽然付出的努力和艰辛不断增长,但最终所获得的外贸订单却寥寥无几。本章我们以全新的角度看待这些弊端,从而发现现有工作模式的痛点。

通过对本章内容的学习,我们可以了解以下内容。

- 传统理念下外贸客户开发存在的局限性和隐患,以及被忽视的沉没成本。
- 传统外贸客户开发过程中目标制定得不科学与开发信行为的弊端。
- 深入了解传统方式找客户到现在客户主动找我们的模式转变。

1.1 传统外贸客户开发方式存在的问题

传统的外贸客户开发方式最大的问题在于工作的低效性（客户邮件回复率低，难以获取精准客户信息）。这样的开发方式比较受限，不仅浪费企业很多资源，还会给企业发展带来隐患。只有正视问题的存在，才有勇气改变现状，走出困境，从全新的角度思考新的外贸客户开发方式。

1.1.1 难以摆脱的老思想

现在的很多企业管理者和外贸业务员还遵循着以前的旧思维，沿用之前的外贸客户开发方法，如用海量的开发信拓客模式，试图用开发信将自身的产品信息发送给客户以引起客户的兴趣，从而获取双方进一步沟通的机会。现在，这种旧模式不但浪费公司的宝贵资源，而且外贸客户开发的效果非常差。

商业的本质就是信息的互通和对标的物的资源交换，很多人看不到这一点。不管是企业管理者还是外贸业务人员，一旦上一个新项目，就拼命地想用工作量换成绩，丝毫不考虑现有的工作方式对新项目是否有效，能否利用现有资源创造最大的价值。

外贸客户开发工作要么让客户主动找到我们，要么自己主动找到客户。很多人会说，这年头客户想要什么产品和服务找不到？怎么可能来主动找我们？

他们在提出这些疑问甚至是反问的时候，从来不会想方法，转身又埋头于无效率的广发开发信工作中。

1.1.2 思维上的局限性

传统的外贸客户开发模式很少站在客户的角度思考问题，因此不知道客户的需求是什么，只是局限在"卖货"方面。

很多外贸业务员在开发信上可能会加这么一句"We can supply high-quality and competitive price"，这句话本身没有问题，但如果每个外贸业务员都想到用这句话，客户的邮箱中将会有大量同类型的开发信，他们将会极度厌倦并且会无视这种"无效"

信息。

也就是说，受制于传统的开发外贸客户的惯性思维，业务员在尝试接触客户的第一时间，考虑的是自己能带来什么样的产品和服务，而不是站在客户的角度去考虑他们遇到的问题和相关需求，以及最优解决方案是什么。

不仅业务员有这种思维局限性，老板也有。

很多老板自身就是做外贸起家的业务员，各种机缘巧合下开了公司，将规模越做越大。但成功的背后往往隐藏着不易察觉的潜在危机。随着公司规模的扩大，很多老板会将更多的精力放在公司生产、企业日常运营和未来规划方面。

因为时间和精力有限，老板慢慢退出了一线的日常业务开发，也就失去了开发外贸客户的新思维。可能他们还固执地认为他们当年赖以成功的那一套方法是最好的。即使后知后觉地了解到市场上有更多更好的新方法，也不知道这些新方法到底好在哪里，如何做才能将这些开发客户的新方法的精髓与自己公司的实际情况结合起来。

1.1.3 操作方法上的局限性

对于传统的外贸客户开发途径，常见的有外贸开发信、B2B平台网站、黄页信息、谷歌搜索、海关数据、行业信息网站等。除了B2B平台网站类似阿里巴巴这种，外贸客户会因为平台的影响力进而在平台上找到对应的供应商之外，其他的渠道都需要业务员自行主动地去联系客户，才能达成合作。

传统的外贸客户开发的过程很多是下面这样的。

（1）搜索行业或者产品关键词。

（2）在谷歌浏览器的自然搜索排名结果中找到对应的公司网站。

（3）进入公司网站页面，查找about us或者contact us页面中的联系方式。

（4）用开发信模板替换内容进行邮件发送。

（5）记录下当前这个客户的信息，并标注为已经联系待客户回复。

（6）间隔几天再用之前的客户邮箱联系客户。

（7）多次联系之后，若对方始终没有应答，就在客户信息库中将其标注为无效不回复客户。

（8）开始新一轮的上述操作。

这种操作看似尽力，但却都是无效操作，原因有以下几点。

（1）搜索行业或者产品关键词"xxx"的出发点就错了，因为这样的搜索结果往往是自己的同行和竞争对手网站。正确的方法是搜索"xxx wholesaler""xxx distributor"等具有身份区分的关键词。因为同行或者竞争对手一般采用的是"xxx factory"、"xxx manufacturer"或"xxx supplier"等词汇。

（2）找到对应的产品或者服务批发商（经销商）企业网站之后，不要急于去找他们的contact us 页面，因为能找到的绝大部分是info@example.com或者是sales@example.com这样的联系邮箱。而这类邮箱基本上不被在意，客户也不会查看里面的每一封邮件。正确的做法是，用hunter等邮箱挖掘工具或者是chrome的工具插件来挖掘该公司旗下的相关工作人员的联系邮箱，或者利用社交媒体平台（如Facebook或Linkedin等）去找到他们的工作人员，然后加为好友以进行深入的沟通。

（3）开发信的内容太过平淡，在众多开发信中石沉大海。原则上简短、易读并避免成为垃圾邮件就足够了。这里笔者要讲的是外贸业务人员如何判定客户是否阅读了所发送的邮件。我们不能因为没有收到客户的回复邮件，就主观地认为这个客户已经看了我们的开发信，并且对我们的产品或者服务不感兴趣。其实，很可能因为自己发送了太多开发信邮件，而邮件已经被列为垃圾邮件，客户根本就没看到开发信，又怎么可能回信呢。

那我们该怎么判断客户是否已经阅读了我们的邮件呢？通过某些插件（如Mailtrack）可知已发邮件的状态，是已经发送未阅读还是阅读了尚未回复，还能知晓邮件发送后多长时间内客户阅读了这个邮件。哪怕是一封6个月前的邮件，客户再次打开时我们也将会收到提醒，可能这时就是再次沟通的好契机。

通过以上三点，可知传统的外贸客户开发方式存在很多操作上的局限性。这些局限性因为涉及具体的操作过程，难免会带入操作者的个人能力、公司现有开发条件、客户自身状况的影响，无形中就在各个环节上降低了外贸客户开发的成功性。

1.1.4 客户来源的局限性

我们都知道，任何一款产品和服务都不可能获取所有客户的青睐，我们能做的就是在某个市场细分领域尽可能多地占据市场份额。做外贸客户开发也是这个道理。

在市场营销学理论中，客户的需求是可以被引导和转化的，而我们的产品和服务也是可以根据客户的需求进行升级和开发的，为的就是双方利益点的相互结合。那么这和传统的外贸客户开发方式的局限性又有什么关系呢？

传统的外贸客户开发过程基于"我有什么"去找"你要什么"的客户，出发点就已经限定住了客户范围。注意,这里和市场营销学里的市场细分和市场定位是有本质区别的。

我们来审视一下自己的外贸客户开发渠道。先看一下海关数据,是否会用HS代码(海关编码),HS代码也是基于我们自己的产品;B2B平台发布的产品和服务信息也是基于我们自己公司当前所具有的产品和服务。无非就是产品型号、颜色、材质等发生变化,并没有从根本上改变什么。

因为这些开发渠道和开发方式的局限性,直接造成了最终成交的客户局限在我们现有产品和服务的格局下,并不能高效快速地获得更多的市场机会,也不能低成本地开发出更多优质的外贸客户。

参照市场营销学中产品或服务具有可替代性和关联性的理论,在实际的外贸拓客过程中还有更多的操作空间。例如,某个潜在客户当前的需求是野外露营的引火工具,那么我们可以提供打火机或者电子点火器等。考虑到野外露营引火之后,该用户需要烧热水,从需求关联性角度出发,我们还可以为其提供保温杯。

以传统外贸拓客思维去考虑,假设某个公司主营保温杯产品,那么它的首选拓客对象肯定不会是需要引火工具的野外露营客户,因为自身的产品属性并不能满足客户的需求。由此发散思维,所谓的精准性需求配对在某些情况下也会导致外贸客户来源的局限性。

1.2 传统外贸客户开发忽视的沉没成本

做任何一件事情都需要付出一定的成本,不可能存在天上掉馅饼的情况。在开发外贸客户的过程中,我们会付出很多的成本,如B2B平台的年费投资、广告费用的投入、外贸客户开发软件的购买费用、外贸业务员的工资,等等。

很多企业管理者很喜欢做投入产出比报表,以考核整个季度或整个年度的外贸客户开发绩效。这种做法本身没有问题,某种程度上还能对当前的外贸业务人员产生一定的激励作用,并且能够对当前考核时限内的投入与产出有个直观的认识。如果做得再全面一点,和往年同期数据进行比较,还能找到一些数据波动背后的对应原因。

除了这些明面上看得到的财务数据外,还有一种沉没成本。

什么叫沉没成本?

它指的是往期或者之前已经做出的投资且已经不能回收的成本与当前决策无关的费用。但是要注意，沉没成本指的是费用本身，而不是说与当前决策无关，它是一种历史成本，对现有决策而言是不可控成本，会很大程度上影响人们的行为方式与决策。

也就是说，任何事物都是具有连贯性的，以往的决策行为或者说旧有观念都会间接性地对当前或者未来的一些行为或思维产生影响。比方说，某人第一年在某个外贸平台投入了5万元，产出了30万元的纯收益，那么第二年他大概率还会继续投资该外贸平台。如果某用户第一年在该外贸平台投入了5万元，但是没有获取到订单。那么在第二年，该用户很可能不会在该平台上续费。

考虑到在正常的外贸拓客活动中，我们付出的不可能是简单的金钱，因此本书适当地对"沉没成本"进行了内容上的扩展，将所有外贸拓客历史成本，不管是具象的金钱费用还是广义的时间、精力等都囊括在内。

1.2.1 金钱

金钱是最直观的沉没成本，因为金钱容易衡量，能够直观反映往期投入的资源数量和规模。而我们在考评一个项目的具体金钱沉没成本的时候，更多关注的是该项目进展的过程，而不是过程结束之后。正如前面所举的例子，我们是在已经知道了投资该外贸平台是赚钱还是赔钱的基础之上，而且是本年度的项目已经完全结束之后，才会对下一年度的投资活动做出对应的决策规划。

如果这时候是在年中，我们如何对开发外贸客户所需的金钱进行考评呢？假设我们在上半年做得很不理想，一个订单都没有接到，这时候我们会采取什么样的应对行为呢？通常应该会有以下两种情况。

（1）彻底放弃该外贸平台。因为上半年的辛苦努力已经证明了自己的产品或者服务并不适合在这种B2B类型的网站上进行推广。如果继续操作，可能的结果就是下半年宝贵的时间和精力又白白浪费了。这种情况下，损失的直接金钱成本就是5万元的年费。

（2）继续操作该外贸平台。因为上半年确实没有接到订单，下半年会试着改变没有订单的现状。可能会更换产品，可能会招聘资深的运营人员。毕竟已经支付了这么多的年费，做了半年就放弃还是有点舍不得。下半年努力一下可能会有奇迹出现。

上述例子告诉我们，如果不恰当地处理沉没成本，就很容易出现两种错误做法：害怕没有新的效益产出而不敢追加投入；对既往已经投入的沉没成本过分眷恋，不舍得放弃，从而在错误的道路上越走越远，造成更大的亏损。

1.2.2 精力

每一位外贸从业人员通常都会将自己的日常工作安排得非常满，除了开发新客户，还要维护老客户之间的客情关系，过年过节还要相互问候一番。有了订单就要去追踪订单的进度，如果是工厂，就要去盯紧原材料的采购、生产、调试、包装等各个环节；如果是贸易商，就要去盯供应商的生产进度，安排各种船期货运准备及各种海运过程中所需要的票证。

除此之外，还要参加公司的各种会议，如周报、月报、季度报，以便及时了解行业动态；对新产品的功能进行了解和学习；解决和处理各种产品售后问题；晚上有时间的话，还要抽空学习一下外贸行业的新知识和新技能。

话说回到传统外贸客户开发过程中所忽视的精力成本，可能很多企业管理者不会特别关注这个问题。在外贸行业中，还有很多人将管理者和员工的关系理解为简单的雇佣关系。在他们眼里，招聘员工就相当于花钱买了他们的工作时间，他们需要在工作时间内产出更多的订单，仅此而已。

新时代下，企业管理者和一般业务人员已不再是简单的劳务雇佣关系。不管是从绩效考评的角度出发，还是从人力资源的效率提升角度出发，这种粗暴的低级资本观念都已经过时了，而且会阻碍企业发展的道路。

因为各方面的原因，很多外贸业务人员虽然很想用自己有限的精力去创造耀眼的成绩，但最终的结果都不令人满意。再具体一点，我们将目光聚焦到传统外贸客户开发的操作手法上，业务员可能会将大量的精力浪费在海量的发开发信上，从而花大量的精力去筛选海关数据中较为符合的潜在客户信息。在漫长的与潜在客户沟通的过程中，花费大量的精力去搞清楚客户真正想采购的产品是什么。

合理的薪酬设计和组织架构调整有利于人力资源的开发，从而推进外贸从业人员的积极性。以相同精力投入创造出不同等的效益产出，是避免成本沉没过程中不可忽视的一个重要环节。

1.2.3 时间

相对而言，在传统的外贸客户开发过程中，最容易被忽视的就是时间成本。因为不管你是谁，你在哪里，在干什么，时间都会不断流逝。

如果要对时间进行细致分析，我们可能还要引入机会成本的概念。机会成本

（Opportunity Cost）是指企业为从事某项经营活动而放弃另一项经营活动的机会，或利用一定资源获得某种收入时所放弃的另一种收入。另一项经营活动应取得的收益或另一种收入即为正在从事的经营活动的机会成本。

基于前述案例的设定，我们花了5万元的年费投资某外贸平台，但是截至年中并没有任何经济效益产生。也就是说，单从时间成本考虑，得到的外贸客户开发结果是零。我们为了该平台的运营操作，放弃了操作其他的外贸客户开发渠道的机会，如参加展会、线下地推等。

引申到时间所对应的机会成本上，运用线下展会或者线下地推等方式，可能会获得不俗的成绩。这个成绩就可以理解成时间的沉没成本，或者说是机会成本。

综上所述，传统的外贸客户开发过程中最容易忽视的沉没成本是金钱、精力和时间。而这个沉没成本是相对而言的，相对的对象就是本书要重点讲解的外贸独立站+SEO组合式外贸客户开发方法，后续章节将详细介绍。

1.3　传统外贸客户开发方式背后的隐患

在电子商务蓬勃发展的今天，很多企业管理者和外贸从业人员依然沉醉在往日取得的成绩当中。虽然外贸行业发展态势良好，但时代已经发生了变化，以前的运作方式将成为发展外贸行业的阻碍。传统的外贸客户开发方式主要存在以下劣势。

1. 新客户开发不稳定

传统的外贸客户开发方式的本质就是主动和客户接触，找到他们的联系方式再通过各种途径进一步地沟通交流。这中间涉及的环节非常多，每一个环节的成败都会对整体的外贸客户开发结果造成直接影响。

在第一步寻找潜在客户时，如果一开始没有选定合适的目标客户范围，只是漫无目的地寻找所谓的客户，那么即便后期沟通顺畅，对方也不一定会下订单。

商业往来就是资源互换的一个过程，如果你恰好需要，我刚好拥有，这就完成了一次交易。为什么很多大品牌在寻找代工工厂的时候存在验厂环节？因为他们不想要实力不足或者管理不佳、品控不严的工厂，本质上是要找到具备生产他们品牌产品品质的工厂。

除了未准确选择合适的目标客户范围外，还有在沟通和谈判上流失的客户。价格的博弈、付款方式的协商，甚至是不可控因素（如汇率波动）等都会直接或者间接地影响到客户的成功开拓。正是因为传统的外贸客户开拓方式存在的环节过多，而且客户的主动性较差，才导致了客户开发的不稳定性。

2. 客户开发困难倒逼企业不断妥协

通常，公司发给外贸从业人员薪酬，从业人员为企业开拓客户，完成外贸活动相关的工作，两者应该是一个利益一致的共同体才对。但管理人员却有一种业务员站在客户那边的感觉，这又是为什么呢？

我们试着从业务员的心态角度分析上述问题存在的根源。当前外贸行业在很大程度上供大于求，同行竞争压力大。

正因为供大于求，客户才成了"上帝"一样的存在。特别是对那些外贸新人来说，格外需要一份外贸订单来证明自己的实力。而企业未来照顾新人很可能在政策上会有所妥协，如默认情况下价格只能降3个点的毛利润，而新人则享有毛利润降低5个点的特殊权限。

仅仅是这样还不会给人"身在曹营心在汉"的强烈感觉，毕竟新人的特殊权限是有固定时间的，而且是短期的。我们都知道，一般情况下业务员的薪资构成是底薪+提成，问题的重点在提成上。

很多企业会采用梯度结构来规划业务员的提成点数，如10万元是1个点，20万元是1.3个点，30万元是1.5个点。当业务员参照这个提成体系的时候，他们自然想要更高的提成比例，所以会千方百计提高总销售额。

为了达成这个目的，有些人甚至会采用了一些不是很光彩的"手段"。比如，客户对当前报价并不满意（可能仅仅是想对价格再砍一刀），有些业务员会问客户为什么觉得当前的报价不能接受，客户很可能乱说一句"××公司的报价比你们要低3%"。

这时候业务员为了争夺这个订单，甚至都不会去证实客户所说的情况，就给客户更低的价格。

但是事实上，客户根本就不会这么轻易被满足，他们会反复调价，分散业务人员的关注重点和精力。不断地用虚拟同行价格或者附加服务来挑战业务员的报价底线。这时候咋办？除了妥协就是放弃。如果放弃，就会浪费大量的精力；如果妥协，就会被进一步压榨本就少得可怜的利润空间。长此以往，企业的外贸管理人员就会认为业务员为了自己的业绩而站在客户那边说话，根本不会为公司着想。

3. 开发周期太长

外贸业务员刚进入公司很难快速获得新客户的订单，究其原因是多方面的。

不同的产品和行业对应的客户开发周期有很大的差别，快消品行业的客户开发周期相对来说较为短暂，而大型机械或者工程类产品的客户开发周期会长很多，有些甚至需要持续地跟进开发好几年。从某种程度上来说，客户的开发周期和产品的货单价成正比。

开发周期太长意味着公司的流动资金的利用率不高。做外贸希望的是有持续的订单，用客户的订单回款，去不断购买新一批的原材料，然后投入生产销售环节，通过不断地完成订单积累丰厚的利润。但是正因为各种条件的不确定性，导致了传统外贸客户开发的周期不断变长，以及固定资产折损、人员工资、管理费用和销售费用的不断增加。

4. 外贸从业人员流失率高

外贸从业人员不仅需要具备较高的工作技能水准，还要面对更为琐碎和复杂的工作。从客户的开发，到订单的跟踪，再到产品交付、售后服务与客情维护，每一个环节都存在比国内贸易多很多的困难与挑战。特别是很多从业人员一旦迈过了30岁这个门槛，各种有关升职、再就业、家庭、子女生育、父母养老等方面的问题就会疲于应付。生活成本的压力增大，他们往往会跳槽到愿意提供更高待遇的企业。很多企业有一个通病，就是不愿意给那些随着企业一路走过来的老员工较好的福利待遇。

虽然有些新员工确实身怀绝技能够对得起企业给出的高薪，但很多能力确实不够，给人一种"外来和尚好念经"的假象。这样的假象会导致两个非常严重的后果。

（1）老员工感觉待遇没有新员工好，这么多年陪着企业成长，没有功劳也有苦劳，结果还不如新员工，心里一委屈就转投别家了。

（2）新员工适应新产品、新公司、新客户需要一定的时间和机会，但是绝大部分企业管理人员希望新员工能够很快为企业创造收益。这样的期待与现实之间的差距，往往会造成新一轮的用工矛盾。新员工再次离职的比例在头三个月内会比较高。

除了上述两种较为常见的情况外，还有一种是令很多外贸企业管理人员头痛的。那就是企业精心培养的外贸精英离职后，成了企业的直接竞争对手。

为什么说最后这种类型最可怕呢？如果跳槽到其他企业，员工可能会因为出于道德等方面的考虑，并不会带走原公司的客户。但是这种辞职单干或者合伙的外贸从业人员，做起事情来不会顾忌那么多，出于利益的考虑，会把原企业的客户转化为自己的客户。

5. 思维僵化

外贸新人总是渴望在第一份工作中有个贴心的师父带一带自己，不管是在具体的业务流程上，还是在了解产品上抑或是客户关系的维持上。因为刚进入外贸行业所接触的新知识和新技能都是在校园里所获取不了的，所以这些外贸新人在成长过程中很容易烙印上师父的思想和行为印记。

从公司的整体角度来看，任何一个外贸业务人员都不可能对外贸行业所涉及的领域知识和技能全部驾轻就熟，即使这个业务人员已经在这一行摸爬滚打了很多年。这就难免在带新人的过程中，无形地将自己所擅长或者主观的认知态度融入进去。新人也没有足够的魄力或者认知去评判师父的教学是否恰当或者正确。时间长了，整个企业的外贸业务开发人员的相关思路和操作手法就会趋于同一化，一旦形成这种固化的思想就很难再接受新的思想和方法。

举个例子，某个公司一直以来都是利用海关数据开发外贸客户的，虽然耗费的时间、金钱和精力都比较多，但是能为公司创造新的订单。这个企业普遍性地认为海关数据是他们开发客户的首选。如果这时候和他们说外贸独立站+谷歌SEO的组合比用海关数据开发客户效果更好，可能这个圈子里的人很难打破固有观念，去真正了解什么是外贸独立站+谷歌SEO的组合。大概率下他们会用浏览器搜索一下这个名词，然后简单地浏览一下网上对这些词汇的描述，但却会忽视正向评价新事物的内容，反而会努力查找那些负面评价，借以说服自己和公司的管理人员，这个新事物并不好，不值得花费大量时间和精力。

1.4 传统外贸客户开发过程中的痛点

传统外贸客户开发过程中会有很多痛点，基本集中在不科学的销售目标与强制性的指令化执行方面，在以传统的发开发信方式开发外贸客户的过程中尤其突出。

1. 销售目标的制定与执行不科学

在传统模式下，很多外贸业务的主管部门领导，不管是新上任想烧三把火的还是老主管想在新的一年做出好业绩，在制定公司年度销售业绩目标的时候都没有把握和依据，直接在上一年度总销售额上大幅度提升到一个新的点位。然后开始给手底下的业务员分派销售任务了，如甲需要完成500万元销售额，乙需要完成400万元销售额，丙需要完成600万元销售额。看似合理，但问题在于，在产品、价格和其他市场环境没有发生特别大变动的情况下，客户不太可能提升对应的外贸采购额度。

当一线的业务开发人员面对激增的销售任务额度，又没有新增的辅助开发力量支撑时，往往会扛不住压力，选择离职来摆脱当前的困境。

2. 基层外贸从业人员流失

这一点在前文中有所提到，为了更好地引起外贸企业管理人员的重视，下面再举个例子，外贸部门经理给A小组制定了与实际情况相差甚远的销售指标。A小组的主管从实际情况出发全面考虑之后和部门经理沟通，看能不能追加点销售运营费用或者降低点外贸销售额考核指标。结果非但没有获得销售经理的同意，反而被销售经理认为是能力不足的表现，还让A小组主管带领小组成员尽快尽早完成。

A小组主管深感压力巨大，再在公司待着也没有太大意思，结果就转而加入了竞争对手的公司。如果仅仅是这样还不算非常大的麻烦，真正的麻烦是A小组主管还会将以前的下属都挖到新公司上班。这种例子在外贸行业屡见不鲜，一旦这种情况发生，别说完成新的年度销售额，就是完成和头一年同等的销售额都很困难，特别是这些出走的员工手上还握着"老东家"大量的客户信息。

3. 盲目投入运营费用造成浪费

既然制定了一个较高的外贸销售额指标，自然需要适当追加销售运营成本，并且需要寻找各种外贸客户开发的新渠道。

但是一个人的精力终归有限，即使再厉害的外贸业务员也不能精通外贸客户开发的每一个渠道及其相关操作，所以在具体的外贸客户开发渠道的选择上就会存在一定的盲目性。

可能某个公司以前一直是用海关数据开发外贸客户的模式，如今因为新增了大幅的外贸销售额指标，可能就会选择B2B平台上的一些增值服务。这些费用该不该投，业务员没有十足的把握，但考虑到线下推广"铁军"确实很有一套方法，说不准就投钱了。

投钱之后，最关键的运营人才没跟上，一来二去不仅浪费了不少时间，到最后又觉得效果很差。所以盲目地制定不切实际的销售指标并不可行。

4. 企业生产资源积压和浪费

在工厂做销售时常听到过"以产促销"，即利用规模化生产优势降低产品生产成本，用较低的价格去占领市场份额。

"以产促销"操作能够获得成功的前提是产品本身没有特别大的技术含量，只能依靠低价去抢占市场份额。常见于一般快消品和低值易耗品行业。

除此之外，如果要用低价去抢占市场份额，那么最好的办法不是大规模生产，而是生产各环节的衔接顺畅，原材料和半成品的高效管理，产品的生产工艺和生产流程优化，次品和报废品的比例降低。

再说回到传统外贸客户开发过程中因为不合理的销售额指标的制定，企业有可能会盲目地选择之前没有尝试过的新的外贸客户开发渠道，因为对未来的销售前景过于乐观，企业的生产部分就会用所谓的"以产促销"的形式来配合销售部门业绩的达成。乍一看，好像全公司都在努力配合销售部分完成预先设定的销售指标，事实上并非如此。

市场的需求本身就复杂多变，有无数的未知情况会干扰或者说影响企业的外贸销售目标的达成。一旦出口受阻，就会导致原材料和半成品严重积压，进而导致资金被占用。

5. 客户因为厌烦而流失

当公司的每个外贸销售人员身上都肩负着远超以往的销售指标的时候，这些外贸销售人员就会想尽办法将这些销售指标转化到客户身上。

现在我们先来考虑一个问题，客户凭什么无缘无故在往年的采购基础上突增一部分额外的采购来配合完成你的销售指标？哪怕和客户关系很好，他手里也要有那么多的采购预算才行，否则很难实现销售指标。

哪怕真有一些"天赋异禀"的外贸高手，能够让客户在往年的基础上多下点订单。可是商业合作的本质就是利益的相互往来，这一次客户帮了你的大忙，下一次呢？他们还会义无反顾地帮助你达成销售任务指标吗？很难说。

如果你给客户是低价或者成本价，而你的竞争对手为了抢回他们原有的市场份额，将价格设置成和你的一样，甚至通过技术革新、改进生产工艺流程等方式，将价格降到你的供货价格或者成本价格以下，这时你拿什么和竞争对手去拼？因为没有设置合理的销售额指标，又没有翔实的数据作支撑，最后很容易造成客户反感而流失。

1.5 开发信存在的问题

在传统的外贸客户开发工作中，很多人通过开发信获得了优质的客户，接到了大额的订单，也有的人折戟沉沙、黯然神伤，以至离开了外贸行业。

对于开发信这种常见的外贸客户开发方法，有以下几点需要注意。

1. 邮件行文语气较为生硬

在英语中，口语和书面语在表达同一个意思或者内容的时候往往存在很大的区别。比如，你想让对方将钢笔递给你，口语是"Could you give me a pen, please？"。而在书面表达中你可能会说"Give me a pen, please！"。

这两种意思的表达都没有问题，都是让对方将钢笔递给你，但是看的人就会有完全不同的感受。前者以Could来开头有请求对方的意思，而后者虽然在结尾加了个礼节性的Please，但依然有命令的意思。

所以，前者的口语表达会让听者比较舒服，也乐于帮忙解决问题，而后者听起来就让人觉得讲话的人很没有礼貌，除非是工作中上级对下级的指示性命令，一般很少见到这样的沟通用语。

在实际的外贸客户开发过程中，我们不仅会使用英语，也会使用其他语言进行沟通交流。但是这些沟通的语言不是我们的母语，虽然有相关的语言专业的学习经验，但缺少实际的语言生活环境的熏陶。在写开发信的时候可能会过分追求严谨和语法正确而在无意中犯上述问题。

2. 主动语态和被动语态混淆使用

在外贸开发信的行文构成中，使用主动语态和被动语态都没有问题，本质上只要正确表达出意思就可以，但最好多一点被动语态，少一点主动语态的行文。

举个例子，"我明天会将发票寄给你"用主动语态来表达就是"I will send the invoice to you tomorrow"，在这个句子中主语是"I"，宾语是"invoice"。客户关注的重点是发票本身，而不是寄发票这个动作的执行人"I"。换成被动语态，就是"The invoice will be sent to you tomorrow"，这时主语成了"The invoice"，宾语变成了"you"，也就是说，客户真正关注的重点——发票（Invoice）——被放在了更主要的位置上。

在主动语态中，谓语的动作来自主语，由主语这个主体去执行，从而施加于宾语这个被执行的对象。相反，在被动语态中，主语是承接动作的受动方，本身不能主动产生影响，只能被动地接受动作的发生。

所以，在开发信的具体内容的表述方面，我们收到客户询盘或者询问具体的事务性邮件的时候，先别忙着回复客户的邮件，而是要先静心看清楚客户的表达诉求。如果涉及具体事物，建议一般是用被动语态；如果涉及某个过程，建议用主动语态。

3. 炫耀自己的英文水平

随着国民教育水平的提高，国内英文好的人越来越多，特别是那些商务英语专业的本科生，他们在从事外贸行业之后，感觉写开发信简直是信手拈来的小儿科。他们在写外贸开发信的时候，不太考虑客户有没有时间、有没有兴趣、有没有能力看懂开发信内容，而一门心思将课堂上学到的专业知识输出一篇自认为在语法结构、单词时态等方面均比较完美的邮件。

那些读书特别好的、有语言天赋并且乐于创作的外国人确实存在，但未必正好是我们的客户，而和我们做生意的可能学历并不高，哪怕是他们的阅读能力足够看懂我们的邮件，他们也没有那么多时间和精力去看一篇晦涩难懂的邮件。

国外有一项研究表明，最受欢迎的英文内容表述是小学六年级的写作水平。当前的很多外贸业务人员特别是大学英语专业出身的，最好降低一下自身的姿态，用最简单、最方便客户阅读的方式来写开发信。

4. 喜欢在邮件中插入图片、附件和超链接

很多外贸新人认为，开发客户就是要告知对方有哪些产品、有哪些性价比很高的设备，不如在给客户的开发信中插入公司的产品图片、产品的电子目录、公司的官方网站链接等。毕竟这些图片形象生动，客户一眼就能知道这个企业是干什么的，能给客户提供什么样的产品或者服务。

说到这里，不得不先提一个词，叫作"SPAM"，即垃圾邮件的简称。在给某个潜在客户发送邮件的时候并不需要他们的首肯，只需要获得他们的邮件地址就可以。这样的邮件其他很多人也会发。

这些垃圾邮件不仅会令潜在客户会感到厌烦，提供邮件发送的 Internet 服务商也会非常厌烦，因为这些行为会不断消耗他们的服务器资源，增加他们的基础设置投入费用。所以在第一次给某个潜在客户发邮件就发送包含图片、电子产品目录和超链接的邮件时，我们很可能会被服务商的反垃圾规则盯上。

等我们的邮箱账号触发了垃圾邮件惩罚规则的时候，所发送的邮件要么会被不断地退回，要么会被直接发送到潜在客户的邮件垃圾箱，严重的，账号可能会被直接封号。

5. 千篇一律的公司介绍

在一些公司的官网上经常会看到这样的公司介绍：

××公司，坐落于××地方，此地风景优美，交通便利，距离广州、深圳××千米，公司成立于××年，经过××年的艰苦奋斗终于成为行业标杆。企业严格贯彻执行以人为本的理念，强调质量就是饭碗的精神。公司获得了 ISO 9001、ISO 2000 认证，

严格执行6S管理规范。欢迎各位客户前来我公司参观指导，以便建立长久良好的合作伙伴关系。

如果我们自己是外贸采购客户，邮箱中充斥着公司介绍千篇一律的邮件，试问自己有没有兴趣打开查看？大概率是没兴趣的。笔者当年做外贸业务时认识的一个外国的朋友，至今还和笔者调侃。他说："Jack，中国的这种公司介绍是不是大学里的保留教学案例？还是说这种行文方式和风格有什么特殊的规定？"

并非这种介绍不好，只是太千篇一律，没有亮点。既然我们从事了外贸客户开发工作，面对的对象就是外国人，我们最好用国外客户乐于见到并且容易理解的方式来输出我们想表达的内容。

6. 开发信样式模仿、复制或"魔改"

很多外贸业务员特别是新入行的人都特别不自信，尤其是广发开发信却没有收到回信的时候，内心会特别沮丧，渐渐就会怀疑自己的能力，然后就会陷入自我怀疑+自我否定的恶性循环中。

对于写开发信，他们对自己写的内容和格式已经彻底失去了信心，以至有人说一句"××的开发信邮件模板非常好"，他们就会像溺水中的人一样紧紧握住这根救命稻草，不管这份开发信模板是不是适合他们的行业或者产品，也不管自己的潜在客户能不能读明白邮件内容。更有甚者，直接改一下邮件底部的公司信息签名和客户邮箱地址就发送了。

外贸行业本身就是一个竞争非常激烈的行业，比拼的不仅是体力、精力，还有脑力，所以做事情不要想当然。如果想发挥一下自己的脑力，将拿到手的开发信模板修改一下，也千万不要由着自己的喜好和性子乱来。

在修改开发信模板的时候一定要注重自己产品和行业的特点和注意事项，文件内容切记不要太长，一份开发信邮件建议只包含一个核心主题。如果涉及多个内容，那么可以用多次发送不同内容的方式进行处理。

此外，在一些细节上也要注意，如字体，很多人习惯用宋体、黑体等，如果突然来个隶书、小篆，就会让对方不太习惯。同样，英文也有一些常用的书写字体，如Arial、Tahoma等，建议尽量用这些字体，不要用很生僻的字体，以免造成客户阅读上的不适应。

1.6 其他一些困难和波折

除了前文提到的公司对开发指标的设定不科学，以及常见的开发信模式下所隐藏的问题外，在具体的操作过程中我们还会面临很多困难和波折。

1. 潜在目标客户的联系信息难以寻找

做跨境生意首先要和潜在目标客户建立联系，才能有后续的沟通、商谈、价格博弈和成交。整个外贸交易的第一步是找到潜在目标客户的联系信息，如果没有这一步后面所有的环节都不存在。

国外客户很重视个人隐私，这就导致了我们很难在一些公开的信息中找到我们所需要的潜在目标客户群体的联系方式。例如，在公司网站的contact us页面，国内的很多网站会把自己的私人电话、办公电话、QQ、微信、Skype、Whatsapp等联系信息都写上，而国外的页面很简洁，基本只有info@domain.com这一种，或者再写一个固定电话以供联系。

对于类似info@domain.com或者sales@domain.com这类型的联系邮箱根本没有用，一般有经验的外贸业务员不会去踩这种坑，最担心的就是刚入行的外贸新人，一看到这种邮箱就兴奋得不行，然后疯狂地发送开发信。事实上，这种邮箱顶多是处理销售类或者产品售后问题的邮件，先不说有没有专人负责，即使有，也不会对发送的开发信感兴趣。

国外的很多客户习惯使用以公司网站域名为后缀的邮箱作为个人工作邮箱账号，如笔者的网站是www.jackgoogleseo.com，那么笔者的个人工作邮箱可能就是jack@jackgoogleseo.com，即采用姓名+域名的方式。

因此很多人会使用这种方法去找潜在目标客户的邮箱。首先找到这家公司的英文名称，然后到社交媒体平台找到这家公司的员工，接着找这些员工中负责采购业务的特定人员，最后根据他们的姓名组合出类似上述类型的邮箱账号，并写一篇热情洋溢的开发信发送过去。

这样操作确实能在一定程度上提高开发信的成功概率，但事实证明，这些邮箱存在的可能性虽然较高，但是客户真正打开并且阅读开发信的概率并不是很高。

这是因为很多企业的采购人员除了公司配给的姓名+域名后缀的邮箱之外，自身还有其他的联系邮箱账号，而且在具体的业务往来中常用的是后者。这样既保证了邮箱的安全性，也能以公司邮箱后缀的形式代表邮件的真实性。

其实，我们可以利用一些工具或者插件去获取潜在目标客户的邮箱账号。

2. 开发信的打开率和回复率让人绝望

打开率和回复率是有先后顺序的，也就是说，回复率是建立在打开率基础上的。这里涉及的因素和条件很多、很复杂。我们先来看看影响打开率的因素有哪些。

邮件发送方如果在不知情下被列入黑名单，即使发送再多的邮件，也不可能到达目标客户的收件箱中。触发邮箱被列入黑名单的条件有很多，常见的一些影响因素有第一次发送的邮件中包含图片、附件文档、超链接，短时间内频繁发送，相同标题且无意义正文邮件重复发送，等等。

很多人被加入黑名单而不自知，可以通过工具自我检查邮箱是否被列入了黑名单。

如果没有被列入垃圾邮件发送者的黑名单，那么所发送的邮件是有可能被潜在目标客户打开并且阅读的。但是这也仅仅是有可能而已，邮件被打开还涉及很多影响因素，如糟糕的邮件主题，令客户觉得这封邮件可能是垃圾邮件，会浪费他的宝贵时间，因此他会直接将邮件标记为已读或者扔到垃圾箱中。也有可能是我们发送邮件的时间节点不恰当，我们发送邮件的时间正好赶上了客户的夜晚休息时间，等到第二天上班的时候，我们发送的邮件早就被其他邮件所湮没。

对于回复率，这真是一个仁者见仁、智者见智的问题。因为开发信的回复主动权并不以我们的主观意愿为转移。我们能做的顶多是在邮件的标题和正文内容上下功夫。

3. 潜在客户"中途失联"

如果潜在客户中途失联，将意味着投入在这个潜在目标客户身上的所有努力都变成了沉没成本，这比一开始就不回复的还要浪费成本。最大的问题在于，我们明明投入了很多时间和精力去开拓这个客户，到最后连在哪个环节出了差错都不知道，以至于连吸取失败教训的机会都没有。

（1）价格达不到客户的预期。这种情况非常多见，因为每份报价单的形成都是出于多方面的考虑。例如，我们卖的是包装机械，为了产品的运行稳定，包装机械所使用的配件都是大品牌的，因此价格也相对高一些。在和某个客户沟通了几次之后，大致确定了他的需求并将某个型号的包装机械报价单发给了他。然后无论怎么和他联系，都得不到他的回复。这说明该客户非常在意产品的价格，如果价格超出了他的心理预期，他甚至连和我们讨价还价的兴趣都没有。

（2）客户已经找到了更合适的供应商。因为产品本身的行业竞争激烈，所以客户可以得到的选择非常多，在不用主动找供应商的情况下，邮箱中每天都会充斥着各种类型的供应商邮件。在买方市场的前提下，当客户对某个产品产生需求的时候，一个简单的询盘就会裂变出无数个询盘回复。在众多的询盘回复中，我们根本无法保证自己的方案是最优解的，因此当客户忙着处理他心中的最优解的时候，我们的方案被忽视是理所当然的。

（3）客户中途被调离了原有的工作岗位或者处于休假状态。一般情况下，这种事件发生的概率比较小，以至于我们都不太能想到这种事情发生的可能性。之所以在这里讲这个，是因为笔者个人对这个印象比较深刻。之前卖保温杯的时候，已经做完了PI（形式发票），等着客户安排预付款，结果客户中途失联了，而且那笔订单总量还不小。后来笔者才知道客户去休假了，忘记在邮箱中设置自动回复。再加上那个订单是为第二年的公司活动方案采购的，不是特别着急，所以客户就先搁置了。

不管怎么说，在传统的外贸客户开发过程中，客户中途失联的情况并不少见，而且没有特别好的办法进行规避，甚至一个潜在目标客户会存在多次中途失联的情况。

4. 不断受挫容易造成外贸业务员的心理障碍

在日复一日的工作中，不断的受挫会积累自己的负面情绪，很容易对工作和生活产生不好的影响。

作为外贸行业的新人，在外贸客户开发和外贸业务处理能力上，与资深的外贸业务精英是存在很大差距的。有些企业的办公文化和理念比较宽松，不会让新人有非常大的压迫感，但是长久未开单，长时间的客户沟通失败也会让外贸新人产生困惑。

还有的是其他行业中途转到本行业的外贸业务人员，不管在其他行业有多资深，遇到跨度较大的行业或者产品，一样会有失败的可能性。这种情况比外贸新人更加可怕，外贸新人顶多是对当前情况的自我否定。而这种资深外贸从业人员可能会质疑自己以前的成功完全是因为前一家公司资源给得好，或者是自己以前的运气不错。但是现在的公司平台和客户开发渠道没有那么好了，他们就会对自己的能力产生怀疑。

有了心理障碍之后，外贸业务人员就会想着逃离当前的情况，开始着手准备离职。这对企业来说无疑是个非常不好的消息，毕竟对于新员工的到来，企业肯定会给予一定的扶持。而且这种离开还有可能影响原本正常工作的其他业务人员，直接或者间接地影响公司整体外贸业务的稳定。

1.7 转变思路，让客户主动发询盘

外贸客户一般都有稳定的供应商，在正常情况下，他们不会改变现有的供应链体系。这也是以开发信为主的传统外贸客户开发方式收获甚少的根本原因。

那么我们要做的就是，当某个潜在客户需要找新供应商的时候，第一时间把自己企业和产品的信息"摆"在客户的眼前，即借助强大的谷歌搜索引擎和外贸独立站所采用的谷歌SEO策略。因为客户刚好需要，而我们又恰好专业，这样客户就会主动和我们接触，这要比问一个邮箱中塞满了各种开发信的采购方是否有需要，成交的概率要大得多！

1. 外贸业务中掌握了主动权就掌握了话语权

在男女恋爱关系的发展中，我们常常会有这样一种感觉"得不到的永远在骚动，被偏爱的有恃无恐"。外贸业务中基本也是这样的情况，因为绝大部分的外贸业务行为是建立在买方市场前提下的。除了极个别的特殊情况，如光刻机市场，卖给谁、卖多少钱、什么时候给买家，都由光刻机的卖家说了算。

在传统的外贸客户开发过程中，供应商通常处于尴尬的被动地位。例如，查找潜在目标客户的联系方式，无论是客户的邮箱还是电话号码等，都隐藏得很深。甚至有些还设置了陷阱邮件，让你将开发信发送到陷阱邮件中，然后将你列入垃圾邮件的黑名单。

找到客户的真实邮箱地址之后，我们就需要写对应的客户开发信了。至于开发信正常发送到客户邮箱中之后，客户是否打开或者什么时候打开，通通都要看客户的心情。

如果我们运气好，或者说标题写得比较有意思，足够吸引目标客户打开我们所发送的开发信。接下来我们又要面临第二个环节的被动考验，那就是客户看完后，要不要回复邮件。

这个环节远比上一个环节（简单打开开发信并阅读）要困难得多，因为客户见过了太多开发信内容，并没有太大的兴趣去完成邮件回复这个动作。此外，很多人可能会将第一次发送的开发信的标题设置成"标题党"的存在，而邮件的正文部分却与标题毫不相关或者关联性不强。潜在客户会感觉"花里胡哨"的标题以欺骗的方式吸引让他打开了一份"垃圾邮件"，本来美丽的心情瞬间乌云密布。

如果你有幸在以开发信联系外贸客户的过程中进展得非常顺利，那么此刻你可能已

经在和客户就某项事宜进行谈判了。而在具体的商务谈判上，你所处的位置可能会更加尴尬和被动，这不是你提高个人能力或者业务水平就能转变的。例如，同品质同款式的一个产品，你的报价永远要比竞争对手高5%，这种客观存在的劣势，你根本没法用简单的几句话让客户信服。因为如果订单足够大，这5%的价格差很可能是一大笔钱。

美国经济学家菲利普·科特勒（Philip Kotler）认为，在市场营销流程中，正确的消费者购买行为引导应该是这样的：引起客户注意——激发客户兴趣——增强购买欲望——促使购买行为产生。

那么问题来了，我们怎么知道客户在什么时间节点需要什么东西呢？

我们不可能超前感知或者时刻了解，潜在用户群体在什么时间节点需要什么样的产品或者服务。但我们可以"全面撒网，重点捕鱼"。与其花费大量的时间、精力，去猜测或者分析某个潜在客户在某个时间节点上应该需要什么样的产品或者服务，不如事先就将自己具备哪些产品和服务的信息放出去，等待客户主动询问。

需要注意的是"全面撒网，重点捕鱼"，而不是"全面撒网，全面捕鱼"。任何一款产品或服务都不可能完美地契合每一个客户的需求，因此不要指望自己能够在每一个客户关系上掌握主动权。当客户针对某个特殊需求急需方案解决的时候，他可能会先找他现有的供应商，如果找到了解决方案，那么这时候即使我们有相同的解决方案，客户大概率情况下也不会找我们。

如果这时候他的供应商都没有更好的解决方案，那么他可能会用搜索引擎查找该问题的相关答案，恰巧我们提前已经预判了这种问题的存在，而且结合实际给出了很好的富有可操作性的解决方案。谷歌很有可能将我们的网页内容排到SERP（自然搜索排名结果）的较好位置，客户很大程度上就能看到我们给出的解决方案。

经常听到有人说××公司生意特别好，询盘的订单停不下来，然后就会去这家公司打听他们是怎么和客户沟通的，沟通过程中有什么好的方法。最后发现，这个公司的产品并不是独一无二的，开发客户的联系邮件也平平无奇。他们走的可能就是外贸独立站+谷歌SEO来获取自然搜索排名流量的路子。正是因为他们的谷歌SEO工作做得比较出色，所以当潜在目标客户搜索某个关键词或者具体的某个问题的解决方案时，第一时间就会看到这家公司的相关信息。

一个外贸业务人员一天的工作时间和精力非常有限，而企业的管理人员从来不会考虑业务人员使用什么样的方法和渠道去获取客户订单，他们只关心这个订单能不能赚钱，这样的订单还有没有再次成交的可能性。而对于业务员来说也是一样，不管订单的来源、渠道如何，最终个人业绩都是根据订单的总金额来计算的。

所以，与其和同行业的竞争对手一样拼命用传统方式去做每一天的工作，不如换个思维，跳出圈子，在竞争对手没那么多的领域以其他方式进行客户拓展，如用外贸独立站+谷歌SEO的方式获取自然搜索关键词流量。

2. 如何让潜在客户第一时间找到你

采用外贸独立站+谷歌SEO的方式，从本质上来说能够和阿里巴巴、Made-in-China等大型B2B外贸平台在同一个规则里共同竞争。甚至我们能够看到，在很多领域，当我们使用某个关键词进行搜索时，阿里巴巴和Made-in-China等平台并不能获得排名靠前的机会，反而是其他一些网站的排名比较靠前。

这里有必要先讲一下谷歌搜索引擎的自然搜索排名规则。原则上谷歌搜索引擎对任何正常网站都一视同仁，根据其自身的多种排名算法，将最具价值和内容契合度的网页进行自然搜索结果的排名。在谷歌搜索引擎报告白皮书中，每一年都在强调和重申一个理念，叫"E-A-T"（Expertise、Authoritativeness、Trustworthiness），即专业性、权威性和可信赖性。

任何网页或者文章要想通过正常的渠道获得较好的谷歌搜索引擎的自然搜索排名，必须且坚定不移地遵守这三个原则。虽然有些人会用特殊手段（如钻漏洞或者黑帽手法）在短期内将某些关键词做到自然搜索排名的前列，但一旦谷歌将漏洞修复或者变动算法，他们的排名瞬间就会降低甚至永远不能再获得好的自然搜索排名。

那么，什么是谷歌自然搜索结果排名？什么是谷歌SEO呢？

当我们搜索关键词roller chain（链条）的时候，谷歌的自然搜索排名结果中排首位的是维基百科对于该关键词的解释，排第二位的是USA Roller Chain公司的网站，如图1.1所示。此搜索结果采用的是Chrome无痕浏览模式。试想一下，如果你的客户搜索行业关键词的时候，你公司的网站页面排在这个位置，那么客户是不是第一眼就能看到你？

图1.1 谷歌搜索结果

也许有人觉得排名第二也不错，其实是还不了解谷歌SEO排名的作用。为什么外贸独立站必须做，为什么谷歌SEO一定要做。

图1.2所示的结果来自Ahrefs（谷歌SEO领域高级分析工具之一，本书后续内容会重点讲解这个工具的使用方法），我们重点看一下图中最后两个数据：Organic traffic 和Traffic value。

图1.2　Ahrefs对某网站的检测相关数据

Organic traffic：该网站每个月能够获得的自然搜索流量（注意，这个流量数值和实际的流量数值存在一定差距，事实上真实流量比该数值要高一些）。

Traffic value：在Organic traffic的基础上，没有做谷歌SEO来获取自然搜索流量，而是采用谷歌付费广告的方式进行流量引进需要的预算。

roller chain仅仅是一个不算热门的行业词汇，用谷歌搜索引擎查找该关键词时，搜索结果如图1.3所示。而很多大词或热词的搜索结果的数量会有几十亿。

图1.3　关键词的对应搜索结果数量

roller chain在其他平台，如阿里巴巴、Made-in-China，每年都需要缴纳高额的年费和其他认证费用，还不一定能获得较好的投资回报率。那么完全可以摆脱这些平台的束缚，用外贸独立站＋谷歌SEO的方式，在谷歌搜索引擎面前和这些平台一同竞争。

经过努力将关键词排名做到首页首位的时候，我们不用花钱做谷歌付费广告，每个月依然能获得稳定的自然搜索流量。这些流量能够较为稳定地转化为一个个询盘和订单。

那么，如何才能让潜在客户第一时间找到我们呢？前文中提到过，潜在目标客户不会无缘无故寻找新的供应商，他们可能基于扩充供应商信息库的需要、上新项目、现有的供应商不能满足他们的需求等多种原因才会找新的潜在供应商信息。

他们在做这件事情的时候会有很多渠道，谷歌搜索引擎是最常见的一个途径，谷歌作为全球最大的搜索引擎，目前占据着91.38%的全球份额。

接下来的问题就比较简单了。既然谷歌搜索引擎占据了绝大部分的搜索引擎市场份额，说明不管是一般人还是潜在的目标客户都在使用谷歌，而谷歌的自然搜索结果排名又能给我们带来海量的精准流量，那为什么会有人对外贸独立站+谷歌SEO方式望而却步呢？

为了更好地理解外贸独立站+谷歌SEO的外贸客户开拓理念，这里笔者先简单对常见的几个问题进行解答。

做外贸独立站需不需要代码基础？

笔者可以很肯定地回答你——不用！当然，如果你本身就会前端设计代码，那么自然对你的整体工作非常有帮助。在早期的网站设计中，一般的网站设计人员都要熟练掌握HTML、CSS和JavaScript。但是现在的网站搭建已经不用那么麻烦了，很多高效的页面编辑器已经达到了无须输入代码的程度，如Elementor编辑器，用户只需要思考网站内容布局，以及文字、图片和视频内容的添加。

谷歌SEO会不会很难操作？

谷歌SEO并不难操作。唯一的难点在于理解谷歌SEO规则之后如何在实践中贯彻执行。谷歌每年发布的《网站页面质量评估报告》总是会提纲挈领地发布他们SEO的相关要求。很多人做谷歌SEO没效果，很可能是因为没看懂这个评估报告或者看懂了但是没有落实到具体的实践中。

操作新方法是否需要花费大量的时间和精力？

不需要，反倒是建站前期需要做足功课。不是要学代码，而是要掌握一些基本的市场营销概念和思维，比如，网站怎样才能脱颖而出；为什么"全面撒网，重点捕鱼"总能针对潜在客户的搜索需求；怎样让潜在目标客户到了你的网站之后不会立即离开，而是会认认真真看完你的网站内容，然后向你询盘。这才是建站之前需要花费较多时间和精力的地方。

至于建站完成之后，网站的整体结构和页面内容其实不用花太多的时间和精力去调整。你需要去做的就是关注谷歌算法的变动，然后适时进行细节调整。有剩余时间或者精力的，可再输出些对潜在目标客户有价值的内容。

最终回报是否会很丰厚？

外贸行业本身就是结果导向型行业，一切以结果论英雄。但确实比传统的外贸客户开发方式效果要好很多。

通俗地讲，谷歌搜索引擎有点像红娘，将男女双方进行相关性匹配。

所以，做网站和谷歌SEO之前，先要了解你的潜在目标客户群体，了解得越细致，你所提供的页面内容就越能符合他们的搜索需求。并且绝大部分人在使用谷歌浏览器的时候不会选择无痕模式，也就是说，他们的每一次搜索操作都会被谷歌浏览器记录并保存为Cookie。这些Cookie造成的影响就是同一时刻在两台计算机上搜索同一个关键词会出现不同的结果，有点类似千人千面。（备注：Cookie的影响不能超越谷歌总体排名算法的影响，否则谷歌SEO所力争的首页首位目标将毫无意义。）

需求与供给，筛选与匹配，价值与排名，在这些大的逻辑框架下，谷歌始终坚持为搜索用户提供最具契合度的内容，但并不生产内容，所以作为生产内容的你，就需要将自己的内容紧密贴合潜在目标客户的搜索需求，急他们所急，想他们所想。

3. 符合需求的供给才是客户想要的

我们在网站页面上呈现的内容都是要基于能够解决客户的某些问题或者有针对性地输出相关内容这一前提的，不能只根据建站人员的主观意识和个人喜好去输出页面内容，因为你所想的东西并不一定是潜在目标客户真正需要的东西。

这就好比你追求一个女孩子，你想给她更富足的生活条件、更优越的生活环境，所以你拼命想给她钱，给她车子和房子。可是这姑娘却越来越疏远你，没准还会跟一个一穷二白的小伙子在一起。你可能会很纳闷，明明自己愿意为这个姑娘提供自己的全部身家，为什么还输给了一个一穷二白的小伙子？

可能是因为姑娘本身不缺钱，或者即使她家境一般，她也不想那么物质。她喜欢的只是下雨天恰到好处的一把雨伞，或者酷暑中的一碗冰镇酸梅汤。而你的全部身家都不在姑娘喜欢的范畴里。

有一个非常有名的故事，说的是如何将一把梳子卖给和尚。虽然很多人认为浪费大量的时间和精力、人为创造某个消费需求，从商业的角度来讲有点不划算。但是这个故事想表达的深层意思是，消费需求是可以进行升级和以人为导向的。它让我们在面对不可能完成的任务时，从独特角度出发，去思考和解决问题，是提倡锻炼我们的开创性意识的。

我们做外贸独立站＋谷歌SEO，第一时间要考虑的就是如何挖掘客户的真正需求，或者说他们的搜索意图。但是等网站的谷歌SEO工作达到一定程度的时候，我们需要做的就是为其他客户创造需求，引导其他客户产生需求。这两者是进阶的关系。

那么，什么样的内容输出和供给才是潜在目标客户的真正需求？首先，我们要先厘清一个先决条件——什么样的群体才是我们真正的潜在目标客户？有人会想当然地回答，只要是对我们的产品有需求的群体就是我们真正的目标客户。

很明显，说得不够准确，事实上并不是每一个对我们的产品或者服务有需求的客户都是我们真正的目标客户。比如，你是卖咖啡机的，有人联系你说想购买一台样品看看质量，如果样品质量过关，后续再下订单给你。遇到这种情况你肯定很开心，检查样品质量之后就会将样品发给对方，甚至会为了获得该客户的好感而将样品的费用和大货的费用设置成一样。等过一段时间你再去联系这个客户，客户很可能已杳无音信。

可能你会认为是因为这个客户看上了竞争对手的产品，或者是因为自己的样品品质存在缺陷，其实客户有可能只是想买一套咖啡机自己家用。之所以和你说看完样品品质再决定要不要下订单，很可能是他释放的一个"烟雾弹"，用来转移你的关注焦点。

他之所以这么做，是因为很多工厂并不愿意单卖或者零售产品，而去别的地方买可能价格会更高，品质还不一定能得到保障。所以他才选用这样一种方式，让你觉得这可能是个大客户，所以会认真检查产品的品质，甚至给出和大货一样的价格。最终他采用障眼法获取了他真正想要的东西，而你还在惋惜错失了一个本来就不可能存在的大客户。

有的人会反驳说，既然这种单买的人不是我们真正的客户，那批量购买的总应该是我们真正的客户了吧？而且我们已经完成了整个交易过程，这是事实。

话说回来，当我们遇到批量采购的客户时，我们很少会做客户相关信息的处理，甚至都不知道这个客户采购这些产品的真实目的，更不用说该客户处在消费链的哪一个层级，是大型采购还是二级批发商，是常规采购还是临时性应急采购。

有的人可能会说，这些问题看起来并不是那么重要，不管他们是什么属性和身份，终归是买了产品。既然是批量购买，那就应该是真实的客户，那只要生产并交付给他们产品就可以了。

在商业逻辑越来越严谨、商业模型越来越简化的未来，你需要完成自身供给和潜在需求的精准配对。未来的商业合作会更加向"门当户对"的方向发展，因此苹果找到了台积电，华为找到了京东方（BOE），三星找到了AMD。他们寻找合作伙伴不再是简单的供求关系的匹配，不是简单的生产制造与产品功能的实现，更多的是整体实力和自我定位的吻合。

做外贸搜索引擎优化时，我们要做的是针对某一个群体进行细致分析并给出有针对性的举措。

采用外贸建站+谷歌SEO的方法，能够跳过菲利普·科特勒在市场营销流程中的第一个环节，直接在激发客户兴趣的范畴和客户接轨了。

我们要做的就是考虑客户更在意产品的哪方面，是功能、价格、附加价值，还是售后的相关处理。然后结合他们真正关注的这些重点，制定有针对性的解决方案。这也就是菲利普·科特勒所说的激发客户兴趣这个环节的具体体现。

第 2 章
正确认识外贸独立网站

▶ **本章要点**

受新冠疫情影响,外贸行业遭受了重大打击。线下展会、客户地推等外贸客户开发方式都不能得到有效执行。反观外贸独立站,新增数量却是迅猛增加,这也印证了"未来没有绝对朝阳的产业,只有合理的商业模式才能真正推动行业向前发展"这句话。

对于外贸独立站的认识,不要人云亦云,要从过往的失败中吸取教训,才能获取更多的外贸订单。

通过对本章内容的学习,我们可以了解以下内容。

- 外界对外贸独立站的误解。
- 通过举例的方式来计算搭建一个外贸独立站需要花费多少资金。
- 外贸独立站后期维护的相关重点。

2.1 这些年对外贸独立站的误解

很多人对外贸独立站存在误解,或许是因为自己不合理的操作而失败过,或许是因为身边人的失败案例,很多人对外贸独立站产生了效果不佳的刻板印象。

1. 外贸独立网站没有用

在网络上经常能看到唱衰外贸独立站的文章,内容无非就是一些粗浅的老生常谈的话题,如外贸独立站没流量、外贸独立站费钱、外贸独立站效果没有其他平台好,等等。

一个新事物有没有用,个人的主观意见不能对其进行定性评论,更多的需要社会对其进行公正的评价。2015年之后,外贸独立站逐渐成为外贸拓客的一个新方式,而且每年的数量都在激增。单从这一点上来看,也能够说明外贸独立站已经获得了外贸界的认可。

2. 外贸独立站的客户开发效果

对于外贸独立站的开发效果,下面引用中国互联网络信息中心在2019年2月发布的《中国互联网络发展状况统计报告》中的一部分数据加以说明:截至2018年12月,我国域名总数为3792.8万个,其中,".CN"域名总数为2124.3万个,较2017年年底增长了1.9%,占我国域名总数的56.0%;".COM"域名数量为1278.3万个,占比为33.7%。

上面的数据统计还不能直观地反映外贸独立站的强劲发展势头,我们再来看图2.1所示的数据。

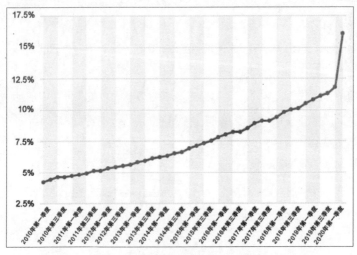

图2.1 外贸独立站的增幅占比趋势

从图2.1中我们可以清楚地看到，从2010年到2020年，外贸独立站整体的增幅呈现稳步上升的趋势，特别是2020年，因为受新冠疫情的影响，线下实体店铺无法展开正常运营，全球实体商家纷纷选择了利用互联网平台打造自己的在线商业网站，促使外贸独立站增幅远超以往同期水平，达到了16%的峰值。

正是因为外贸独立站确实能为我们开拓外贸业绩起到很好的作用，才会成为跨境出口业务的第一选择。

3. 外贸独立站没有流量

任何渠道和平台并不天生就具备流量属性，不管是阿里巴巴还是Made-in-China，它们的本质都是网站，只不过契合了社会发展的需要，提供的内容和信息对特定人群有价值，所以才成了信息互通的一个媒介。这些知名网站在初创时和外贸独立网站一样，没有光芒加身，自身也没有流量的存在。

在经过一系列的内容创建、网站优化、找到契合特定需求的目标群体之后，它们的发展才走上了快车道，不断地吸引各种流量涌入。所以，当我们搭建完自己的外贸独立站之后，还需要对网站内容精耕细作，深入了解潜在目标客户的搜索需求和关注热点，积极引进所需的流量。

图2.2所示为做机械的外贸独立站google search console的后台统计数据。该网站日均展现量稳步增长，逐步稳定在日均1万展现量左右。按照点击转化率为0.7%计算，每天该网站的日均用户数为70人次，而这些流量相对来说都较为精准，后期流量转化为询盘的可能性较大。

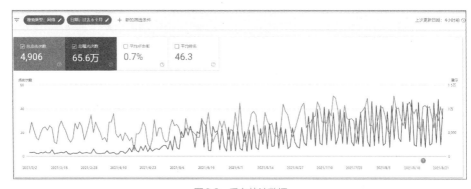

图2.2　后台统计数据

4. 做外贸独立站要会写代码

前端设计有三要素：HTML是超文本标记语言，提供的是网页的主体内容；CSS

是修改内容的样式，如字体、字号、颜色等；JavaScript是脚本，可以实现一些比较复杂的特效和功能。

如果是在以前，当我们想输出一个纯静态的网站前端页面时，就需要利用HTML、CSS和JavaScript进行内容的输出，以达到设计效果，这对于没有代码专业知识的人来说确实是一个挑战。但是现在，我们完全不用担心这个问题，高度集成化的编辑器比比皆是。比如WordPress插件中有一款叫Elementor的编辑器，基本能满足我们做外贸独立站的前端设计需求。如果需要特定的功能和效果，WordPress还有大量免费的插件库可供选择。

当然，任何编辑器都不是完美的，因为每个人的建站需求不同，体现到前端页面的内容和效果就会有比较大的差异。如果有兴趣尝试学习一点HTML和CSS方面的常用代码会更好，既可以方便在设计前端页面内容时进行自定义，还有助于后期做谷歌SEO时理解优化思维。至于JavaScript就没有特别大的必要去学习了，毕竟我们要做的是用外贸独立站去获取客户，而不是成长为一名前端设计人员。

5. 谷歌SEO工作繁杂且没有效果

谷歌SEO工作虽然只有站内优化和站外优化两大版块，但具体到工作细节上就有非常多的内容了，包括但不仅限于：结构调整、加载速度提升、内链添加、CTA设置、Landing Page设置、表单设置、结构化数据、Title和Meta description优化、外链添加、社媒流量引进、A/B页面测试，等等。

上述工作内容需要具备的技能各不相同。比如，提升网页的加载速度，需要了解相关的知识，如动态缓存、CSS和JS文件压缩、禁用谷歌字体、异步加载、图片和视频的Lazy Load、网页的过期头信息设置、CDN加速等。而Title和Meta description的优化就会涉及谷歌排名算法的一些抓取规则和优化方法，如关键词的运用、关键词和页面内容之间的结合、Title和Meta Description的字数限制，等等。虽然这些知识点比较细碎，但掌握起来并不难。

很多人认为谷歌SEO工作没效果，有可能是以下两个方面原因导致的。一是具体的优化思路上出现了偏差；二是坚持的时间不够。就像我们经常听到的"黑帽""快排"这些手法，谷歌都是严厉禁止并且重点打击的，很多人做网站是想在短时间内做到有自然搜索排名，这是不可能的，即使有，也会很快受到谷歌算法的惩罚。

有些人的优化思路是正确，努力的方向和具体的操作过程也没有问题，但是短期内就是没有效果。其实这可能是因为他们的产品或者行业的竞争太激烈，无法在短期内获得一个较好的流量表现。毕竟当我们在努力的时候，别人也在努力。所以，不能只看短期效果，需要坚持。

6. 外贸独立站会成为内容孤岛，无法联通其他媒介

不管是纯代码写的静态网站还是利用WordPress这种CMS内容管理系统做的网站，它的内容主体都是超文本标记语言，也就是我们常说的HTML。因为有超链接的存在，才使得不同网站和平台渠道之间的联动变得简化和高效。

因为搜索引擎靠的就是海量的内容抓取，如果网站彼此之间都没有外链渠道，那么谷歌搜索引擎的抓取工作的效率将极大地降低。搜索引擎就像一只蜘蛛一样，顺着网页上的各种超链接，源源不断地获取新的页面内容地址，然后将新内容搜罗到它的索引数据库中进行分类排序。

此外，WordPress经过多年的发展，已涌现出非常多优质的谷歌SEO插件，如Yoast SEO、All in One SEO、Jetpack等，它们都提供了自身网站与其他网站或者平台（如Facebook、Twitter、Linkedin等）进行联通的功能。甚至页面编辑器都已经自带了联通的属性，如Elementor编辑器就自带了社交分享等功能。当我们单击对应的社交媒体图标的时候，它就会执行不同的内容联通功能，依靠社媒获取更多的自然流量。

2.2 外贸独立网站是否需要投入大量资金

外贸独立站拥有独立的域名、空间、页面，不从属于任何平台，可以进行多方面、全渠道的网络市场拓展，推广所带来的流量、品牌印象、知名度等都完全属于独立站所有。

那么像Shopify、Monday.com这种类型的网站算不算外贸独立站呢？不算，因为它们本质上只提供了建站所需要的功能和配套环境，虽然你拥有了独立的域名，但是本质上，承载网站内容的服务器并不是你的。你在这些平台上所进行的相关操作还是会受到它们的制约。

我们现在知道了，要想做一个外贸独立站，就必须拥有独立的域名和网站服务器的所有权。有些建站公司会提供给用户服务套餐，套餐中包含免费的域名和服务器。虽然他们能够给用户搭建一个外贸网站，但该网站还是会受到这些建站公司的限制。比如，后期的续费、添加某些相关功能和效果需要额外付费，用户自己没有对应的网站修改和调整的权限。

那么，域名和服务器到底贵不贵呢？我们先来看看主流的域名服务商的售卖价格。假设我们要做一个Led产品，我们想购买一个域名——tyokled.com，先来看看namesilo这个域名服务商对该域名的报价，如图2.3所示。

图2.3　namesilo对域名的报价结果

再来看看godaddy这个域名服务商对该域名的报价，如图2.4所示。

图2.4　godaddy对域名的报价结果

最后再来看看namecheap这个域名服务商对该域名的报价，如图2.5所示。

图2.5　namecheap对域名的报价结果

平均下来，这个域名每年只需要50元左右。所以不要贪图那些能够免费送域名的套餐，因为域名本来就不贵。

接下来再了解一下服务器的价格。服务器的价格是有很大差异的，因为购买的服务项目的差异直接决定最终付费的价格。笔者使用的一个服务器（SiteGround）的价格如图2.6所示。

第一年9.99美元/月，算下来一年只需要120美元，按汇率6.5计算，一年只需要780元。这个套餐还提供免费的WordPress安装和WordPress网站迁移、免费的SSL证书安装、免费每日备份、免费CDN加速及其他一些免费服务，购买并使用后不满意，可以在30天内无理由退款。

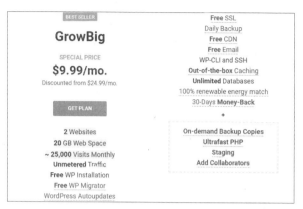

图2.6　SiteGround对网站服务器的报价结果

BlueHost的服务器收费价格如图2.7所示。普通的共享主机每个月3.95美元，一年差不多是48美元，按汇率6.5计算，一年只要312元。但是这个3.95美元/月的服务器套餐只允许部署一个网站，如果想再搭建一个网站，就要重新买这个服务器套餐或者升级套餐。

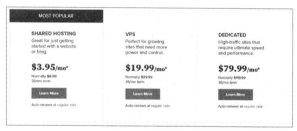

图2.7　BlueHost对网站服务器的报价结果

最后我们来看看Hostinger的云主机，如图2.8所示。

Plan Features	Startup $9.99/mo	Professional $18.99/mo	Global $69.99/mo
Websites	300	300	300
Memory (RAM)	3 GB	6 GB	16 GB
SSD Storage	200 GB	250 GB	300 GB

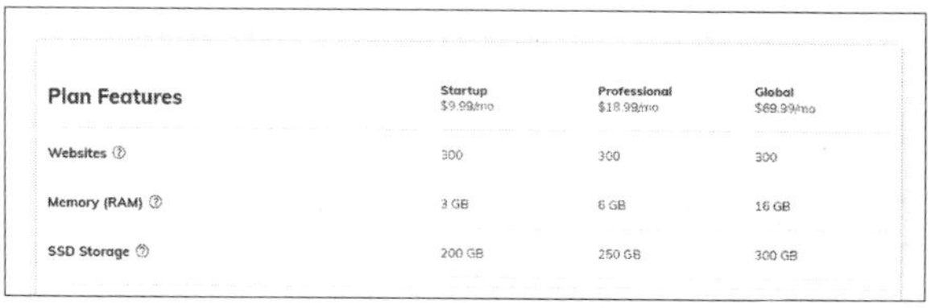

图2.8　Hostinger对网站服务器的报价结果

起步价为9.99美元/月，Hostinger的这三个云服务器的区别主要在于Memory（RAM）和SSD Storage。

通过上面三个主流服务器供应商的价格，我们差不多知道一个网站的服务器费用每年几百元。也不用特别好的专属服务器或者VPS，小网站的服务器选择原则就是够用就行。一开始不用拼配置，省下的钱投入网站运营或者付费推广方面，对外贸客户开发及订单获取方面能够取得更加立竿见影的效果。

再来看看其他一些可能需要花钱的地方。注意，是可能需要花钱，而不是一定需要花钱。（说明：本书中提到的建站方式采用的是WordPress这个CMS系统。）

1. 建站的主题费用

如果没有特殊需要，推荐在WordPress后台主题库中寻找主题，如图2.9所示。这里有大量免费的、制作精美的建站主题。

图2.9　WordPress后台提供的免费网站主题

很多新手在做外贸独立站的时候，认为主题就是网站的版面设计，充其量就是一个好看的demo（示范）。这种观点是不对的，主题包含的内容和功能要远远超过他们的认知。特别是一个好的主题，能够对网站的功能和网页加载速度有所助益。

除了这个地方，我们还可以在建站主题的售卖平台查找一些知名的付费主题。这些建站主题可能不会出现在WordPress后台主题安装库中，所以需要另行购买。图2.10所示为著名的主题在线售卖平台——themeforest.net。

图2.10　Themeforest平台上售卖的建站主题价格

图2.10中是知名的WordPress建站主题Avada，功能非常强大，性能也不错，缺点是相对臃肿，对建站新手来说并不是那么友好。所以有些人才热衷于购买付费主题，

然后用Avada的demo进行内容的替换或更改，从而创造出一个漂亮的网站。

那么到底要不要购买付费的建站主题呢？个人意见是暂时不需要，可以等网站做得比较大时再考虑付费版本。

2. 建站的插件费用

WordPress的整体生态非常健全，包含了具备各种功能和特效的插件，如在线聊天工具（tawk.to）、谷歌SEO工具（Yoast SEO）、安全防护工具（Wordfence）、速度优化插件（WP-rocket）、多语言在线翻译插件（Gtranslate）及页面编辑器插件Elementor。

WordPress的建站插件和建站主题一样，分为免费和付费两种。付费的建站插件并不一定就比免费的建站插件在功能上强大很多，很多经典的插件即使是免费版本也足以满足我们的建站需求。如Gtranslate，也就是谷歌官方开发的在线翻译插件，可以实现一键生成多语种的网站页面内容。虽然在线翻译的准确性还有待提高，但整体翻译水平已经很不错了。

如果有人介绍WordPress的某款插件功能强大、效果非常好，却在WordPress插件安装后台找不到这款插件，那么很有可能它是一款付费的插件。我们需要到哪里购买这种付费的插件呢？可以通过Codecanyon平台购买，如图2.11所示。

图2.11　WordPress付费插件购买平台——Codecanyon

其他方面就没有特别大的开支了。如果你自己不会又不想花费时间和精力去做一个外贸独立网站，那么可以找一家靠谱的建站服务商或建站个人。

注意，建站个人的水平、技术、服务态度并不一定比建站公司要差，甚至很多时候建站个人能为你提供的价值要比建站公司好很多。

2.3 外贸独立网站的后期维护是否非常麻烦

做好了外贸独立站之后,我们就要想尽办法将网站的整体流量和排名做出一个好的效果,我们将这部分工作称为网站后期维护。细分的话,网站后期维护可以分为日常运营和技术性维护两大版块。

我们先来看看网站的日常运营一般要做哪些工作。注意,网站运营的不同时期,需要做的工作重点是有很大的区别的,不能一概而论。

网站前期的工作重点是保证网站上想参与关键词排名的页面内容都能正常地被谷歌搜索引擎收录,这是所有工作的前提。不要在网站做好之后就立马去做谷歌付费引流这类操作。如果网页内容连谷歌的索引数据库都进不去,后面的工作也就无从谈起了。

1. 网站页面收录情况查询

要检查自己的网站页面内容是否被谷歌搜索引擎所收录,可以用 site 指令去查看对应的结果(site:www.domain.com)。建站完成之后,初期被收录的网站页面可能会比较少,建议做一个 Excel 表格,标注清楚哪些已经被收录了,哪些还没有被收录。

当然,你也可以在 Google Search Console(也就是谷歌站长中心)进行相关数据的查询,如图 2.12 所示。

图2.12　Google Search Console 对某网站覆盖率的查询结果

在 Google Search Console 后台关于覆盖率的内容中,我们可以单击右上角的"导出"按钮,这时候网站页面的收录情况就会以表格的形式输出,一般情况下我们选择 Excel 格式。下载完成后,我们可以看到如图 2.13 所示的数据。

通过 Google Search Console 的相关数据可以发现,并不是网站上所有我们想被谷歌搜索引擎收录的页面都已经被接纳并编入索引。已经提交且已经被编入索引的网站页面结果统计如图 2.14 所示。

日期	错误	收到警告的有效网页数	有效网页	已排除	展示
2021-01-16	0	0	348	968	122
2021-01-17	0	0	351	981	178
2021-01-18	0	0	351	981	207
2021-01-19	0	0	351	981	216
2021-01-20	0	0	351	981	206
2021-01-21	0	0	351	981	258
2021-01-22	0	0	351	981	222
2021-01-23	0	0	351	981	159

图2.13　Google Search Console关于覆盖率的Excel数据

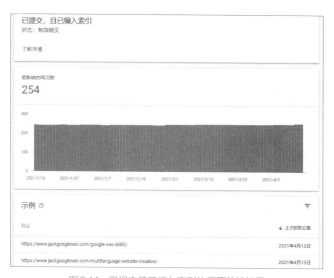

图2.14　已提交且已编入索引的页面统计结果

与之对应的是已经编入索引，但未在站点地图中提交的页面统计结果，如图2.15所示。

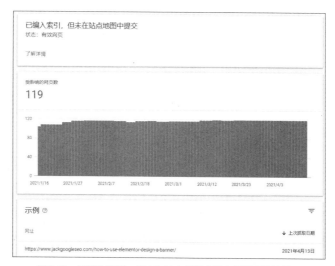

图2.15　已编入索引，但未在站点地图中提交的页面统计结果

这两者的值相加就是有效网页的总数值，也就是我们常说的已经被收录，网页内容已被谷歌添加到它的索引数据库当中了。那么，哪些页面容易被谷歌搜索引擎排除呢？

（1）备用网页（有适当的规范标记）。举个例子，笔者有一个网页，页面标题是《2020年谷歌SEO十大技巧》，这个页面所对应的网址通过Google Search Console后台查询发现该网页已经被收录，而另一个与该网页非常类似的网址却被排除收录了，原因是安装了谷歌的AMP插件。

谷歌官方对备用网页（有适当的规范标记）的解释是，相应网页与 Google 所识别出的规范网页重复。该网页正确地指向了这个规范网页，因此无须执行任何操作。对此，我们只需要选择性忽略即可。

（2）已抓取但尚未编入索引的情况，如图2.16所示。

示例 ⓘ

网址	↓ 上次抓取日期
https://www.jackgoogleseo.com/javascript-seo-authoritative-tutorial/feed/	2021年4月13日
https://www.jackgoogleseo.com/sumo-popup/feed/	2021年4月11日
https://www.jackgoogleseo.com/2020-top-10-google-seo-skills-5/feed/	2021年4月10日

图2.16　已抓取但尚未编入索引的详情列表

出现这种情况是因为网站中某个文章页面下的访客留言内容，对网站的SEO排名而言并不是特别重要。谷歌官方对已抓取但尚未编入索引的解释是，Google 已抓取相应网页，但尚未将其编入索引。日后，该网页可能会被编入索引，也可能不会被编入索引。无论怎样，都无须重新提交该网址以供抓取。

2. 网站页面的谷歌索引问题查询

除了以上两个主要问题之外，Google Search Console后台的已排除页面中可能还有以下情况：已发现，尚未编入索引；网页会自动重定向，网址已经提交但未被选为规范网址；404报错（没找到网页）；403报错（由于禁止访问而被屏蔽）；被“noindex”标记排除；重复网页，Google选择的规范网页与用户指定的不同，等等。

解决网站页面内容的收录问题可能需花费较多的时间和精力，因为在操作过程中，某个问题可能受到不止一个因素的影响，需要有抽丝剥茧的耐性才行。

当网站页面的收录问题得以解决之后，我们就要进入日常运营和维护的第二大阶段，即有价值的内容的输出。这个有价值是针对潜在目标客户群体来说的。不要简单地把输出有价值的内容当作写文章，这是对谷歌SEO工作的一种狭隘认识，很多人甚至还花费大量的金钱去找一些外国的写手，先不说这些写手写出来的文章是否更地道，在对产品和目标客户群体不了解的情况下，很难有一个好的结果。所以，不要盲目相信外国写手能带来价值。

有了优秀的高质量文章之后，我们可以尝试做外链的相关工作，谷歌SEO领域常说"内容为王，外链为皇"。虽然不是非常贴切，但是也较为翔实地表达了谷歌SEO工作的重点。外链的作用除了让谷歌蜘蛛多渠道快速爬取你的网站资料外，最关键的作用就是形成"信任投票"。

谷歌搜索引擎认为在行业内得到优秀的网站信任并且认可你网站上的内容，那么你的网站的相对权重就会得到积累。

在做高质量内容输出和外链建设的同时，我们也要积极地通过社交渠道进行引流。

在做了一定的原创内容和高质量外链建设工作之后，此时的网站已经有了一定的流量和访客，这时就要开始重视这些流量的具体表现，用数据来佐证或者调整我们自身的工作内容和重点了。对于这方面的工作，可使用谷歌的Google Analysis工具，工具的首页会列出该网站的相应数据，如图2.17所示。

图2.17　Google Analytics对网站的相关流量数据的统计

3. 网站日志信息查询

如果上述内容都能游刃有余地处理并获得较好的结果，那么接下来需要对外贸建站和谷歌SEO水平再做一次系统性的升级。最直接也是最有效果的方式就是查看自己的网站日志。

下面这一条来自笔者自己网站上的日志：

35.196.205.236 www.jackgoogleseo.com-[16/Apr/2021:08:56:04 +0000] "GET /website-speed-optimization/ HTTP/1.1" 200 72056 "-" "ZoominfoBot (zoominfobot at zoominfo dot com)" | TLSv1.2 | 0.120 0.120 0.120 MISS 0 NC:000000 UP:SKIP_CACHE_MAX_AGE_ZERO

- 35.196.205.236，它代表的是这个访问请求的IP。
- www.jackgoogleseo.com 代表的是访问的网站主域名，也就是我们自己的网站。
- [16/Apr/2021:08:56:04 +0000] 代表的是具体访问时间，即2021年4月16日上午8点56分4秒，+0000代表的是时区。
- GET /website-speed-optimization/ 指的是请求需要访问资源的方式和具体的内容访问路径，也就是我们常说的页面URL。
- HTTP/1.1 200 72056 指的是访问内容的传输协议。200是指页面能够正常访问，如果页面消失了，就会出现404报错代码。72056指的是访问的内容有72056个字节的内容。
- Zoominfobot（zoominfobot at zoominfo dot com）指的是来请求内容的具体对象，Zoominfobot是类似于Google的网络搜索引擎蜘蛛。Zoominfobot由Zoom Information Inc.（www.zoominfo.com）创建，其专利技术不断扫描数百万个公司网站、新闻稿、电子新闻服务、SEC文件和其他在线资源。
- TLSv1.2指的是传输层安全性协议所采用的版本。

那么，分析网站日志对我们而言有什么好处呢？

（1）了解各个搜索引擎蜘蛛的来访情况。我们可以通过观察网站访问日志，综合统计某些特定的搜索引擎蜘蛛来我们网站的频率，特别是Google蜘蛛：Mozilla/5.0。如果有段时间它没有来或者来的频率大幅下降，那么就要重视了，这对我们网站来说是一个非常不好的信号。

（2）了解网站访客的浏览行为。现在市面上有很多不错的网站日志统计分析工具，在这些统计分析工具中，我们甚至能够查看某个IP在某个时间段内的一系列访问行为。除此之外，还能统计网站上哪些页面较受欢迎，哪些页面的内容无人访问，针对这些无人访问的内容，我们要进行内容整改或者直接将其删除。

（3）查看不正常的恶意攻击的情况。当我们的网站开始有起色的时候，容易遇到竞争对手的"攻击"。可能是竞争对手不希望我们的网站被目标客户正常访问，又或者是不想看到我们的网站做得好，他们可能采取暴力攻击或者注入式攻击的方式破坏我们的网站。

当然，外贸独立网站的后期维护工作不仅限于上述几个方面，要想网站页面中的关键词排在谷歌自然搜索结果的首页，我们还需要付出更多的精力去面对各种可能发生的情况。在建站的过程中会有很多伙伴，总会找到相应的解决方案。

第 3 章
外贸独立网站的前期准备工作

03 Chapter

▶ 本章要点

外贸独立站的前期准备工作并不是简简单单的企业信息、产品图片、产品参数等资料的准备。因为外贸独立站的核心是遵循谷歌 SEO 的指导思想,就是给目标客户群体提供最有价值的内容。

为了确保能够给目标客户群体提供最具价值的内容,我们首先要做的就是对市场外部和企业内容进行全面的分析,然后结合分析结果选择最匹配的利基市场,制定针对性的营销策略,最后才是有选择地准备网站的基本内容。

通过对本章的学习,我们可以了解到以下内容。

- 如何对自身的行业进行全面分析。
- 利用 SWOT 分析法对自身企业情况进行分析。
- 用 STP 分析法进行市场细分和选择。
- 目标客户群体的相关分析。

3.1 当前行业的全面分析

当前行业的全面分析包括但不仅限于世界各国对某一产品的采购状况调研、我国某一产品的出口状况调研、行业的实操调研与预测。注意，当自己的调研结果与公司现有的市场方向出现偏差时，如果自己的调研方向和调研方法都没有问题，就不一定要严格跟着公司执行落地项目，而应该适当地在外贸独立站中实现自己的调研结果。因为，当前行业的全面分析，为的是让我们更清晰地了解外部环境，而不是为了闭门造车。

3.1.1 世界各国对某一产品的采购状况调研

既然要通过做外贸独立站来开拓外贸市场份额，就要先搞清楚一些基本的问题。例如，哪款产品有全球需求及它的供求情况，产品对应的客户在哪里，哪个国家对产品的需求量最大，等等。有了这些答案，我们才能在市场细分和目标客户选择中少走冤枉路。

1. WTO的相关数据

笔者比较推荐用WTO的相关数据，因为不能具体到某个产品，所以我们只能从宏观的角度去判断某个国家对某个行业的产品的总体进出口情况。不过从这些数据中我们也能对某个国家的相关行业市场有一个大致的判断。该网站没有中文，只有英语、法语和西班牙语三种选择。为了方便大家了解这个网站，笔者使用Chrome的在线翻译插件将页面上的内容翻译成了中文，如图3.1所示。需要注意的是，使用中文设置相关的数据搜索查询条件，很可能会导致数据不能正常显示或者无法下载的情况。

图3.1 WTO的全球交易数据查询系统

2. ABRAMS

除了WTO的相关数据外，我们还有其他选择，如ABRAMS。ABRAMS是一个商业智能门户网站，包含数千亿数据，这些数据来自各大主流数据源，如刚才提到的WTO官方，也有来自联合国的Comtrade数据库及其他国家和地区的相关主管部门的。从2007年开始，ABRAMS做得越来越好，其数据已经涵盖了全球约200个国家和地区的进出口贸易数据。

我们以保温杯行业为例进行讲解。在ABRAMS的数据查询首页输入保温杯的HS代码961700，然后单击弹出的选项，如图3.2所示。

图3.2　利用ABRAMS对某个行业产品的数据查询

系统会自动在其数据库中进行搜索并给出两个数据列表，分别是进口和出口的相关统计数据，如图3.3所示。

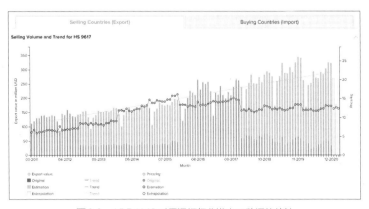

图3.3　ABRAMS对保温杯行业进出口数据的统计

横轴代表的是时间节点，纵轴代表的是进口或者出口的保温杯总额（单位是百万美元）。关于这些市场交易总额，如果单看上面的数据走势图可能并不是很明白，我们无法通过这些数据了解不同国家的具体情况。所以，ABRAMS又在图表的下方给出了对应的进口和出口国家的市场份额，如图3.4所示。

通过图3.4所示的表格我们可以发现，除了印度，排名前十的国家和地区，2020年进口的保温杯数量所占据的市场份额同比2019年是有增加的。但并不是说这些国家的进口市场份额增加了，对应的进口总量就增加了。

HS 9617的世界市场趋势

市场趋势

在购买圈中，从不确定到不确定　　期间：年　　同比：2019 至 2020

	国家	年市场份额	2020年市场份额	市场份额变化	2019年进口金额	2020年进口金额	同比增长	每月交易	销售情报
1	美国	28.81%	35.07%	↑ 6.26%	582,899,436美元	518,791,286美元	↓ -11.00%		获得客户
2	日本	14.66%	16.27%	↑ 1.61%	296,501,422美元	240,618,889美元	↓ -18.85%		获得客户
3	德国	5.77%	9.00%	↑ 3.23%	116,761,307美元	133,085,839美元	↑ 13.98%		获得客户
4	加拿大	4.94%	6.53%	↑ 1.60%	99,912,026美元	96,661,738美元	↓ -3.25%		获得客户
5	英国	4.30%	4.71%	↑ 0.40%	87,075,712美元	69,642,313美元	↓ -20.02%		获得客户
6	荷兰	2.30%	3.06%	↑ 0.75%	46,628,954美元	45,227,934美元	↓ -3.00%		获得客户
7	印度	4.78%	2.83%	↓ -1.95%	96,782,911美元	41,849,004美元	↓ -56.76%		获得客户
8	意大利	1.37%	2.69%	↑ 1.32%	27,800,416美元	39,863,774美元	↑ 43.39%		获得客户
9	墨西哥	2.53%	2.60%	↑ 0.07%	51,117,092美元	38,440,034美元	↓ -24.80%		获得客户
106	国家合计								

图3.4　ABRAMS对保温杯行业各国进出口市场份额占比的统计数据

以美国为例，2019年的保温杯进口总额是582899436美元，2020年的保温杯进口总额是518791286美元，下降了11%。

印度2020年保温杯产品进口总额是41849004美元，与2019年相比直接下降了56.76%。

同时我们也要重点关注一下德国和意大利。保温杯的进口总量在2020年不但没有减少，反而大幅增加了，增幅分别为13.98%、43.39%。

另外，ABRAMS这个网站还能为我们的业务开拓带来一定的惊喜。图3.4中的最后一列有个“获得客户”，单击之后，ABRAMS会跳转到一个新的页面，页面内容如图3.5所示。

	Customer Name	Shipments and origin	Expertise (months)	Last Activity	Suppliers for HS-Code 9617	Total Suppliers	Number of all HS-Codes	Share of observation in all shipments	Observations in Shipments	Observations of all HS-Codes
1	REQUEST A DEMO	8	6	Apr 14, 2021	3	76	4	7.09%	8	127
2	REQUEST A DEMO	4	6	Apr 14, 2021	1	9	29	3.87%	4	155
3	REQUEST A DEMO	1	1	Apr 14, 2021	1	23	114	0.10%	1	1,013
4	REQUEST A DEMO	4	18	Apr 13, 2021	1	9	30	2.83%	4	353
5	REQUEST A DEMO	7	8	Apr 12, 2021	5	17	9	41.67%	7	36
6	I-Ward USA Inc. 15531 Carmenita Road, 90670 Santa FE Spring US	3	72	Apr 12, 2021	1	5	14	18.18%	4	132
7	Latin Air Sea Worldwide S. de R.L. de C.V. Blvd. Adolfo Lopez Mateos No. 261 Piso 4 52-55900	1	1	Apr 12, 2021	1	13	22	0.56%	1	177
8	Justline Inc. 2205 W 136th Ave. Suite 106 Pmb 6954 B Roomfield, Co, Broomfield, US	3	1	Apr 11, 2021	1	17	1	100.00%	3	3
9	Ikea Supply AG 4104 Industrial Pkwy Dr, Lebec, CA 93243, USA	3	51	Apr 11, 2021	3	1,761	344	0.08%	4	47,174
10	BSH Home Appliances Corp. 300 Executive Pkwy, New Bern, NC 28562, US	2	1	Apr 11, 2021	1	176	239	0.02%	2	10,598
29,403	Customers Total									

图3.5　ABRAMS对保温杯行业的主要进口客商信息的相关统计列表

前5行数据被锁定了,暂时无法查看,需要申请免费在线演示才能查看,如果有兴趣可以申请一下。

3. TrendEconomy

TrendEconomy的网站数据很杂乱,使用体验感不佳,但好在它的数据源很多。如果有时间和精力慢慢挑选自己需要的数据,那么TrendEconomy是个非常不错的选择。

4. ATLAS

ATLAS是哈佛大学推出的世界经济数据地图集,有强大的数据可视化功能,不用像ABRAMS那样,需要我们逐行查看对比。ATLAS还能提供某个国家的综合数据分析,对我们了解一个国家的经济结构来说非常有用。

利用ATLAS不仅可以查看国家的相关进出口数据,还能查看某一产品大类的相关数据。不过要注意的是,在ABRAMS中我们使用的是HS代码,也就是我们常说的海关代码。但是在ATLAS中,我们想查询某个产品大类的具体进出口数据,需要使用SITC4版本的产品代码,否则会出现代码不匹配而查找不到自己想要的相关数据的情况。

5. Trademap

Trademap是由世贸组织国际贸易中心制定的,旨在解决以下相关问题:促进战略性市场研究,监测本国和特定产品的贸易绩效,揭示比较和竞争优势,确定潜在的贸易潜力,分析市场和产品多样化,以及为公司和贸易支持机构设计并优先考虑贸易发展计划。

具体的搜索操作如图3.6所示(本实操案例中,产品的HS代码为961700,进口国家为美国)。

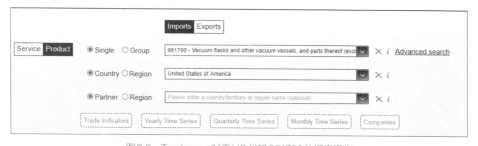

图3.6 Trademap对于HS代码961700的搜索操作

在第一个搜索框中输入961700，等Trademap系统跳出961700也就是保温杯的项目之后再选择，单独输入文字的情况下无法查询。在第二个搜索框中输入United States of America，操作同上，第三个搜索框空着，这样最终的搜索结果就是美国的全部进口货源（保温杯），如图3.7所示。

双边8位数字	出口地	2016年进口额	2017年进口额	2018年进口额	2019年进口额	2020年进口额
	世界	579,076	408,469	496,491	582,899	518,791
	中国大陆	560,532	393,824	480,445	567,980	505,215
	泰国	8,625	7,154	8,216	6,674	6,923
	中国台湾	4,312	4,489	5,010	5,448	3,209
	马来西亚	0	0	0	7	1,093
	英国	367	473	375	423	432
	日本	1,633	1,243	548	429	378
	墨西哥	31	16	24	114	372
	德国	532	251	295	548	367
	意大利	3	11	0	24	164
	巴西	105	79	139	128	182
	印度	90	210	144	110	119
	荷兰	121	63	264	193	71
	韩国	26	37	72	16	50
	丹麦	212	52	52	39	45

图3.7 Trademap对于美国保温杯主要进口地的数据统计

根据图3.7中的数据来看，中国大陆是当之无愧的保温杯第一大出口地，其次是泰国、中国台湾、马来西亚等几个国家或地区。整体来讲，这份数据报告符合行业内的客观事实。

除此之外，同类型的数据查询工具还有很多，读者可以自己去搜索，选择自己感兴趣的来使用。

虽然上述统计数据和研究报告并不能给我们的外贸独立网站和谷歌SEO工作带来直观和具体的影响，但对于我们有针对性地选择目标市场，以及对目标客户群体的搜索和分析有很大的帮助。

3.1.2 国内某一产品的出口状况调研

既然外贸独立站+谷歌SEO类似于"全面撒网，重点捕鱼"，那自然要找最容易捕捉而且鱼群数量最大的地方。那么，采购量非常大的国家是否一定就是我们的目标市场区域？

带着这个疑问，我们先来查看一组国内的关于包装机械（HS代码：842230）的统计数据，如图3.8所示。

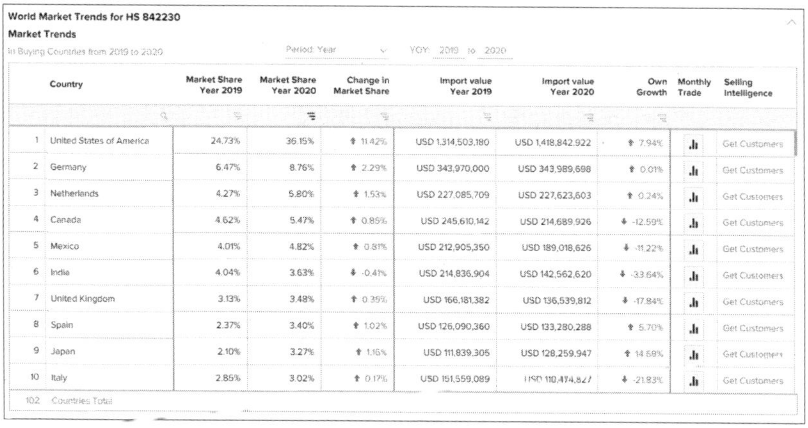

第 3 章　外贸独立网站的前期准备工作

图3.8　ABRAMS提供的HS代码为842230的产品类别的贸易统计数据

排在前十名的采购国分别是美国、德国、荷兰、加拿大、墨西哥、印度、英国、西班牙、日本和意大利。那么国内的这个包装机械的数据是否真如ABRAMS所提供的这份表格一样？

带着这个疑问，我们来看另外一个网站——中国海关统计数据在线查询平台，如图3.9所示。

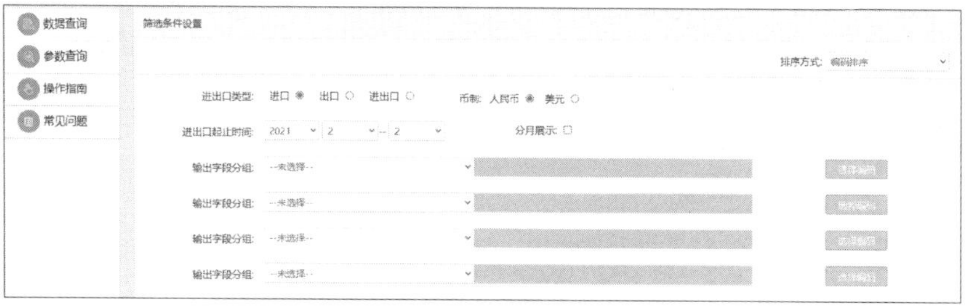

图3.9　中国海关统计数据在线查询平台

在这个数据查询系统中，我们还需要对若干个查询参数进行设置。

（1）在"进出口类型"中选择"出口"，而不是系统默认的"进口"，然后在第一个"输出字段分组"中选择"商品"，如图3.10所示。

图3.10　中国海关统计数据在线查询平台操作步骤1

（2）单击这一行后面的"选择编码"按钮，出现如图3.11所示的对话框。

（3）在弹窗中先输入我们需要查询的产品的HS代码，这里输入842230，然后在系统给出的匹配项目中找到并选中它，最后单击底部的"确认"按钮，这样就完成了输出字段组中第一个参数的相关设置。

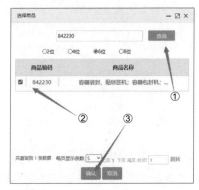

图3.11 中国海关统计数据在线查询平台操作步骤2

（4）有了第一个参数之后，我们还需要对第二个参数进行设置。在第二个"输出字段分组"中选择参数"贸易伙伴"。

小技巧：在系统提供的国别中很难找到某个国家时，可以直接在主搜索框中输入该国家的名称，然后单击"查询"按钮，如图3.12所示。

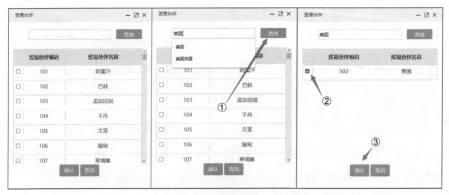

图3.12 中国海关统计数据在线查询平台操作步骤3

在查找到一个国家之后，我们还可以重复图3.12所示的操作，再次添加新的国家到"查询"参数当中，直到所有需要查询的国家都被添加到"查询"参数中为止。

还有一个"查询"参数是"贸易方式"，一般情况下不用刻意区分具体的贸易方式，所以此处的参数可以略过。至此我们就完成了相关查询参数的配置，只需要单击该页面底部的"查询"按钮,系统就会给出对应的统计列表,如图3.13所示。

商品编码	商品名称	贸易伙伴编码	贸易伙伴名称	第一数量	第一计量单位	第二数量	第二计量单位	人民币
84223090	其他容器装封、贴标签…	101	阿富汗	2	台	590	千克	46,236
84223090	其他容器装封、贴标签…	102	巴林	77	台	8925	千克	1,229,532
84223090	其他容器装封、贴标签…	103	孟加拉国	39866	台	319467	千克	22,466,831
84223090	其他容器装封、贴标签…	105	文莱	54	台	3703	千克	139,242
84223090	其他容器装封、贴标签…	106	缅甸	3208	台	147063	千克	10,568,851
84223090	其他容器装封、贴标签…	107	柬埔寨	592	台	74801	千克	7,163,746
84223090	其他容器装封、贴标签…	108	毛里求斯	498	台	17131	千克	2,016,875
84223090	其他容器装封、贴标签…	110	中国香港	21298	台	193586	千克	24,383,454
84223090	其他容器装封、贴标签…	111	印度	59617	台	1175893	千克	102,942,385

图3.13 数据查询结果

这样的表格并不方便我们了解数据,所以我们选择将上面的数据下载为Excel表格。只要单击页面上的"导出数据"按钮就可以了,系统会自动将数据表格下载到我们的计算机上。通过相应的数据排列操作,我们就可以得到如图3.14所示的列表。

	商品编码	商品名称	贸易伙伴编码	贸易伙伴名称	第一数量	第一计量单位	第二数量	第二计量单位	人民币
2	84223090	其他容器装封、贴标签及包封机;饮料充气机	502	美国	981394	台	3680382	千克	463818594.00
3	84223090	其他容器装封、贴标签及包封机;饮料充气机	141	越南	252380	台	1881476	千克	190397935.00
4	84223090	其他容器装封、贴标签及包封机;饮料充气机	112	印度尼西亚	591538	台	4156107	千克	179818597.00
5	84223090	其他容器装封、贴标签及包封机;饮料充气机	133	韩国	192503	台	1111190	千克	110940706.00
6	84223090	其他容器装封、贴标签及包封机;饮料充气机	111	印度	59617	台	1175893	千克	102942385.00
7	84223090	其他容器装封、贴标签及包封机;饮料充气机	309	荷兰	472424	台	1264182	千克	94867082.00
8	84223090	其他容器装封、贴标签及包封机;饮料充气机	136	泰国	59000	台	789270	千克	90761987.00
9	84223090	其他容器装封、贴标签及包封机;饮料充气机	304	德国	388959	台	993137	千克	86428018.00
10	84223090	其他容器装封、贴标签及包封机;饮料充气机	344	俄罗斯联邦	224872	台	722422	千克	82019046.00
11	84223090	其他容器装封、贴标签及包封机;饮料充气机	501	加拿大	100590	台	497524	千克	80718304.00

图3.14 中国海关统计数据在线查询平台原始数据再处理结果

通过对获取的数据进行分析,我们可以选择将时间、精力和资源投入需求比较大的国家和地区。

3.1.3 行业的市场调研和预测

如果有能力去做市场调研和预测,最好亲自对自己所在的行业做一份市场调研和预测。然后与网上找到的相关资料进行对比,看看得出的结论是否有差异。

我们先来看看如何从网络上找自己产品所属行业的市场调研和分析报告。以LED 广告牌为例,它的关键词是LED Advertising Display,我们先用关键词LED Advertising Display Market Analysis Report进行搜索(注意,要用英文双引号将关键词引起来)。在谷歌的自然搜索结果中,我们即可看到户外LED广告牌的市场分析报告,如图3.15所示。

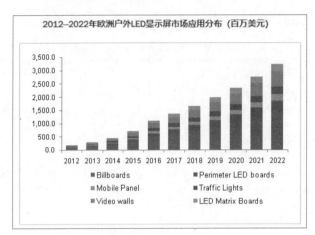

图3.15 Alied Market Search研究机构给出的LED产业户外显示屏发展数据

这样的市场调研报告显然不能满足我们的需求（当然，这只是免费样本，自然不可能把调研报告的核心数据公布出来，有兴趣的可以直接联系官方购买），我们还要重新设置谷歌高级搜索条件以进行相关数据的查询。这一次我们设置结果的格式为PDF文件，即"LED Advertising Display Market Analysis Report"filetype:pdf。

从严格意义上来讲，我们得到的这份文档是市场问卷调查的统计结果，不过文档末尾总结了关于LED广告牌的发展趋势。

（1）户外LED广告牌的物理尺寸会越来越大。

（2）因为技术的驱动，32～75英寸（1英寸=2.54厘米）的LED户外广告牌会逐渐成为行业头部选择。

（3）智能化的内容显示将成为LED广告牌的主流发展方向。

（4）面部识别与人工智能未来将被大量使用。（这一点在席卷全球的新冠疫情下已经验证，很多LED广告牌已经置入了面部识别的功能，成为公众场所安检的重要工具。）

（5）利用静电场和超声波技术实现对触觉的真实模拟，提升户外广告的用户体验感。

（6）广告受众的特性将决定LED广告牌内容在未来的呈现形式和效果。

如果需要Word文档，只需要在谷歌高级搜索条件中将filetype后面的pdf改成word即可。

那么换一换搜索的关键词行不行？当然行，我们不仅可以使用Market Analysis Report，还可以使用Industry/Market Analysis（行业/市场分析）、Market Overview（市场概况）、Industry Trends（行业趋势，关于行业趋势，建议使用Google

Trends）、Market Size, Development Factors and Forecasts（市场规模、发展因素及预测）、Market Segmentation（市场细分）、Regional Market Comparison（区域市场比较）、Competitive Analysis/Landscape（竞争分析/市场前景）、Potential Customer Type Analysis, Customer Orientation and Segment（潜在客户类型分析、客户定位和细分），等等。

我们再换一下思路，一般情况下，私人公司或者个人做的市场调研报告是不会公开给别人使用的，而我们通过谷歌高级搜索指令所得的结果一般是大型市场调研机构的作品，作品的全部内容是要付费才能使用的。对于一些优秀的市场调研分析公司，可以到其官网上查找对应的行业或者产品调研报告，如Gartner、IPSOS、GFK等。

一些优秀的市场调研分析公司对于市场的洞察力很敏锐，给出的数据也相对精准。更关键的是，在某些不是特别重要的领域和产品方面，它们有时候也能放出一些免费的调研报告来吸引更多的客户以维持它们的市场竞争力和份额。

3.1.4 竞争对手about us页面的相关描述

除了对行业或者产品进行全面性的调研分析，也可以分析竞争对手做得比较好的页面，以便更全面地做好外贸独立站搭建之前的分析准备工作。不管是国内的还是国外的同行，只要他们的网站排名做到了谷歌自然搜索结果靠前的位置，都有一些方面值得我们学习和借鉴。

以链条行业（Roller Chain）为例，我们选择usarollerchain.com这个网站做示范。

这是一家典型的家族式企业，通过分类索引页面，我们可以深入了解该公司的所有产品的SKU（Stock Keeping Unit，库存量单位）。产品以标准链条为主，标准链条中又包含单股链条、多股链条、重型链条、圆锥链条、不锈钢链条等。特殊链条中包含针式链条、针式链轮、PIV链条、ANSI叶片链条、不锈钢板式链条、柔性塑料链条、驱动链条和传动链条等。

这家公司的特点在于产品品种齐全，涵盖了链条行业的每一种常见型号。通过网站历史记录查询工具（web.archive.org），我们了解到该网站在2020年有过两次重大的改版。第一次是公司的仓储位置发生了变动，第二次是网站首页的banner（横幅广告）位置添加了一些图片，强调自己公司是链条行业综合的解决方案提供商，而不仅仅是卖链条这么简单。

接下来我们使用SEMrush工具来对网站进行数据分析，如图3.16所示。

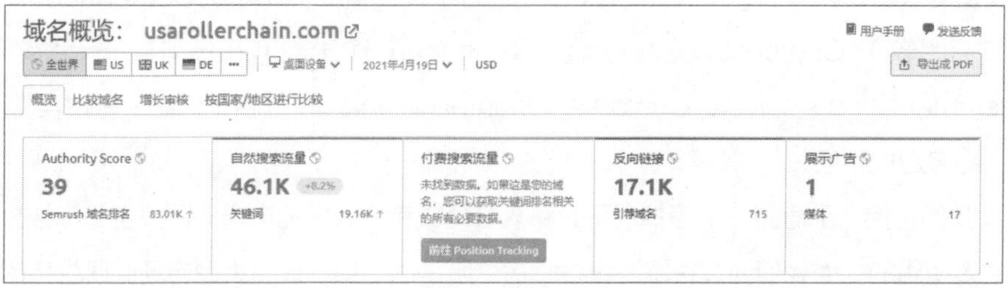

图3.16　SEMrush工具对usarollerchain.com的分析数据

总体上看，该网站的流量增长趋势非常不错，稳定中不断增长，没有明显的流量断层和流量停滞情况。

那么该网站的主要自然搜索关键词和竞争对手的情况又是怎样的呢？如图3.17和图3.18所示。

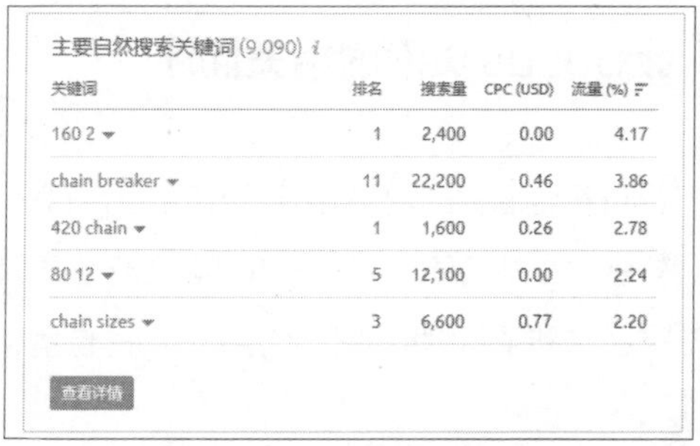
主要自然搜索关键词 (9,090)

关键词	排名	搜索量	CPC (USD)	流量 (%)
160 2	1	2,400	0.00	4.17
chain breaker	11	22,200	0.46	3.86
420 chain	1	1,600	0.26	2.78
80 12	5	12,100	0.00	2.24
chain sizes	3	6,600	0.77	2.20

查看详情

图3.17　SEMrush工具对usarollerchain.com主要自然搜索关键词的统计数据

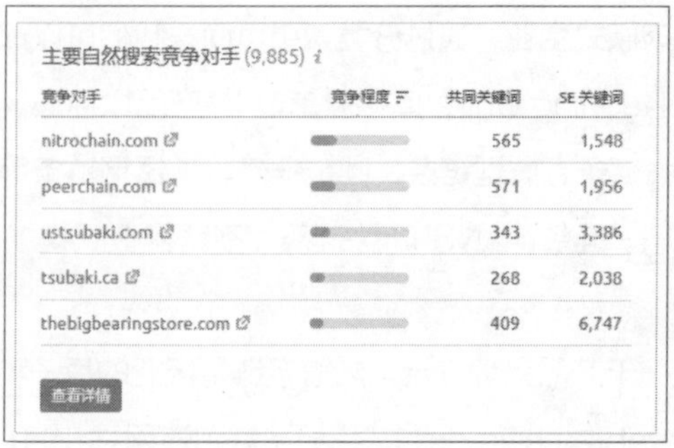
主要自然搜索竞争对手 (9,885)

竞争对手	竞争程度	共同关键词	SE 关键词
nitrochain.com		565	1,548
peerchain.com		571	1,956
ustsubaki.com		343	3,386
tsubaki.ca		268	2,038
thebigbearingstore.com		409	6,747

查看详情

图3.18　SEMrush工具对usarollerchain.com主要自然搜索竞争对手的统计数据

关键词和竞争对手这两份报告对我们做谷歌SEO来说非常重要。很多时候有些关键词我们根本预料不到，通过使用SEMrush等工具，我们可以清楚地了解对手的流量引入途径。竞争对手的情况可以帮助我们扩展自己的潜在竞争对手信息来源。分析完usarollerchain.com这个网站，我们就可以分析这些潜在竞争对手了，如图3.19和图3.20所示。

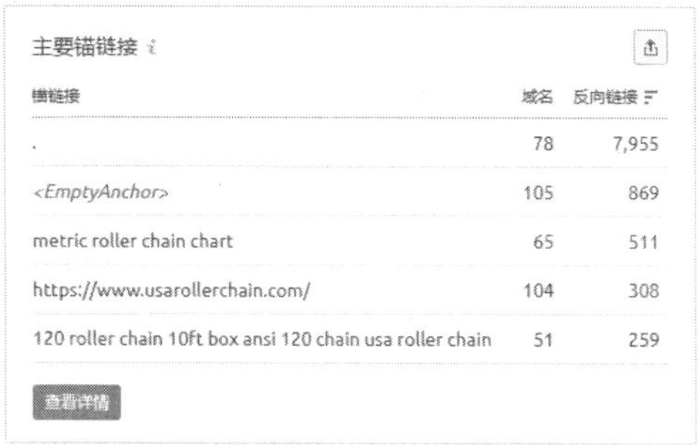

主要锚链接

锚链接	域名	反向链接
.	78	7,955
<EmptyAnchor>	105	869
metric roller chain chart	65	511
https://www.usarollerchain.com/	104	308
120 roller chain 10ft box ansi 120 chain usa roller chain	51	259

查看详情

图3.19　SEMrush工具对案例网站的主要锚链接的统计结果

锚链接也叫锚文本，通常在做外链的时候使用。这些锚文本的文字往往就是某个网站对谷歌SEO排名的关键词，如图3.19中的metric roller chain chart和120 roller chain 10ft box ansi 120 chain usa roller chain等。

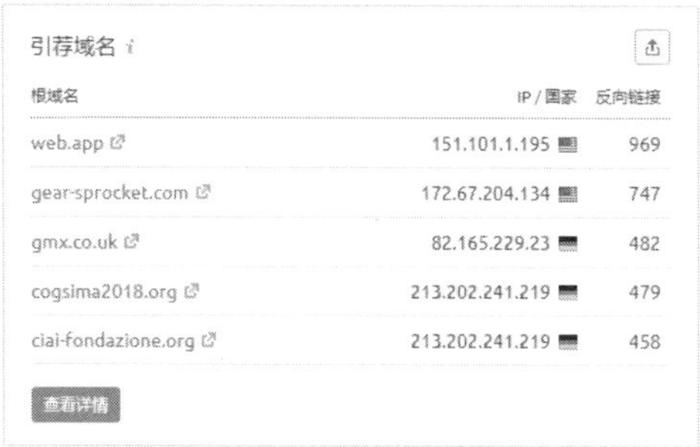

引荐域名

根域名	IP / 国家	反向链接
web.app	151.101.1.195	969
gear-sprocket.com	172.67.204.134	747
gmx.co.uk	82.165.229.23	482
cogsima2018.org	213.202.241.219	479
ciai-fondazione.org	213.202.241.219	458

查看详情

图3.20　SEMrush工具对案例网站的引荐域名统计结果

引荐域名也可以称为外链源网站域名，也就是我们通常说的做外链的地方。对于初次做网站SEO的人来说，可能并不知道去哪里找相关的引荐域名。这时候你只需要查看竞争对手的外链数据即可。这里我们推荐使用Ahrefs工具，因为它在外链分析方面比SEMrush工具更加专业。

接下来我们对案例网站的最新媒体数据进行一个大致的分析，如图3.21所示。

最新媒体指的是该网站所投放的谷歌付费广告。很明显，该网站所投放的广告不是搜索广告，而是展示广告。这种广告类型不会在谷歌的搜索结果中出现，而是在其他相关网站上出现，一般都会加入Google Adsense计划。两种付费广告的方式各有优劣，此处不展开讨论。

图3.21　案例网站的最新媒体统计结果

考虑到网站的每个页面不可能均等地吸引潜在目标客户，我们来看一下案例网站的着陆页统计情况，如图3.22所示。

图3.22　SEMrush工具对案例网站着陆页的具体统计情况

注：这里特指付费广告引流部分，不统计自然搜索状况下的数据。

着陆页也叫Landing Page，它的目的主要是让浏览网页的使用者采取特定的行动。而此处所指的行动可以是注册账号，也可以是下载指引手册、电子书，购买商品或服务等。该网站所设置的Landing Page如图3.23所示。

图3.23　案例网站的Landing Page内容

这个Landing Page并没有特别之处，想表达的意思和希望访客采取行动的意愿都不是很强烈，如果严格根据Landing Page的定义来看，这个页面的相关内容和设置是很普通的。

通过不断重复分析这样的竞争对手网站，我们可以把竞争对手网站表现出的共性和特性进行统一的整理和统计，如关键词的选用、外链源网站的网址设置等，这些对我们做谷歌SEO都是宝贵的一手信息。我们也可以通过分析这些竞争对手的网站，去了解他们的网站架构及相关的设置，逐渐在心里形成自己将要搭建的外贸独立网站的雏形。

不管是研究机构给出的相关数据，还是自己做的市场调研的结果，抑或是通过使用SEMrush等工具查看到的竞争对手网站的相关表现情况，都要为我们所用，为我们搭建更精准的外贸独立站所服务。

3.2 运用SWOT分析法分析自己的企业与产品

分析完市场的外部环境之后，我们就要对自己的企业和产品的情况进行深入的分析了。可以说，建立外贸独立站的成败在某种程度上取决于我们对内部环境分析的好坏上。在市场细分和选择方面，建议采用SWOT分析法和STP分析法。

这两种方法在营销界盛行多年，能以客观的分析角度去处理很多营销环节中的主观项目，从而得出较为客观的结论和观点。本节我们主要介绍SWOT分析法。

1. SWOT分析法简介

SWOT分析法（也称TOWS分析法、道斯矩阵）即态势分析法，20世纪80年代初由美国旧金山大学的管理学教授韦里克提出，经常被用于企业战略制定、竞争对手分析等场合。

SWOT的分析矩阵包括四大内容，分别是优势（Strengths）、劣势（Weaknesses）、机会（Opportunities）和威胁（Threats）。它的分析层面建立在公司整体的运行状态上，即对企业内外部各方面内容进行综合分析，进而分析组织的优劣势、面临的机会和威胁。

与传统的企业层面的SWOT分析法不同，我们做外贸独立网站之前进行的SWOT分析侧重于产品或者服务本身。公司整体层面的分析确实会对我们的外贸建站行为产生影响，但是落实到实操层面反而影响比较小了。

2. SWOT分析法之优势分析

判断产品的竞争优势是一个比较宽泛的维度，而且与行业内的同类型产品有直接关系。比如，你的产品是手机，手机摄像头像素是2100万，而你的竞争对手的摄像头像素只有1800万，这时你的产品在摄像头像素方面就占据了绝对优势。

但手机摄像头的像素仅仅是手机成像功能的一个指标，拍摄效果还受很多其他因素影响，如成像的算法优化等。你的竞争对手的产品虽然只有1800万像素，但它的拍摄成像算法比你的先进很多，所以最终的拍摄效果会更好，这时你的摄像头像素优势就不再是你的绝对优势了。

在分析产品或者服务的优势时，我们要先问自己三个问题：

（1）现有的优势情况能够维持多长时间？

（2）现有的优势和竞争对手的优势相比究竟有多大的差距？

（3）竞争对手有没有可能超越我的水平？如果有，需要多长时间？

如果不考虑这些问题，你的优势很可能会随着时间的推移慢慢被竞争对手所超越，从而逐渐变成劣势。成熟的外贸业务人员和管理者，要时刻保持危机意识，能够清醒且客观地及时跟踪自己的产品情况。

需要注意的是，虽然在现实中，产品或者服务的优势不一定都能具象化，但是在外贸建站过程中，我们还是应该极力避免以虚拟化的形态来传递优势的价值。因为受众的接受能力并不以我们的想法为转移。打个比方，食物很辣是一种感官刺激，但是你觉得辣，并不代表别人也觉得辣。

在外贸独立站的优化和推广道路上，具象化表达的优势是，可以更形象生动地将产品展现给目标客户群体，更容易以噱头或者"诱饵"的形式进行流量的曝光和引入。SWOT的本质是让你更清晰地了解自己和产品，在某种程度上起到的是扬长避短的作用。

3. SWOT分析法之劣势分析

劣势分析有点像自我检讨，挑自己的毛病，发现自己产品的问题。这份工作不是很讨喜，毕竟不是每个人都有直面自己问题的勇气和决心。但如果你想把公司管理得更好，希望自己的外贸业务做得更好，就要对自己的产品有清醒客观的认识。

文中SWOT分析法落实到外贸独立站的搭建过程中，更像是一个扬长避短的过程。对于优势的分析，聚焦点应该在客观的事物上，对于缺点，要回避得较为缓和与低调。

劣势可能是产品的尺寸、质量、可靠性、适用性、风格和形象等方面的不足，也可能是生产、制造、工艺、技术含量、研发储备、产品交付、售后处理等方面的缺陷。

如保温杯的抽真空工艺，现在普遍认为，无尾抽真空工艺的效果要好于有尾抽真空工艺（但是这种说法并没有得到市场的全部认可，从一些抽真空的保温测试数据来看，有尾抽真空工艺的数据指标也并没有想象中那么低）。这时候就不用在网站页面中写"我们保温杯采用的抽真空工艺是有尾抽真空工艺"，不然有些潜在目标客户很可能因此而放弃合作。

再如交货时间，这也是一个让无数外贸从业人员头疼的问题，因为交货时间可能会受到各种因素的制约和影响。假设行业内的一般正常交货时间是15天左右，而你们公司的交货时间为18~20天。这时你就不能直白地写"我们的交货时间是18~20天"，而是应该写"为了交付的顺利和客户使用过程中的品质稳定，我们安排了全检系统精心检测，以延时3天交付换客户的3年延长使用年限"。

4. SWOT分析法之机会分析

机会和威胁分析都建立在外部环境变动对自身发展的影响上，但是这里的"自身发展"我们还是要限定在外贸独立站的发展上，而不是说去分析公司层面的相关机会与威胁。既然是外部环境的变动，那么我们将其理解成同行竞争对手的外贸客户开拓渠道和方法的变动更合适。

例如，当你的同行基本还处于广发外贸开发信的阶段时，阿里巴巴国际站等B2B平台相对来说就更加富有机会；而当你的同行已经在阿里巴巴国际站激烈竞争，在价格冲击和利润接近零的情况下焦头烂额时，选择外贸独立站+谷歌SEO的方式将是你在这个行业实现外贸客户自由的"利器"。

而当你的竞争对手们"伤痕累累"地从阿里巴巴国际站醒悟过来，看到你在外贸独立站获得了大量外贸客户的时候，他们就会跟着你的步伐开始建设独立站操作模式。这时候你就可以凭借已经取得的域名权重和外链分布优势，在谷歌SEO排名方面拥有更多的获客机会。

5. SWOT分析法之威胁分析

在以外贸独立站+谷歌SEO的方式获取外贸客户资源的时候，将会有无数同行竞争者和你做同样的事情，毕竟这个方式的进入门槛低、成效显著，还不用受制于第三方的约束。所以，在外贸独立站发展的道路上将会遇到激烈竞争，甚至会出现一些潜在威胁。

毕竟在某个时段内，全球的客户对某个特定产品的需求量不会激增，因而利用谷歌搜索引擎搜索产品进而产生消费或者批量采购的行为也不会大幅增加。我们都知道，能获取谷歌自然搜索流量排名的网站仅限于页面中的前两页，或者说，只有排名在谷歌前两页的关键词才有一点流量，而排名不够靠前的都不会被客户看到，因为前面的内容已经足够解决当前客户的搜索需求了。

基于上述原因，我们以外贸独立站+谷歌SEO获取客户，最大的威胁就是首页前10名的这些网站。注意，通过某个关键词排名的网站不是一成不变的，各种排名因素都会影响首页网站的排名结果。

我们可以利用SEO工具对这些威胁的具体情况进行判断，如Ahrefs和SEMrush（具体的使用方法在实操环节讲解）。利用这些分析工具我们就可以知道某个网站的流量主要是由哪些页面引进的，哪些网站的关键词做得比我们好，哪些网站因为做了很多我们尚未发掘的高质量外链源网站而排在我们的网站之前。

通过SWOT分析法，我们能够更加全面、细致地了解自己的产品和其他相关环节的具体情况。但在分析过程中要活学活用，不要执拗于SWOT分析法的概念和原理，而应将精力专注于利用工具和逻辑思维方面。

3.3 结合自身情况进行市场细分与选择

1956年美国营销学家温德尔·史密斯（Wendell Smith）提出了市场细分（Market Segmentation）的概念，后来，经过营销学教父菲利普·科特勒的进一步完善，最终形成了成熟的STP理论。

STP理论中的S代表市场细分（Market Segmentation），T代表目标市场（Targeting），P代表市场定位（Positioning）。STP理论的根本要义在于选择确定目标客户群体。根据STP理论，市场是一个综合体，其所包含的消费需求是多层次、多元化的，任何企业或者个人都无法满足市场上的所有需求。所有企业都应该根据消费者的不同采购需求与购买力，将整个市场分成若干个消费群体，也就是我们常说的Niche Market（利基市场）。

在分出了若干个Niche Market之后，企业需要根据自身的发展战略和产品情况，从子市场中选取具有一定规模和发展前景，并且符合公司的目标与能力的Niche Market作为公司的目标市场。最后企业还需要将产品或者服务定位与当前已经选定的Niche Market的消费偏好进行结合，通过一定的营销手段，让消费者感知到企业的产品或者服务就是他们需要的。

为了让大家更清晰地理解STP理论的重点，笔者用下面三句话来说明。

（1）市场细分就是根据顾客的需求差异将整个市场分成若干个小市场。

（2）在细分出的小市场中选择对自己企业最有利的市场并进入。

（3）结合这个小市场上的目标客户的消费特性对自己的产品进行定位和推广。

下面我们就来模拟一下STP的分析过程，在开始相关分析之前，我们假定A企业是一家主要从事保温杯销售的外贸公司，此前从来没有接触过外贸独立站，之前的客户基本上是靠开发信或者线下展会积累起来的。在供应链环节的处理上，A企业做得非常优秀，基本上客户需要的保温杯A企业都能提供货源，并且有一定的实力，能够为客户定制产品。

1. 市场细分

保温杯市场是一个较为普遍的市场，根据客户群体的不同，保温杯可以分为男士保温杯、女士保温杯、儿童保温杯；根据使用场景的不同，保温杯可以分为车载保温杯、办公保温杯、礼品保温杯、广告赠品保温杯；根据材质的不同，保温杯可以分为316不锈钢保温杯、304不锈钢保温杯、201不锈钢保温杯、玻璃保温杯。

上述细分看起来很合理，但是基于STP的市场细分理论来说，这样的市场细分是不科学的。我们在前文中提到，市场细分是根据客户需求的差异把某个产品或者服务的市场进行逐一细分的过程。从过程上来讲，利用STP分析法进行市场细分要经历"调查—分析—细分"这三个阶段。

这就要求我们要深刻地理解市场细分的角度是聚焦在消费者身上的，是聚焦于他们的消费需求、购买行为差异，而不是聚焦于我们自己的产品品种或者产品系列。所以划分为男士保温杯、女士保温杯和儿童保温杯是没有太大问题的，而根据使用场景和材质划分则不太合适。

假定我们现在已经根据客户的相关需求对保温杯市场进行了细分，那么接下来我们就要验证当前细分的市场是否符合我们选择市场这一步骤的需求了。怎么验证呢？我们可以通过下面四个维度去评判当前的市场细分工作结果。

（1）细分市场可以被量化。也就是说，细分出的各个市场所拥有的购买力和规模能够被衡量。很显然，男士保温杯、女士保温杯和儿童保温杯各自的市场规模是能够被衡量的。

（2）可盈利性。可盈利是市场细分的前提，如果细分出的市场可能会出现亏损，而且不是短期的战略性亏损，那么这类市场就绝对不能进入。

（3）可进入性。这里的"可进入"更多的是研究我们在这个细分市场进行营销活动的可行性。因为细分市场之后我们肯定要选一个或者若干个市场进入，所以我们的产品或者其他方面的优势就要能够支撑我们在该细分市场做出较好的成绩。

（4）差异性。差异性是指针对不同的细分市场使用不同的营销组合推广方案时，各个市场的反应会有较大的不同。如果几个不同的细分市场表现得差不多，那么这种差异性营销就没有意义了，就证明了当前的市场细分操作存在严重的问题。

2. 目标市场选择

细分市场之后，我们要做的就是从众多的细分化市场中选择适合自己的一个或者少数几个作为未来营销工作的重点。如果市场细分是根据各种分类因素和营销条件的影响维度做加法题，那么市场选择就是一道资源匹配的减法题。

举个例子，以保温杯行业的生产工艺来划分，我们先简单地将产品分为拉伸内胆保温杯和水涨内胆保温杯两种。拉伸内胆是指通过将一个不锈钢小圆片通过多次拉伸逐渐制作出无缝的保温杯内胆，而水涨内胆是指利用水的压力将不锈钢焊接在模具中制作出的保温杯内胆。

这两种工艺的不同，导致保温杯的成品在价格方面有较大的差异，相对来说，拉伸内胆工艺制作的保温杯要比水涨内胆工艺制作的保温杯价格略高一些，并且在营销宣传上也容易被赋予高端的产品形象。因为无缝内胆比有缝内胆的使用寿命更长，保温时间也更持久。

回到市场选择这个话题上来，面对细分出的各具特色的小市场，你可能会一下子不知道如何选择，这时候就要根据自己企业或者工厂的实际情况对所有的细分市场做减法。第一轮先删除不相关的细分市场，比如，你是做保温杯的工厂，那么保温饭盒对你来说就没有太大的联系性。第二轮删除相关性不大的细分市场，比如，你的产品线主要是儿童保温杯，那么成人保温杯这个市场就不要考虑了。这样一层层筛选下来，剩下的细分市场一定是和你的企业现状有紧密联系，并且是你有把握占据较大市场份额的细分市场。

结合A企业的虚拟案例，在男士保温杯和女士保温杯市场上，他们可能无力和现有的工厂进行实力的比拼。不管是新产品模具的开发还是产品成本的控制，A企业都和有实力的工厂差好几个层级。基于自身对儿童保温杯市场的了解，以及多年来开发出的外贸客户资源，A企业有能力和信心在儿童保温杯市场做出理想的成绩。

千万不要觉得放弃原本有机会获取利润的其他细分市场很可惜，因为企业首先要考虑的是"活下去"的问题，然后才是"活得好"的问题。只有在细分市场经营得很不错,才有更多的生产经营资源去布局更多的其他细分市场,否则就是分散资本,到最后会什么都做不好,这是企业经营中的大忌!

3. 市场定位

市场定位是指企业对目标客户群体的心理进行营销设计,树立自己的产品和服务在目标客户心中的某种形象和特征,从而让客户保留深刻的印象,进而获得竞争优势。

市场定位的差异化必须和产品本身的差异化结合,通过为自己的产品创造鲜明的个性,从而塑造独特的市场形象来迎合潜在客户的需求。产品的这些差异化特性可以是产品的性能,可以是产品的具体构造,可以是产品的原材料,也可以是特殊的外包装,等等,通过人为地放大这些差异化因素,可打造出独一无二的形象。

回到例子当中,我们选择了儿童保温杯市场作为目标市场,那么怎样才能标新立异,成为潜在客户心中的首选呢?因为买儿童保温杯的基本上是宝妈,她们不会特别在意保温杯的价格,反而特别在意保温杯的安全性。所以我们可以选择以316医用级别标准的不锈钢作为儿童保温杯的原材料,并对这个卖点进行宣传。健康、安全就成了我们做儿童保温杯市场的差异化指标之一。为了强化这个概念,我们不仅可以在儿童保温杯的外包装上突出316不锈钢的卖点,还可以直接在保温杯的内胆或者杯身上打上SUS 316不锈钢的钢印。在外贸独立站上,我们也可以用Banner图片去凸显SUS 316医用安全级别这些特性,从而迎合宝妈想要高端、健康的儿童保温杯的需求。

需要注意的是,案例中的A公司并不存在,所以从上述市场分类中任选一个并没有太大问题,为了方便,我们才选择了儿童保温杯市场。但是我们在做外贸独立网站的时候,必须根据自己公司的实际情况来考虑。这就是在讲STP分析法之前,要先讲SWOT分析法的根本原因。

如果在实际中我们真的想选儿童保温杯作为Niche Market(利基市场),那么不管是外贸公司还是生产工厂,都必须在儿童保温杯生产方面有比较大的优势,不管是用料选择还是造型设计,抑或是防漏水和防冲顶等方面都应该做得非常到位。否则后期根本没办法在市场竞争中站稳脚跟。

而在市场定位的IP形象塑造中,也绝对不是拍脑袋去想一个形象,而是要综合调研分析并结合自身的情况才能有条件地选择。毕竟这个IP形象的塑造要持续很长时间,投入的时间和精力也会比较多。树立好的IP形象成为目标客户群体的第一印象之后就非常难改动了。就像当年的王老吉凉茶,一句"怕上火就喝王老吉"奠定了其凉茶市场霸主的地位。后来因为冠名权的纠纷不得不改名叫加多宝凉茶,这中间付出了很多金钱、人力和物力。

3.4 目标客户群体的相关分析

STP分析的第一个环节就是市场细分，重点就是结合潜在目标客户群体的采购需求进行整体市场的细分化。

以B2B类型的外贸独立站为例，我们将从四个维度针对目标客户群体进行分析，它们分别是客户的商业行为、客户的采购决策、客户的营销价值和客户的关注热点。

1. 客户的商业行为

批量采购的客户的商业行为往往要比普通消费者复杂很多，不仅仅是因为批量采购涉及的金额庞大，还因为批量采购行为所涉及的各个交易环节都存在更多的风险和未知数。比如，某个客户想采购一批保温性能超过现有标准20%的保温杯，采购之初交易双方可能会先制作样品进行品质检测，品质检测合格之后客户才会下订单，卖方才会进行大货生产。

但是这里存在一个问题，那就是样品数量较少，其本身性能就充满不稳定性。比如，工厂对样品各方面的品质会更加重视，可能会从10个备选样品中挑选2个最优秀的寄给客户检测。但是到了大货生产的时候，执行的具体标准可能会等同于或略低于样品品质，不可能像挑选样品时那样用心，所以最终的大货品质可能会存在一定偏差。

我们在分析客户商业行为的时候需要考虑的因素比较多，这时候可以适当用一些海关数据。如利用磐聚网（panjiva.com），这里笔者使用了关键词"kid's water bottle site:panjiva.com"，搜索结果如图3.24所示。

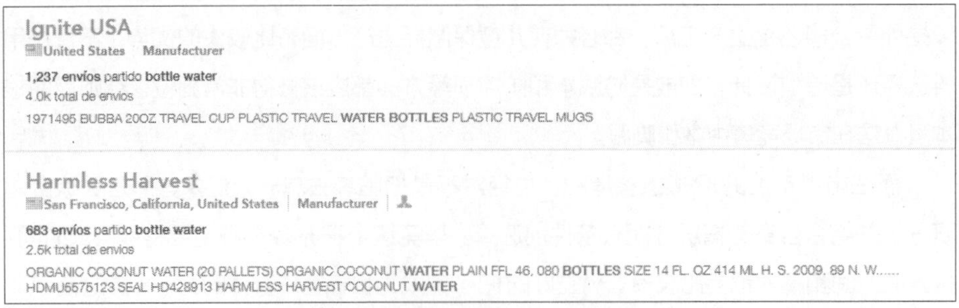

```
Ignite USA
United States   Manufacturer
1,237 envíos partido bottle water
4.0k total de envíos
1971495 BUBBA 20OZ TRAVEL CUP PLASTIC TRAVEL WATER BOTTLES PLASTIC TRAVEL MUGS


Harmless Harvest
San Francisco, California, United States  Manufacturer
683 envíos partido bottle water
2.5k total de envíos
ORGANIC COCONUT WATER (20 PALLETS) ORGANIC COCONUT WATER PLAIN FFL 46, 080 BOTTLES WATER 14 FL. OZ 414 ML H. S. 2009, 89 N. W......
HDMU5575123 SEAL HD428913 HARMLESS HARVEST COCONUT WATER
```

图3.24　磐聚网对特定关键词的查询结果

以第一家公司为例，我们可以看到它近期关于kid's insulated water bottle（儿童保温杯）的采购记录，如图3.25所示。

以公司为组织的美国海关记录

3,952 U.S. shipments available for Ignite USA, updated weekly since 2007

日期	客户	供应商	详细信息	43 more fields
2020-02-14	IGNITE USA	CIXI SAIFU BURNER CO., LTD.	STAINLESS STEEL SHELL THERMOS CUP EMAIL: LEI SAFEBURNER. COM ERIN. NICHOLAS NEWELLCO. COM OLGA. SENNIK EXPEDITORS. COM	货运提单
2020-02-12	IGNITE USA	LH PLUS SDN BHD	1 X 40'ST : PLASTICS PRODUCTS 8. 5OZ LITTERLESS JUICE BOX BUBBA 32OZ ENVY MUG (LOT CODE 1002-1004) 14OZ CHUG RUBBERMAID BOTTLE - FOLDED HEXAGON GRAPHICS PREMIUM 32OZ PP CHUG BOTTLE 4503421741 4503415088 4503415088 4503421742 CODE 3923. 30. 9000 3924. 10. 9090 NO APZU4763859 TOTAL PKGS 3750 PK EMAIL: ERIN. NICHOLAS NEWELLCO. COM OLGA. SENNIK EXPEDITORS. COM	货运提单
2020-02-10	IGNITE USA	SINOGLASS HOUSEWARES CO., LTD.	GLASSWARE ,PLASTIC BOTTLE STAINLESS STEEL THER MAL INSULATION CUP GLASSWARE PLASTIC BOTTLE STAINLESS STEEL THER MAL INSULATION CUP	货运提单

图3.25　磐聚网提供的外贸出口订单统计列表

单击2020年2月14日的“货运提单”，我们能看到这批货物的具体信息，如图3.26所示。

Sample Bill of Lading

3,952 SHIPMENT RECORDS AVAILABLE

Date	2020-02-14
Shipper Name	Cixi Saifu Burner Co.,Ltd
Shipper Address	445 BINHAI RD NO.3 HANGZHOU BAY NEW ZONE CIXI ZHEJIANG CHINA
Consignee Name	Ignite Usa, Llc
Consignee Address	3600 N HYDRAULIC KS WICHITA KS 67219-3598 UNITED STATES
Notify Party Name	Expeditors St. Louis
Notify Party Address	610 LAMBERT POINTE DRIVE, HAZELWOOD, MO 63042 USA, STL-NEWELL EXPEDITORS.COM, TEKRISTEN.WILLIAMS EXPEDITORS.COM
Weight	6684
Weight Unit	KG
Weight in KG	6684.0
Quantity	2542
Quantity Unit	PCS
Measure Unit	CM
Shipment Origin	China
Details	6,684.0 kg From port: Ningbo, China To port: Port Of Entry-Kansas City, Kansas City, Missouri Via port: Port of Long Beach, Long Beach, California
Place of Receipt	Ningbo
Foreign Port of Lading	Ningbo, China
U.S. Port of Unlading	Port of Long Beach, Long Beach, California
U.S. Destination Port	Port Of Entry-Kansas City, Kansas City, Missouri
Commodity	STAINLESS STEEL SHELL THERMOS CUP EMAIL: LEI SAFEBURNER. COM ERIN. NICHOLAS NEWELLCO. COM OLGA. SENNIK EXPEDITORS. COM
Container	SEGU1309668
Marks Description	AS PER COMMERCIAL INVOICE
Carrier Name	CMA-CGM
Vessel Name	OOCL CANADA
Voyage Number	0TISE
Bill of Lading Number	CMDUNBEL511426
Lloyd's Code	9477880
In Bond Code	61
HTS Codes	HTS 3923.30

图3.26　磐聚网提供的某次外贸海运提单详情

很可惜的是，我们并没有在货运提单中看到有kid's water bottle的字样，只有stainless steel shell thermos cup（不锈钢外壳保温杯）。也许是因为发货方在填写报关单的时候，考虑到儿童保温杯是保温杯的一个子类，因此没有写kid's。但是这并不能证明用海关数据查询客户商业行为的方法是不正确的，只不过因为具体操作中数据信息的非全面性才导致了最终结果和我们的搜寻目标之间存在差异。有了海关数据之后我们就可以大体上了解目标客户群体的商业采购情况，包括采购的频率、单次采购的数量、经常合作的供应商，等等。

2. 客户的采购决策

在商业采购行为中，基本上很少会由一个人全程完成采购动作。在正常的商业组织中，一个采购项目会经过多道关卡，会由很多人参与。他们不一定有拍板的权力，但是会对最终的采购结果产生影响。

客户的采购决策和我们做外贸独立站有什么关系呢？当然有关系，因为建站之前，我们要考虑网站页面内容给谁看，是目标客户公司里的采购人员还是目标客户公司里的老板，抑或是目标客户公司里的其他人员。

针对不同的对象，我们在输出内容的时候考虑的角度就会有很大的差别。如果目标客户是老板，那么他考虑得更多的是公司整体层面上的事，输出的内容中可以添加我们的产品能给当前行业、市场或者对方公司带来的好处，不要只纠结在具体的功效上。

如果针对的目标客户是采购人员，就不能讲那么多虚的东西，因为采购人员是最关注性价比的人群。此时你要表达的就是你的产品质量高、价格有竞争力，最好将你与客户真实发生的案例或者聊天记录截图放在网站上做内容证明，以求获取采购人员的信任。

3. 客户的营销价值

客户的营销价值决定了你后期的相关营销动作，这里所说的营销动作可不是简简单单地砸钱推广以换取流量那么简单。

我们这里讲的是目标客户群体的营销价值，不是产品或者服务的具体价值。这个营销价值，我们可以理解成投资回报率，不仅包括金钱上的投资，还涉及人力、时间、精力方面的投入。

下面举个简单的例子。情况一：公司派你和另外一位同事去拜访客户A，你们前前后后去了3次，每次花费2天时间，费用共是3万元，最终在你们的努力下，客户A签订了一份标的为80万元的合同。情况二：公司派你和另外一位同事去拜访客户B，你们前前后后去了5次，每次花费3天时间，一共开支6万元，最终在你们的努力下，客户

B签订了一份标的为首次50万元+8万元每月的长期合同，有效期是1年。

如果单纯考虑费用比，前者是3/80=0.04，后者是6÷(50+8×11)=0.043，两者的运营费用相差不大。如果考虑到投入的客户开发成本，包括时间、精力等，那么前者看起来更加划算。不过做生意不是简单的加加减减，考虑到后者的这份商业合同总采购量达到了138万元，而且还是稳定的长期订单，综合考虑来看，后者的营销价值比前者更高，对企业的长远发展来说更有利。

这个例子对应到我们外贸建站的目标客户群体的相关分析中，我们就要考虑针对当前目标客户，是否需要进行营销活动的投放，如站内限期折扣、满减活动或者站外广告投放等。如果确定了要做这方面的让利引流，那么投放的维度和区间在什么样的范围，短期活动和长期活动之间的搭配如何错开以免冲突，等等，这些都需要我们认真考虑并做出决定。

4. 客户的关注热点

简单点说，客户的关注热点就是你的流量爆发点。这个关注热点分为外部环境热点和内部环境热点两大部分。外部环境关注热点指的是当前或者将要发生的一些事，在自己的行业内将造成的影响，如行业热点新闻、行业态势、行业活动、行业法规条款的推行等。

内部环境热点指的就是网站本身，原则上说，网站页面上可以放任何你想放的内容，只要不违法犯罪即可。但是你的潜在目标客户群体对网站的内容是有需求偏好的，你当前还处在外贸独立站搭建前的阶段，所以无法用网站页面热区图工具（如Hotjar）来进行查看。你只能用Ahrefs或者SEMrush等工具分析同行竞争对手，看看他们的网站中哪些是顶流页面，也就是吸引外部自然搜索流量最多的页面。

外部环境热点因为影响到整个行业，所以关注的人多，天生的流量就比较大。比如，谷歌SEO算法要发生变动，SEO从业人员就会受到比较大的影响。同理，如果你是包装机械行业的从业者，行业内出台了新的国标执行文件，恐怕你接下来的时间就要围绕这个新国标转了。这种天生带流量的热点事件，是我们引入流量的大好机会，只不过不要太刻意。

对待内部环境热点就不同了，每个网站的内容呈现都不一样，所以你需要对多个竞争对手的网站进行分析。多使用不同的关键词去查看谷歌自然搜索排名靠前的竞争对手的网站，特别是多个关键词搜索都能排在靠前位置的网站，需要格外重视，因为它们各方面设置得都比较优秀，所以才有自然搜索排名靠前的机会。要重点分析他们的网站内容构成和要突出表达的焦点。这些焦点往往就是你的潜在目标客户群体极为关注的热点。

对于上述四个分析客户群体的维度，建议按照讲解顺序进行操作。不是说不能颠倒顺序，只不过按照顺序来分析，思路会更加清晰。

第 4 章
外贸独立站的基础条件准备

▶ **本章要点**

要想获得一个看上去美观大气，内容足够吸引目标客户，网页打开速度飞快的网站，我们就需要对一些细节问题投入精力进行研究，然后才能做出正确的选择。

通过对本章内容的学习，我们能够了解以下内容。

- 搭建外贸独立站所需的硬件。
- 域名和服务器的购买过程和注意事项。
- 域名解析和 WordPress 后台功能简介。
- 建站主题和插件的选择与注意事项。

4.1 外贸独立网站的硬件准备

俗话说好马配好鞍,网站的硬件准备工作完备能够为网站增色不少。如网站页面的加载速度,这是谷歌SEO的一个重要考评项目,直接影响网页在自然搜索排名结果中的排名位次。每一位搜索引擎用户都不希望在访问某个站点页面时,等待太长的时间。

4.1.1 好域名是网站成功的基础

域名在某种程度上会影响很多事情,比如日后用来和客户联系的邮箱是以网站域名为后缀的,如jack@asdbamoooats.com或者jack@asduqpcmfpqjsdpfi.com,前者的域名后缀中有3个字母o连在一起,很容易遗漏,后者是一长串无特殊意义的字母,根本记不住。

因此,购买域名时需要注意以下几个要点。

1. 域名类型应以.com为主

我们都知道,不同的网站会有不同类型的内容,这些不同的网站所使用的域名结尾也是不一样的,如政府机关的网站一般用.org来结尾,学校类的网站一般是用.edu结尾,而商业性的网站一般用.com结尾。

不过有一种特殊情况需要注意,如果要做的网站只想针对某一个国家和地区的客户,那么域名后缀可以用该国家或地区的英文简称来替代,如uk(英国)、fr(法国)、be(比利时)。因为以简称作后缀的域名会影响到谷歌自然搜索排名中的地理排名因素,特别是在做本地性优化网站内容的时候,在潜在客户群体的个性化搜索结果中具有排名靠前的优势。

2. 在域名中使用关键词

关键词在域名中出现,对谷歌SEO排名会起到一定的促进作用,但是不要过于迷信这个促进作用,它起到的效果相对来说极为有限。例如,你是一家做自行车的工厂,就可以品牌名+自行车的形式取一个域名,叫benbike.com或者benbicycle.com。

再如,你想做保温杯的网站,就可以用www.thermos-bottles.com作为域名。当关键词由多个单词构成的时候，连在一起写会让人理解起来很费劲，还容易记错，用短横线连接，则比较容易理解。

3. 域名要尽可能简短

千万不要把域名设置得很长，特别是域名中插入了关键词的时候，关键词往往不能用一个单词来替代，如果又不想用横线做间隔，这样域名就会变得很长，很难让人记住。一般情况下，建议域名核心部分（就是抛开www和.com）的字符数在10个以内。而且相关的统计资料显示，在谷歌SEO的自然搜索排名结果中，短域名的排名往往要好于长域名的排名。

4. 域名要易于拼写和发音

英语是绝大部分外国人的母语，他们在生活中时时刻刻能看到英语词汇，自然对单词非常敏感。就像我们在日常生活中，随时随地能看得懂中文并且理解它们的意思一样。举个例子，"事实明证我们可以颠倒汇词顺序理解句子的思意"。第一眼看上去没什么问题，我们也能理解这句话的意思。但是仔细一看，很多词都是前后颠倒的。这就说明在某个语言环境下，我们不必逐个分析字的意思，通过词汇的串联也可以理解句子完整的意思。

这个结论运用到外国人的阅读理解上也一样成立，因此选择域名时不要选择那种容易产生歧义的单词，特别是选用公司名缩写的时候，如tjhh是天津瀚海公司的简称，但外国人怎么可能猜得出。

国外公司的网站域名，一般是用品牌+行业词汇或者产品词汇。如域名fbchain.com，域名中的fb来自公司名称（Fenestra+ Bultfabriks）。

5. 保持独特性和品牌性

曾经有个客户认为同行业竞争对手的网站做得很不错，每天的谷歌自然搜索流量非常可观。竞争对手的网站域名是www.example.com，他想来个以假乱真，不仅模仿内容，连域名都注册成了www.examples.com。

最终的结果是，该客户花了很多时间和精力尝试推广www.examples.com这个网站，但所取得的效果并不是很好，最终这个网站也不了了之。

一个品牌的培养和积累需要耗费大量的时间、精力和物力，绝不是想象中那么轻松、简单。

而且我们可能会发现，那些做得很不错的竞争对手基本都给域名做了"防护墙"，把接近或者类似的关联域名都抢先注册了，不给别人捡漏的机会。从某种程度上说，这样做也保证了自己品牌的安全性和唯一性。

所以我们在选择域名时，除了要考虑产品关键词的构成外，还需要考虑未来品牌的独立性。就像苹果公司，一提到Apple，人们立刻就能联想出这是一家非常厉害的高科技公司，甚至能直接联想到他们的智能电子设备。

6. 不要过度迷信老域名的威力

很多人一听说老域名对谷歌SEO排名结果有所帮助，就拼命想买一个好的老域名，甚至不管这个域名的价格是否过于昂贵。从某种程度来说，老域名确实是对谷歌SEO排名有一定的正向作用，主要表现在以下两个方面。

一方面是存在期限较长的老域名，只要没有被谷歌惩罚过，那么谷歌对这些不犯错的"老人家"总会高看一眼。另一方面是老域名往往有做网站内容的经历，在某个时期可能做过一些外链。例如，网站域名www.thermos-bottles.com之前做了一些外部链接，如果现在售卖给其他人，那么该域名的新拥有者就坐享了该域名已经存在的相关外链红利。

但是这些老域名的优势在谷歌SEO的正向作用中能起到的效果是非常有限的，不要过度迷信它们。如果有足够的预算，可以投点谷歌广告，这样效果会更好。

7. 购买之前要验证域名的"黑历史"

要知道，我们现在购买的域名并不一定是全新的，很有可能是别人之前就购买并使用过的。所以在购买域名之前要先验证这个域名有没有被人用于非法勾当，以及是否遭受了谷歌等搜索引擎的惩罚。那么有什么办法能够对域名的过往历史进行检测呢？

（1）输入域名检测域名所属网站的历史变动记录。在图4.1中输入域名，然后单击"BROWSE HISTORY"按钮，该工具就会对这个域名进行检测，以方便我们查看该域名被使用的记录。如果有过使用记录，我们还可以单击具体的时间节点查看该域名之前被用于什么领域和内容。

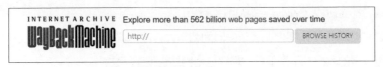

图4.1 archive.org官网

（2）用Whois查询域名的相关信息。Whois查询到的信息是域名的持有者的相关信息，包括该域名初始注册日期、域名注册到期时间点等。市面上能够提供Whois信息查询的网站有很多，此处不再赘述。

笔者个人比较推荐DomainIQ。DomainIQ能够提供三个方面的域名历史信息，分别是Whois历史记录、托管历史记录和域名标记。特别是域名标记信息，有些域名已标记为成人域名和潜在商标域名，这样的域名最好避免使用。

（3）用Ahrefs或者SEMrush等工具检测域名的外链情况。一些老域名曾经可能被用于谷歌SEO方面的相关操作，但是受限于操作者的优化水平而做了一大堆的垃圾外链。这时候这些外链对我们来说就不是优质资产，而是缓慢发作的"毒药"。这些外链不仅不能帮我们提升谷歌自然搜索排名，还可能使我们的网站受到谷歌算法的惩罚。

（4）其他检测工具。这里推荐工具blacklistalert.org，它并不是专门用来检测域名的历史的，它能对域名的很多方面进行检测，如图4.2所示。

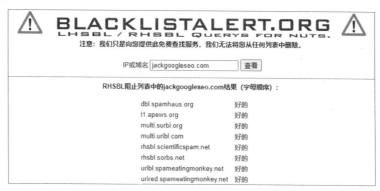

图4.2　域名历史检测工具blacklistalert.org

4.1.2　域名购买实操讲解

知道了如何规避域名选择过程中的陷阱之后，接下来我们讲解如何购买域名。以笔者平时常用的Namesilo平台为例。

（1）打开Namesilo的官网，在右上角找到"Sign-up"并单击，如图4.3所示。

图4.3　Namesilo官网首页

（2）进入新页面后就可以注册新的账号了，如图4.4所示。

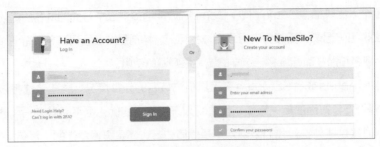

图4.4 Namesilo的账号注册/登录页面

如果你已经在这个平台注册过账号,那么直接单击图4.4中的"Sign In"按钮即可。如果是第一次注册,那么你需要完成如图4.5、图4.6和图4.7所示的操作。

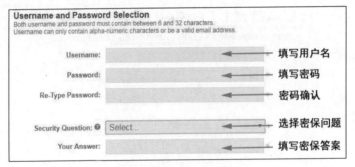

图4.5 个人账号信息填写1

图4.6 个人账号信息填写2

第 4 章 外贸独立站的基础条件准备

图4.7 信息验证

（3）单击创建按钮后会出现如图4.8所示的界面，说明账号已经创建成功。接下来需要完成域名的注册和购买操作。

图4.8 个人账号注册成功的提示

（4）切换至"home"选项卡，返回Namesilo官网首页，在主搜框中输入自己想要的域名，如图4.9所示。

图4.9 在Namesilo平台上搜索自己需要的域名

这里我们假设需要注册的域名是abcccccc.com（这里只是举例，在实际注册的时候千万不要用这种域名）。输入完成之后单击右边的"SEARCH DOMAIN"按钮，会出现如图4.10所示的结果。

图4.10 Namesilo平台给出的关于某个域名的报价

（5）单击图4.10中的"Add"按钮，页面就会跳转到图4.11所示的界面。

图4.11　购买Namesilo的域名时相关选项的设置

按照图4.11中的指示进行对应的配置，如果经济条件允许，那么可以在QTY中多选择几年，以免到期之后因忘记续费而导致域名被别人抢注。一般情况下，在域名到期之前的一个月左右，Namesilo会发邮件提醒及时续费，而且不止发一封。基本上所有的域名服务商都会提供这样的及时续费提示服务。

（6）相关设置设定完成之后，需要单击图4.11底部的"CONTINUE"按钮进行付款，如图4.12所示。

图4.12　选择付款方式

这里选择支付宝,输入后单击"GO"按钮,就会跳转出一个二维码支付页面,如图4.13所示。

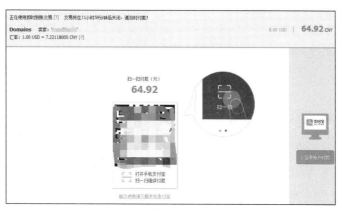

图4.13　支付宝二维码支付页面

当然也可以去阿里云买域名,但阿里云需要域名购买备案,而Namesilo这种操作简单,即买即用,还支持中文界面和中文在线客服的域名服务商更符合外贸建站者的需求。

当然,这样的海外域名服务商还有很多,如大名鼎鼎的Godaddy、Cheap Name及谷歌,都提供相关服务,只不过不同售卖平台之间的价格和提供的具体服务项目存在略微差异,根据自己的域名购买需要进行选择即可。

4.2　服务器的选择和注意事项

有了域名之后我们就要挑选并购买服务器了。网站服务器(Website Server)是指在互联网数据中心中存放网站的服务器。网站服务器主要用于网站在互联网中的发布、应用,是网络应用的基础硬件设施。

我们将做外贸独立站比喻成造房子。造房子首先要有地基,这个服务器就相当于房子的地基,这个地基在地球上有唯一的经纬度,那么网站也有一个对应的IP地址。因为这个经纬度太长、太难记了,政府就规定了房子的门牌号,与此对应的是我们的IP地址也有了相应的域名。有了门牌号和地基,就可以开始造房子了。你可以选择自己盖,也可以选择专业的施工团队,对应到网站上就是选择一套合适的建站系统,如我们常用的WordPress。

4.2.1 服务器类型

服务器有多种类型，如虚拟主机、独立主机、云虚拟服务器和VPS等。

虚拟主机又称虚拟服务器，就像是租的一个单身公寓，而这个单身公寓楼里还有成百上千个同类型的公寓。单身公寓里配备了你正常生活所需的设施，你不需要进行装修，拎包即可入住。但是你使用的水电是大楼的水电主管道供应的，只不过你有单独的水电表进行计算。

VPS，即虚拟专用服务器。将一台服务器分割成多个虚拟专享服务器。就像是你在一个别墅小区租的一幢房。这幢房是毛坯状态，刚开通了水电管道，离适合住人还差很远。你需要对室内水电走向、房屋的硬装和软装进行额外的安排。在使用VPS作为网站服务器的时候，可以将宝塔面板作为操作界面，方便我们管理网站的相关内容和配置。

独立主机是一个单独的服务器，只运行自己的数据内容，相当于你买了一块地，你想造房子就造房子，你想建公寓就建公寓。只要是在你这一亩三分地内，左边造个哥特式建筑，右边搭配个斗拱形的中国风建筑都没关系，一切由你自己说了算。

云虚拟主机就有点复杂了，它具有高度可用的云架构，将站点数据存放于云存储当中。它类似某中介公司租房。租房总部将某个区域市场上的空闲房子从一手房东那里租过来，配置好对应的基本生活设施。通过公司的内部管理系统，安排需要租房的租客入住。一旦租户觉得这个房子不合适，中介公司马上会给租户安排一个新的套间。

4.2.2 网站服务器购买实操

接下来，我们以SiteGround提供的网站服务器为例，讲解一下服务器的购买流程。

（1）进入SiteGround官网。

（2）选择服务器类别，如图4.14所示。

图4.14 SiteGround提供的4种类型的服务器

选Web Hosting和WordPress Hosting都没有太大问题，可以选择后者，因为我们是用WordPress建站系统做外贸独立网站的。

（3）单击第二个类型中的"GET STARTED"按钮之后，系统会跳转到新页面，如图4.15所示。这是SiteGround服务器提供的三个不同套餐，一般选第二个套餐，因为它在这三个套餐中性价比较高。它除了具备基础套餐的所有功能之外，还提供了On-demand Backup Copies、Ultrafast PHP、Staging和Add Collaborators等功能。特别是Ultrafast PHP功能，使网页的加载速度有比较明显的提升。

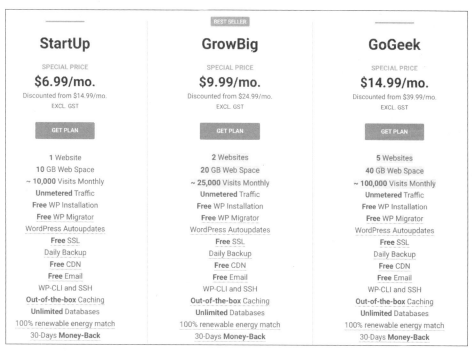

图4.15　SiteGround给出的3个套餐选项

（4）单击第二个套餐中的"GET PLAN"按钮之后，网站会跳转到如图4.16所示的页面。在这个页面中，系统默认选择的是注册一个新域名，如果觉得这个域名贵，也可以不选择这个，这里我们选中"I already have a Domain"单选按钮，然后在内容框中输入已经购买好的域名，单击"PROCEED"按钮即可。网站会跳转到购买者的账号注册和持有人信息填写页面，如图4.17所示。

图4.16 SiteGround让用户选择是用新域名还是现有域名进行绑定

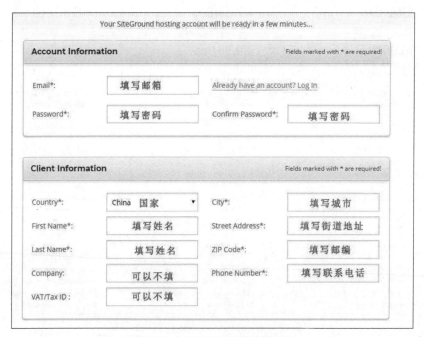

图4.17 个人注册账号信息填写页面

（5）按照图4.17中所标识的内容进行个人信息的填写，完成之后把账号和密码记录在自己本地电脑上以便后期使用。

（6）填写信用卡信息，这里必须是VISA信用卡。如图4.18所示。在填写信用卡信息的时候，一定要特别注意不能填错，否则会比较麻烦。另外要注意一下自己信用卡的过期时间。

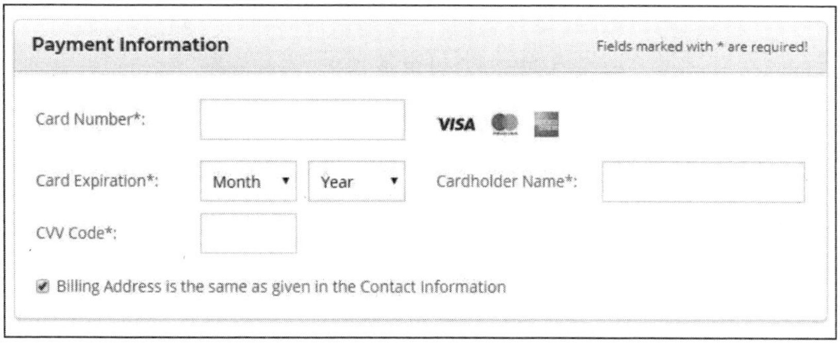

图4.18　填写个人账号的信用卡信息

（7）选择SiteGround服务器的机房所在地，如图4.19所示。

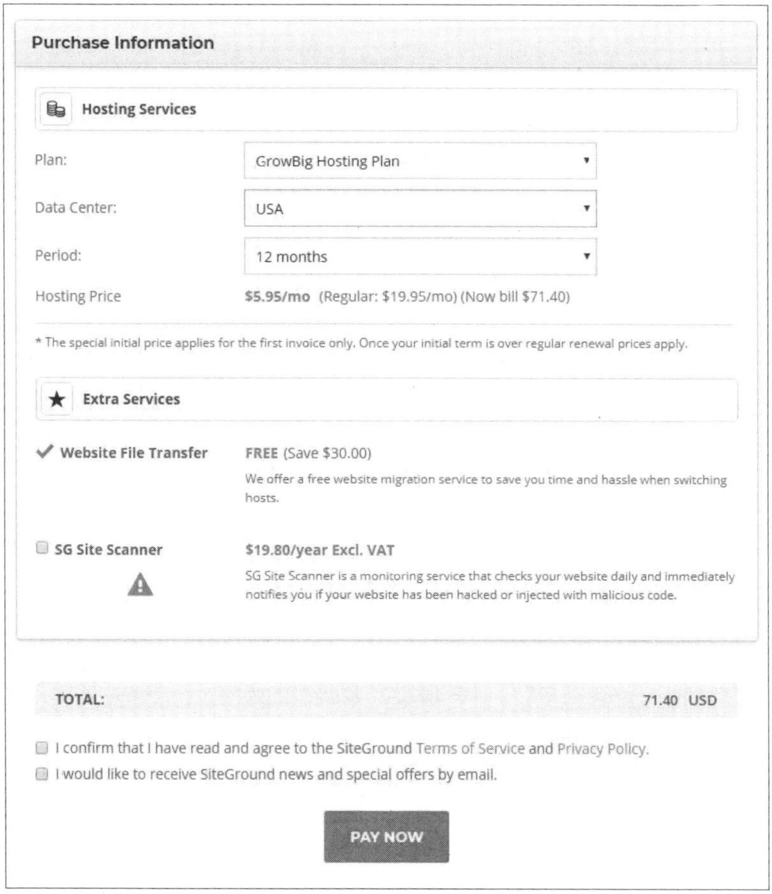

图4.19　选择服务器的机房所在地

从原则上说，你的主要外贸目标客户群体在哪里，就选择就近的机房所在地。地理位置越接近，网页的打开速度就越快。另外，要注意服务器的购买时间，图4.19是笔者之前买服务器时的截图，现在的费用会发生变动，所以需要读者注意。

建议先买1年的优惠期，如果到期后感觉续费太贵，就换个新账号和VISA信用卡购买新的一年优惠期，然后让SiteGround的工作人员给你免费迁移一下新网站。当然，也可以自己操作网站迁移的过程。如果你觉得其他服务器供应商有更好的替代方案，那么直接弃用SiteGround即可。

（8）选择好机房位置之后，确认账单的总金额。没问题的话，就选中图4.19中最下面的两个确认事项，然后单击"PAY NOW"按钮进行付款。付款成功之后，系统会跳转至如图4.20所示的界面。

图4.20　付款成功的提示

这就表明你已经成功购买了SiteGround的服务器，搭建外贸独立站的工作已经迈出了最重要的一步。接下来要做的就是建立域名和服务器之间的联系，也就是我们常说的域名解析工作。

除了SiteGround的服务器之外，我们还有很多其他的服务器供应商可以选择，如Cloudways、Hostinger、BlueHost、DreamHost、GoDaddy、GreenGeeks、Kinsta、Liquid Web、Pantheon、WP Engine、WPX Hosting等。这些服务器供应商提供的服务器的性能各有千秋，同时收取的费用也相差很大，建议在购买之前一定要看清楚相关的服务器性能和指标。

网站服务器的选择和购买是一个技术性工作，服务器的性能直接决定了网站的相关性能，特别是移动端的效果。而且现在谷歌对移动端的关注越来越高，如果没有强有力的移动端表现，那么你的网页不一定能够被收录。所以，为了后期的谷歌SEO排名，购买服务器时不要贪图便宜。

4.3　域名解析和 WordPress 网站后台简介

有了域名和服务器之后，需要将这两者进行联通，也就是我们常说的域名解析。下面我们来演示一下域名解析的相关步骤。

4.3.1　域名解析实操讲解

进入如图4.21所示的Namesilo主页，单击“My account”，就会跳转至Namesilo的后台操作界面，如图4.22所示。

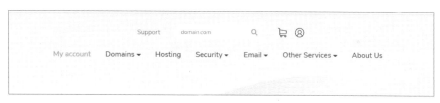

图4.21　Namesilo主页

ITEM	STATUS
Last Login	View all account accesses
Domain Defender Status	You do not currently have Domain Defender enabled. We recommend activating Domain Defender for all users.
NameSilo Discount Program	You are not currently enrolled in the NameSilo Discount Program. Save money on all registrations and renewals!
Account Domains	4
Domains Expiring Within 25 Days	2
Domains not using FREE Privacy	0
Unlocked Domains	1

图4.22　Namesilo后台

单击图4.22中的“Account Domains”后面的“4”（“4”代表这个网站上有4个域名），就会跳转到该账号所持有的域名列表，如图4.23所示。一个Namesilo账号可以有多个域名，所以我们无须为了购买新域名而重新注册Namesilo账号。此外，Namesilo还贴心显示了即将或者已经过期的网站域名数量，就是图4.22中“Domain Expiring Within 25 Days”后面的数字，单击之后就可以进行域名的续费了。

图4.23 域名列表

在域名列表中找到我们刚买的域名（假设我们刚买的域名是第一个），然后单击图4.23中箭头所指的地方（也就是Options项目下第5个图标），网站就会跳转到该域名的相关信息页面，如图4.24所示。

图4.24 域名相关信息

因为笔者已经解析成功，所以图4.24中只有两个A记录信息。大家在进行域名解析的时候应该不止2个A记录信息，那么先将那些信息删除，然后单击上图中的A，页面跳转内容如图4.25所示。

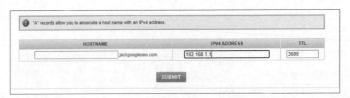

图4.25 为新域名设置A记录解析

图4.25中的第1个文本框留空，然后在第2个文本框中填入购买的SiteGround服务器的IP地址，在第3个文本框中填入3600即可。

因为A记录我们需要做两个，所以在配置完之后单击"SUBMIT"按钮，再次重复之前的操作。先单击A记录，然后在第1个文本框中填入"www"，在第2个文本框中填入IP地址，在第3个文本框中填入3600，完成后单击"SUBMIT"按钮提交即可，这样就完成了域名的解析。

那么我们如何找SiteGround服务器的IP地址呢？

登录SiteGround账号之后,在导航栏中切换至"WEBSITES"选项卡(见图4.26),这时我们所绑定的域名就会显示出来。因为没有添加其他域名,所以当前界面应该只有一个域名。单击页面中的"SITE TOOLS"按钮,如图4.27所示。

图4.26　进入SiteGround服务器后台找到需要解析的域名

图4.27　找到需要解析的域名并单击"SITE TOOLS"按钮

跳转到网站管理后台,这里有站点管理、文件管理、速度设置、网站日志等多个选项,我们当前只需要DASHBOARD中的数据,如图4.28所示。

图4.28　网站管理后台

将图4.28中的IP地址复制到图4.25中对应的位置即可。

这里顺便说一下,域名解析中有一个参数叫TTL,它代表什么呢？ TTL是英语Time-To-Live的缩写,意思为一条域名解析记录在DNS服务器中的存留时间。当各地的DNS服务器接收到解析请求时，就会向域名指定的NS服务器发出解析请求，从而获得解析记录。在获得这个记录之后，记录会在DNS服务器中保存一段时间，这段时间内如果再接收到这个域名的解析请求，DNS服务器将不再向NS服务器发出请求，而是直接返回刚才获得的记录。而这个记录在DNS服务器上保留的时间，就是TTL值。一般情况下，这个值默认为3600。

域名的解析需要一段时间，没有固定时长，你可以使用在浏览器中输入域名的方法查看该域名是否已经解析成功。这里以笔者的网站为例进行讲解。

输入域名之后，在下拉列表中选择A记录，然后单击"Search"按钮，下面就会出现对应的各个节点的IP地址，如图4.29所示。如果这些IP地址和SiteGround主机上的IP地址一致，就表明域名解析工作已经完成。当然，你所在的节点已经解析成功，而其他区域没解析成功的情况下，你也是能够进入网站后台进行操作的。

图4.29 在whatmydns.com网站上查找域名的A记录信息

顺便说一下，我们建站系统选择了WordPress，但是并没有讲如何安装WordPress。那是因为我们在选择SiteGround服务器的时候，选择的套餐中就已经包含了WordPress。即在购买SiteGround服务器的时候，服务商就已经为我们安排妥当了。如果你购买的其他服务器不包含WordPress的默认安装服务，那么需要自己手动去安装。

到此为止，已经保留了三份极其重要的数据，分别是Namesilo的账号和密码、SiteGround的账号和密码，以及网站的WordPress后台登录账号和密码。这三组信息在日后的操作过程中经常会使用到，要注意妥善保存，避免遗失或者信息泄露。

4.3.2 如何登录WordPress网站后台

接下来我们对WordPress的后台进行讲解，以方便大家对网站进行修改和调整。

默认情况下，WordPress网站的后台登录地址是相同的。在图4.30中输入对应的账号和密码即可登录。

图4.30　WordPress后台登录信息填写页面

建议在输入域名和账号之后选中"记住我"复选框，这样就不用每次登录网站后台的时候都输入账号和密码了，可以提升工作效率。进入网站后台之后可以看到如图4.31所示的界面。

图4.31　WordPress后台仪表盘界面

1."仪表盘"功能

"仪表盘"中显示的是网站上一些变动信息，如建站主题、插件的更新信息，最近编辑过的页面和文字信息，以及站点的健康状况和访客评论留言等。相对来说，没有重要到值得关注的程度。注意，WordPress的版本升级、建站主题与插件的升级并不是版本越高越好，有时候会出现不兼容的情况。所以在升级前最好先备份网站内容，以免版本升级后出现错误。

2."文章"功能

"文章"类目下有4个小分类，分别是所有文字、写文章、分类和标签。"文章"功能是WordPress的一大特色。可以说，WordPress能够升级到今天，很大程度上是因为有"文章"功能的存在。因为WordPress的初始目的就是更好地管理Blog，所以开发了CMS（内容管理系统）。

在我们后期的内容输出和谷歌SEO的主阵地中，文章或者说博客是不可或缺的重要环节。如何写文章、如何科学地管理文章分类，以及每个文章中应该包含哪些标签等，在谷歌SEO环节中我们都会进行详细讲解。

3."媒体"功能

媒体一般指的是我们上传到网站上的资料，这里特指图片、音频和视频，文字类的不算在内。"媒体"中包含媒体库和添加新文件两个功能，但WordPress不支持webp格式的文件上传功能，如果要在WordPress中使用webp格式的文件，那么可以用相关插件（如imagify插件）或者在建站主题的functions.php文件中添加若干代码（新版本的WordPress已支持webp格式图片上传功能）。

4."页面"功能

页面是WordPress中内容呈现的主要渠道。在外贸网站中，我们经常看到Home、About Us、Products、Contact Us、FAQ等页面，这些页面都可以由WordPress的"页面"功能实现。"页面"功能也是构建WordPress主体框架的主要实现方式之一。

5."评论"功能

当你开启了访客评论留言功能之后，评论才会发挥其作用。很多人会用评论外链的形式做一些指向他们自己网站的外链，这样做本身没有太大问题，但是有些人纯粹是为了做外链而评论留言。所以在选择是否开放评论功能之前要考虑好，只有高效优质的评论在某种程度上会对外贸独立网站的谷歌SEO有提升作用。

6."Elementor"和"模板"功能

"Elementor"和"模板"（见图4.32）不是WordPress自带的功能，而是在安装了WordPress的Elementor插件之后才会出现。它们不是重点，所以此处略过。对于

Elementor这一重要的网站内容编辑器，笔者会在后面的章节中重点讲解。

图4.32 "Elementor"和"模板"

7."外观"功能

"外观"功能也非常重要，包括建站主题的安装、网站自定义设置、网站小工具和首页导航菜单的添加，以及对应的网站主题代码的编辑，如果没有这方面的经验，建议不要擅自进行相关操作，有时候细微的改动就会导致整个网站非正常显示或者功能缺失等问题，如图4.33所示。

图4.33 "外观"功能界面

8."插件"功能

WordPress的"插件"功能界面如图4.34所示。

图4.34 WordPress的"插件"功能界面

插件是对网站功能的拓展，因此它的存在非常重要，如Elementor编辑器，基本可以满足我们对外贸独立站的前端页面的设计需求。我们可以利用插件功能安装或删除对应的插件，也可以对现有的插件进行二次开发和编辑。

9."用户"功能

WordPress的"用户"功能界面如图4.35所示。

图4.35 "用户"功能界面

如果是团队运营外贸独立站，那么可以根据工种的不同增添不同权限的账号，分配给不同的使用者，以避免大家都使用WordPress主账号而带来不必要的麻烦。另外，我们在SiteGround服务器中注册WordPress的登录账号时，只能使用邮箱注册账号。然后在"用户""个人资料""昵称"中将邮箱账号更改为自己想要的名称。

10．"工具"功能

如果需要在网站中导入一些现有的建站文件或者其他资料，那么可以利用WordPress的"工具"功能进行操作，如图4.36所示。

图4.36 "工具"功能界面

"工具"功能我们一般使用的机会很少，只要使用，就是对网站的重大操作。比如，导入和导出当前网站的相关信息，导出或抹除相关的个人数据，等等。平时只需要关注一下"站点健康"功能即可，无须太多操作。

11．"设置"功能

WordPress的"设置"功能包含的具体项目如图4.37所示。

图4.37 "设置"功能界面

这个设置是指对网站整体的设置，包括对站点语言、网站固定链接（URL的组成方式）、网站是否开放给搜索引擎收录、网站管理员邮箱地址、站点标题、网站首页的页面选择等项目的设置。这里需要注意，默认情况下我们在SiteGround中所安装的WordPress

的后台语言是英文。为了更好地掌握网站后台的功能,我们可以先将后台操作语言设置成中文,等网站搭建完成并开放给搜索引擎收录之前,再将后台的操作语言设置成英文。

以上是 WordPress 最重要的几大功能,WordPress 的功能很强大,要想完全掌握和理解,需要细致地学习。

4.4 建站主题的选择和注意事项

到目前为止,我们已经购买了域名和网站服务器,做好了域名解析并正确安装了 WordPress 建站系统,接下来就要开始网站搭建工作了。第一步要做的就是根据自己的建站需求选择一个合适的建站主题,也就是 Website Theme。

很多人认为网站主题就是前端展现效果,喜欢哪个就购买哪个,然后将其安装到自己的网站上,再替换对应的文字内容就可以了。其实这样做是不对的,WordPress 的建站主题涉及的因素和功能远非这么简单。

1. 构建需求列表清单

每个人做网站的目的不同,有的人是为了做个博客网站,有的人是想做个在线销售网站,有的人想做个聊天论坛,还有的人和我们一样,想做个网站开发外贸客户。

建站目的不同,需要呈现的建站效果也就完全不同。我们可以用倒推的方式从建站的最终需求和效果来选择自己需要的建站主题类型。这里我们以 Themeforest(国外售卖建站主题的一个平台)为例,它的首页上将 WordPress 主题分成了不同的种类,如图 4.38 所示。

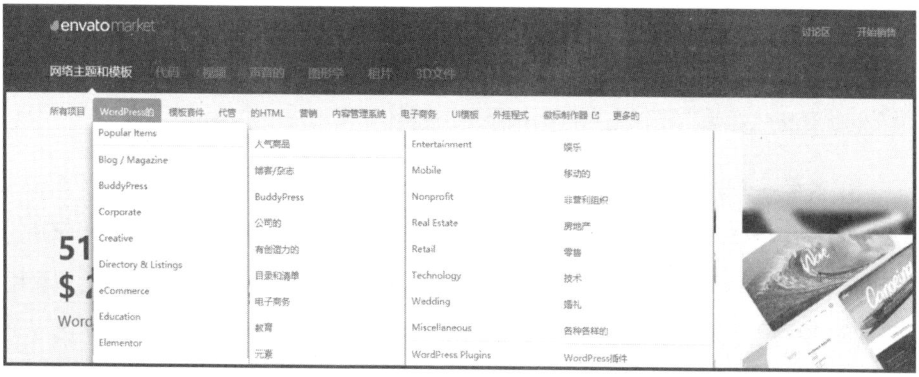

图 4.38 Themeforest 平台关于 WordPress 的主题分类

Themeforest将WordPress的建站主题分成了博客、企业、电子商务、教育、娱乐、非营利组织、房地产、零售、技术、婚礼类等类型，我们根据自己的需求进行选择即可。如果想用WordPress的免费建站主题，那么可以到网站后台的主题库中去挑选，如图4.39所示。

图4.39　WordPress后台提供的免费建站主题

WordPress网站后台的主题库中有三个参数，用户分别在主题类型、主题特色和主题布局中选择自己想要的效果，然后单击"应用过滤器"按钮即可。

2. 不要选择"臃肿"的建站主题

如WordPress建站主题Avada，它就是一个比较"臃肿"的建站主题。因为它的功能太过强大，想用一个主题涵盖所有的建站需求和效果，所以它代码里的相关设置就变得越来越复杂。

哪些建站主题是比较轻量化的、适合我们做外贸独立站的？例如，Astra主题就非常不错，它和Elementor内容编辑器配合起来效果非常出色。如果觉得Astra主题还是不够轻量化，那么可以选用Brainstorm Force团队研发的另一个更轻量化的主题——Hello Elementor。它是Elementor内容编辑器研发团队专门为了Elementor这款插件研发的超轻量化建站主题，比Astra主题还要轻量化。

3. 选择一个自适应主题

随着谷歌和其他各大搜索引擎对智能移动端搜索流量重视程度的逐渐提高，网站的移动端页面体验就成了一个非常重要的考评内容。在以往的网站设计中，基本上只套用PC端的页面设计。但是随着互联网的发展，在谷歌搜索引擎中，移动端的分量已经超越了PC端的分量。所以我们在选择建站主题的时候，一定要选择能够自适应的主题。

自适应指的是网站页面的内容宽度会随着显示屏宽度的变化自动进行调整,如PC端一行内容的宽度是1920px,很显然手机移动端不可能达到1920px。以iPhone X为例,它的屏幕宽度是375px,超出部分只能在第二行甚至第三行、第四行进行显示。

4. 不要选用字体特殊的主题

很多人在选择建站主题时可以说是以视觉为主,哪个主题看上去炫酷他们就用哪个。特别是关于建站主题的字体,有些人喜欢标新立异,大量选用花式字体。因为主题安装包中已经包含了该字体的font文件,所以该主题在自己的计算机上能够正常显示。但是在别人的计算机上,可能就会由于一些原因限制了该字体的正常加载,导致出现一些不必要的麻烦。

建站主题的字体,有些是谷歌专属字体,加载的时候会拖延网页打开速度,我们需要做的是字体预加载或者禁用谷歌字体。当然,如果是使用Elementor编辑器做网页内容,就可以自由更改网站页面上的所有字体;如果使用系统设置,则需要去建站主题的自定义中找到全局设置,然后对字体进行更改。总之,字体越怪,速度越慢。

5. 建站主题的安装量和好评数是一个重要的参考标准

好的东西通常会有好的口碑,Elementor插件和Astra主题因为性价比高而受到客户的青睐。以Astra建站主题为例,我们来看看这款主题在市场上的反响。

打开WordPress官网,切换至"Themes"选项卡,Astra赫然列居前三。抛开前两个系统预装建站主题,Astra就是典型的无冕之王,如图4.40所示。

图4.40　WordPress.org上安装量排前三名的建站主题

当鼠标指针停在Astra主题图片上的时候,会出现一个"more info"按钮,单击之后,会跳转至如图4.41所示的页面。

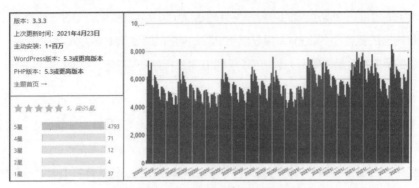

图4.41 Astra建站主题的安装量统计信息

图4.41中左上方是Astra的版本消息，当时最新版本已经到3.3.3。

图4.41左下方是用户关于Astra的评价，Astra的表现几乎获得了所有用户的喜爱，5星好评占比达到了97.5%，基本都是真实的评论，没有刷好评的迹象。

图4.41右边是Astra建站主题的每日安装数量，增长趋势是稳中有升。从2020年8月到2021年4月，日安装数量从6000增长到了7000左右。我们按平均值6500计算，一年的安装数量就达到了惊人的2372500次，这还没算尚未统计到的图4.41中的安装渠道和次数。

这种拥有海量安装次数并且5星好评率非常高的建站主题就值得我们入手了，除了因为该建站主题本身特别优秀之外，当你在建站过程中遇到关于主题的问题时，可以轻松地找到相关的论坛、社区，找到对应的解决方案。

6. 建站主题要有利于谷歌SEO

在做网站搭建工作的时候，经常会遇见一些甲方客户对网站的外观设计非常执着。从某种程度上来说，这是件好事情，毕竟大家都喜欢看到新奇且视觉效果很不错的网站页面。如果前端设计太差除了会导致客户在该页面上短暂停留就离开，还会导致谷歌对该网站进行不好的客户体验评分。谷歌搜索引擎对图片、色彩等网站内容并没有好恶之感，因为它本质上就是一个机器，没有人类的情感。

很多人对代码并不是很精通，甚至连基础的HTML是什么都不知道，不过没关系，我们可以用相关的检测工具对心仪的建站主题进行检测，如W3C标记验证。需要指出的是，在W3C标记验证中，你所提交的代码文件可能会遇到很多报错的提示。千万别以为这么多报错提示会有很大的问题，其实这些报错即使存在，对前端页面的正常展示也没有太大影响，但建议用报错更少的建站主题。或者也可以使用Theme Check这款WordPress插件来检查待安装的建站主题，并确保其符合最新主题审查标准。

7. 需要兼容多语言翻译插件

很多人在做外贸网站的时候，会考虑到日后是否需要扩展网站语言的种类，如增加西班牙语和阿拉伯语等语种来迎合不同的客户群体，以增强客户群体的网站页面体验度。注意，这里所说的多语言插件不是Gtranslate这种根据页面上的文字内容直接翻译成其他语种的插件，而是WPML和Polylang这类多语言翻译插件。

两者之间最大的区别在于要不要自备翻译文档。Gtranslate插件无须自备翻译文档，直接单击切换语言种类按钮，该插件就会将当前页面上的文字翻译成目标语种。而WPML和Polylang这两款插件就不一样了，它们需要你事先将对应的目标语种文档准备好，然后在原有语种文字的地方进行内容替换。这样操作之后形成的新内容页面能被谷歌搜索引擎抓取和收录，有助于谷歌SEO自然搜索排名的提升。

虽然很多WordPress建站主题已经兼容了WPML和Polylang这种类型的多语言翻译插件，但还是有很大一部分主题没有做到这一点，或许是因为它们并没有特别关注外贸建站这个细分领域。

以上是我们在选购外贸建站主题时需要重视的几个方面，总的来说，主题的轻量化、利于谷歌SEO和5星好评率这三者最为重要，当其他因素与这三者发生冲突时，优先考虑这三个方面。还有一点就是，在建站完成之后不要随意更换当前网站的主题，否则当前网站的一些相关配置会因为主题的变动而出现失效或者不兼容的情况。

4.5 建站主题和相关插件的安装

选定了某个合适的外贸建站主题之后，就可以着手准备搭建网站了。

在WordPress后台的菜单功能中选择"外观"→"主题"，这时系统默认安装并激活的是"二〇二一"这个主题，如图4.42所示。该主题是WordPress每年开发更新的一个版本，没有特色，但好在普适性较强，用于一般的博客型网站其实也是个比较不错的选择。但是用于外贸独立站就差了点意思。所以我们需要选择新的建站主题，如前面介绍过的Astra。

图4.42　在WordPress中安装建站主题

1. 建站主题的查找和安装

在图4.43所示的页面中，左上角的"上传主题"对应的是在WordPress后台主题库中找不到的建站主题，如Avada，它需要我们事先在Themeforest等平台购买，然后上传主题安装包，或者是自己写的建站主题文件包（这需要较强的前端代码基础）。这里要强调一下，很多人反映，上传了压缩文件，但是显示安装失败。这时候就需要我们去检查一下主题包的压缩格式，目前只接受.zip格式，不接受.rar格式。

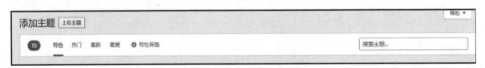

图4.43　"添加主题"页面（截取）

利用右侧"搜索主题"文本框可以直接搜索自己想要的某个免费的WordPress建站主题，如Astra的免费版本，如图4.44所示。

图4.44　安装Astra建站主题

在搜索框中输入Astra并搜索，就会出现这个主题的缩略图（图4.44中的第二个缩略图），当鼠标指针悬停在该缩略图上时，缩略图底部右下角会出现"安装"和"预览"两个按钮，单击"安装"按钮即可。安装完成之后，原来的"安装"按钮会变成

"启用"按钮,单击"启用"按钮对Astra主题进行激活启用即可。注意,建站主题也会有"李鬼"出现,如图4.44中的第一个缩略图,它的名称叫Astral,比正版的多个字母"l",很容易搞混,大家在安装的时候一定要仔细。

2. 建站插件的查找和安装

安装完了建站主题之后,接下来安装网站的内容编辑器——Elementor插件。并不是说建站时一定要用Elementor编辑器,WordPress自带了古腾堡编辑器,而且功能很强大。本书中的网站页面内容设计是以Elementor编辑器操作的,如图4.45所示。

图4.45　Elementor编辑器

在WordPress后台的左侧菜单栏中找到"插件"菜单。当鼠标指针停在"插件"菜单上时,如果单击就会直接跳转到已经安装的插件;如果不单击,就会出现如图4.45一样的黑色区域。单击"安装插件"子菜单就会跳转到WordPress的插件安装库页面。

在右上角的搜索框中输入关键词"Elementor",系统就会在插件库中搜寻这个插件并返回给我们一个结果,如图4.45所示。第一个缩略图是Elementor编辑器的基础版本,但是它的免费功能有限,不能完全满足我们日常的前端页面设计需求。所以我们需要安装Elementor Pro版本,有需要的话可以到Elementor编辑器的官方网站上购买Pro版本的插件安装包。

在WordPress的插件库中找到Elementor编辑器插件之后,和安装建站主题一样,单击Elementor编辑器缩略图的右边的"现在安装"按钮,安装完成之后再单击"启用"按钮即可。这样就表示Elementor编辑器插件已经被激活并且能正常使用了。Elementor Pro版本不能在WordPress的后台插件库中免费安装,所以需要以.zip格式的文件压缩包上传并激活启用。

需要指出的是,插件相当于是对网站功能的拓展,如果需要实现多种功能,那么除了自己写代码,最方便的就是安装网站插件(这也是WordPress建站系统这么流行的一个原因)。但是插件安装得过多,对网站本身并不是一件好事。除了插件可能会导致网站的系统性风险之外,过多的插件会直接影响到网站前端页面的打开速度,所以在一一般情况下，除非必要，否则能少装一点插件就尽量少装一点。

3. Elementor插件的功能简介

鉴于Elementor编辑器的重要性，本小节将会对Elementor编辑器的主要功能进行简单介绍。注意，Elementor编辑器不仅可以用于编辑网站的页面，也可以用于编辑网站的文章，特别是在兼容了Yoast SEO插件的优化功能之后，Elementor编辑器在文章设计与优化方面又有了重大的突破。

以设计前端页面为例，我们在WordPress中选择"页面"→"新建页面"，进入如图4.46所示的页面。

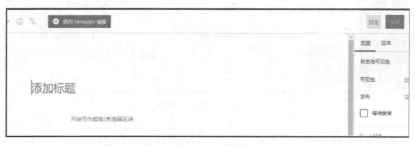

图4.46　为WordPress网站创建一个新的页面

在图4.47左边指定的地方输入对应的页面标题，这部分文字将以页面Title的形式展现，如果设置网站的固定链接格式为"www.domain.com+文章名"，那么这部分的标题文字还会成为页面URL的组成部分（当然，也可以自定义修改）。

设置完页面标题之后，单击页面右上角的"发布"按钮即可。发布完成后再单击左上角的"使用Elementor编辑"按钮，这样就进入了Elementor编辑页面的工作区域，如图4.47所示。

图4.47　Elementor编辑页面的工作区域

左侧的"内部区段""标题""图像""文本编辑器",我们统称为Elementor编辑器的功能元素或者说是小部件(Elementor官方的叫法)。这些功能元素在Elementor编辑器中一共有6个大类,分别是基础设计元素、专业版设计元素、常规功能元素、站点级功能元素、单页级功能元素和WordPress层级元素。不过我们经常会使用的是前面三个大类,后面三个大类相对来说使用得没那么频繁。

如果想深入掌握Elementor编辑器的每个功能元素,那么可以去Elementor编辑器的官网找对应的说明文档。不过是全英文的,看起来不是很方便,我们可以到Youtube上找Elementor编辑器的使用教程视频。

Elementor编辑器的功能类似于HTML+CSS的整合,外加少量的JavaScript特效。此处我们以Elementor编辑器中的"标题"功能元素为例讲解相关操作,如图4.48所示。

图4.48　Elementor编辑器的"标题"元素编辑界面

(1)"内容"功能简介。

"内容"就是在HTML中要输出的主体。在图4.48中,删除文本框中的占位字符,然后输入需要的标题文字即可。

"链接"用于设置单击这个标题之后希望出现的效果,最简单的就是跳转到其他网页。"粘贴URL或类型"文本框后面有两个按钮,第一个按钮用于设置链接是在当前页面打开还是在新的页面打开。我们还可以为该链接添加属性,如rel=nofollow。第二个按钮是动态标签,如果我们想实现单击某个标题(假设是get a free sample)时跳出一个弹窗,弹窗要求客户填写对应的姓名和邮箱,才能获得Free Sample(免费样品),就可以在动态标签中选择"Popup",选择完"Popup"再回到链接文本框进行设置,

图4.49 为某个页面按钮添加弹窗功能

如图4.49所示。

单击一下"Popup",它就会跳出一个"Popup"的设置弹窗。我们在"Action"中选择"Open Popup",然后在"Popup"中的"All"位置单击,这时候又会跳出一个内容框,输入对应的Popup模板的命名文字即可。这样就完成了单击标题文字出现对应的弹窗特效的设置(当然,前提是之前已经在Elementor模板库中创建好了对应的Popup)。

"尺寸"用于设置标题文字大小,有默认大小、小、中等、大、XL和XXL几个等级。不过我们一般不在这里对标题文字的大小进行调整,而是在标题编辑页面的"样式"中的"排版"选项中进行设置。

"HTML标签"涉及谷歌SEO方面的知识,这个要结合具体的页面内容讲解。

"对齐"方式就是CSS代码中的text-align,有左对齐、居中对齐、右对齐和两端对齐四种对齐方案可供选择。

(2)"样式"功能简介。

"样式"用于CSS对标题文字的进一步修改,以表现出不同的前端展示效果,如图4.50所示。单击"文本颜色"右边的"地球"图标就会出现网站的全局颜色(需要提前在Elementor编辑器的全局配置属性中进行配置),从中选择既方便又快捷。如果没有进行颜色的全局配置或者不想要全局颜色,就单击第二个按钮,会出现一个颜色选择器,单击对应的颜色色块即可,输入对应的十六进制颜色代码也是一样的效果。不过需要注意,十六进制颜色代码前面的"#"千万不要忘记,否则颜色会出错。

图4.50 Elementor的标题功能中"样式"设置操作界面

"排版"用于对文字部分进行修改,不仅包括标题的设置,也包括文字描述部分的设置。单击"排版"后面的"铅笔"图标,会出现如图4.51所示的子功能列表。

"字体系列"就是CSS代码中的font-family。Elementor提供了很多常见的字体和一些谷歌字体,用于网站前端设计。

"尺寸"用于对标题文字的大小进行设置,Elementor提供了4种不同的字体尺寸单位,如px、em、rem、vw。

"重量"用于设置字体的粗细,也就是CSS代码中的text-height。字体从100至

900逐渐变粗。

"转换"用于切换英文字母的大小写，有三种选择，分别是首字母大写、全部字符大写和全部字符小写。如果不想对现有标题的大小写进行设置，那么保持默认设置即可。

"样式"用于设置字体是以正常形态显示还是以倾斜形态显示。"装饰"用于设置文字的下划线、上划线等装饰效果。这两个功能相对来说用得较少。

"行高"用于对上下行文字之间距离进行调整，而"字母间距"对应CSS代码中的letter-spacing，两个项目都可以通过滑动条进行调整。当然，也可以直接填入对应的数值来调整。

图4.51 为标题设置个性化的文字内容前端表现样式

"文本阴影"功能是为了让标题文字更富立体感，在CTA（Call To Action）中的设置较为多见。如果要设置文字阴影的效果，首先要设置文字阴影的颜色，然后设置阴影的模糊程度。这两方面的设置完成之后，再对阴影在水平方向和垂直方向上的偏移范围进行调整。

"混合模式"用于设置阴影的图层混合效果，就是多个图层叠加之后的效果呈现方式。

（3）"高级设置"功能简介。

Elementor编辑器中"高级设置"功能的设置如图4.52所示。

"高级设置"中涉及的项目很多，而且更加复杂。如果我们要调整不同内容之间的间距，就可以在"高级设置"中调整外距，也就是Margin；如果要在块内容里调整间距，就要设置内距的值，也就是padding。而Z-index（Z轴坐标值）用于设置在多个图层叠加的情况下按照什么样的顺序进行内容的呈现，一般来说，Z-index的数值越大，该图层越排在前面。

图4.52 Elementor编辑器的"高级设置"功能界面

"动作效果"所涉及的内容非常多，受篇幅限制，此处先不讲解，在后面的实操内容中会详细讲解。

"背景"用于设置标题文字的背景内容，可以是纯色背景，也可以用图片作为背景，还可以用渐变色作为文字背景。在"背景"功能中，Elementor编辑器还提供了鼠标悬停效果，当鼠标悬停在标题文字上的时候，背景会发生变化，而且这个变化的过程可以控制，所以也叫过渡时间的控制。

"边框"用于设置整个文字标题的内容块的四个边线是否需要出现边框，边框类型有双实线、虚线、圆点等。我们还可以对边框的粗细、边框半径（也就是边框的4个小圆角）、边框线颜色等进行设置。如果还想对该文字标题进行突出显示，可以利用"盒子阴影"功能。

"定位"功能有两个子功能："宽度"和"位置"。"宽度"子功能中最重要的是自定义宽度，当文字标题所处的父一级元素宽度是100%，但是不想文字标题也是100%的宽度时，那就可以用自定义宽度功能来设置，这样就不会影响到其他子项目在前端页面的内容排布。而"位置"子功能下还有两个分功能，分别为固定位置和绝对位置，对应CSS中的position:fixed和position:absolute。

"响应"功能用于设置某个Elementor编辑器元素是否需要展现在PC端、平板端或者手机端，其功能相当于CSS中的display:none。

"Attributes"用于设置当前文字标题的属性，该属性如果需要更改，就需要输入键值对，也就是key|value，但是绝大部分情况下该功能无须进行专门设置。

"Custom CSS"用于自定义文本标题元素的CSS层叠样式效果，也就是对具体目标的样式效果进行声明。一般由选择器和声明构成，声明部分又分为属性和属性值。如果没有这方面的基础知识，可以不用改动内容，留白即可。

05 Chapter

第 5 章

外贸独立网站的主体框架构建

▶ 本章要点

外贸独立站的主体框架一般情况下包括网站首页、公司介绍页面、产品页面、联系信息页面、文章聚合页面等。对于不同的产品和行业，还有更深入的细分，因此，不必过多思考相关内容的设置细节，而应多思考整个内容布局背后的思路。

通过对本章内容的学习，我们能够熟练掌握以下几点。

- 使用 WordPress 搭配 Elementor 页面编辑器，创建各种符合谷歌 SEO 规则的外贸独立站页面。
- 不同类型的独立站页面的搭建方法和注意事项。
- 外贸独立站相关页面在移动端的适配操作。

5.1　网站首页的搭建

通常来说，网站首页是整个网站自然搜索流量占比较高甚至可以说最高的一个页面。首页作为网站一个的门面，很大程度上会影响谷歌SEO工作的最终效果。不管是首页加载速度，还是首页内容的呈现，抑或是首页链接权重传导，都不允许我们仅凭个人偏好进行相关设置，搭建首页时有以下几点注意事项。

1. 内容简化

很多网站的首页都做得非常漂亮，色彩和图片搭配得相当出色，但它并不能带来很好的客户转化率，问题就在于首页过于繁杂。

这种类型的网站虽然通过色彩的表现力烘托出了网站首页的气氛，但各种类型的内容都杂糅在首页中，显得混乱。

所以，在准备做外贸独立站首页的时候，先列个表格，在表格中写上在首页中必须要表达的内容，然后对这些内容做减法，删除相对没那么重要的项目，最后把列表中剩下的绝对不能删除的项目添加到网站首页当中，以实现首页内容的简化。

2. 压缩图片或采用webp格式的图片

很多人在做网站的时候，为了省事直接把完整的原始图片发布在网站首页上，这就会导致网站图片的尺寸非常大，甚至还有些人喜欢在banner上做多张动态轮播图，这样就直接导致了网站首页的加载速度变得非常缓慢。访客在试图打开网站的时候需要等待很久，特别是当访客所在区域的网络服务不是非常理想的情况下，客户往往等不及网站打开就将其关闭了。

图片可以有多种格式，如jpg、png、jpeg2000、gif、webp等。对谷歌搜索引擎来说，它最偏爱的是webp格式的图片，因为webp格式的图片是谷歌于2010年推出的新一代图片格式。它具有更优的图像数据压缩算法，能带来更小的图片"体积"，能够识别无差异的图像质量，具备无损和有损压缩模式、Alpha透明及动画的特性。但是webp格式的文件并没有被所有浏览器认可，兼容性存在一定问题。所以，目前的WordPress系统暂不支持直接上传webp格式的图片。

为了解决这个问题，我们可以尝试在functions.php文件中添加两段代码，如图

5.1所示。或者安装其他插件，如ShortPixel、Imagify和Optimole。如果觉得麻烦，那么可以直接将图片压缩，如使用压缩工具TinyPNG。操作步骤很简单，将需要压缩的图片上传到TinyPNG网站后，网站就会自动压缩图片，然后将压缩好的图片下载到自己的本地计算机上，解压后再上传到Word Press的网站媒体库中即可使用。

```
function mimvp_filter_mime_types( $array ) {
    $array['webp'] = 'image/webp';
    return $array;
}
add_filter( 'mime_types', 'mimvp_filter_mime_types', 10, 1 );

function mimvp_file_is_displayable_image($result, $path) {
    $info = @getimagesize( $path );
    if($info['mime'] == 'image/webp') {
        $result = true;
    }
    return $result;
}
add_filter( 'file_is_displayable_image', 'mimvp_file_is_displayable_image', 10, 2 );
```

图5.1　两段代码

3. 设置醒目的CTA

CTA是Call To Action的缩写，大致的意思是让访客随着我们的某些相关设置采取特定的动作。比如，我们设置了某个产品的使用案例图片，并为这个案例图片搭配了一段简短的文字描述，目的是让访客深入了解这个产品的使用案例，所以还添加了"Learn More"按钮。访客单击"Learn More"按钮就会跳转到该产品使用案例的具体说明页面，这样就完成了一个CTA的过程。

因为首页的设计应该化繁为简，因此首页的内容版块不会特别多。但是考虑到首页上下版块之间的连贯性，在设置相关CTA的内容特别是文字号召内容的时候，就需要设置得醒目一些，如图5.2所示。

图5.2　香奈儿官方的CTA设置案例

案例中的主标题是"DISCOVER THE COLLECTION IN BOUTIQUES"(在精品店中找到该系列商品);辅助的描述性文字是"Discover more of the spring-summer 2021 Ready-to-Wear collection in CHANEL boutiques"(在香奈儿精品店中发现更多2021春夏成衣系列)。底部的"FIND A BOUTIQUE"按钮就是号召访客单击该按钮以查看香奈儿线下实体精品店铺在哪些地方。

左侧的手绘图形象地代表了香奈儿线下实体精品店,右边的标题和文字部分都强烈地表达同样一个意思——去找香奈儿精品店。辅助的描述性文字声明了collection的对象是2021春夏款成衣。按钮的黑白设计对比明显,属于经典配色,这样一个CTA设置从整体上来说是比较优秀的。

4. 内容设置需要符合"F"字形排布

千万不要以为同一个网站页面上的不同版块的内容被访客浏览的机会是均等的。虽然每个人的浏览习惯和阅读顺序存在差异,但从整体上来说,网页内容的关注热区大体呈"F"形,如图5.3所示。

所以,当你设置网站的具体内容时,千万不要将自己想要表达的主要思想或者主要内容放置在页面中易被忽视的区域。需要引起访客注意并在后续页面中促进客户转化的内容,一定要安排在视觉热区的核心区域。

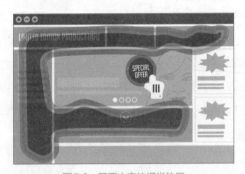

图5.3　网页内容的视觉热区

考虑到网站内容主要包括文字和图片(外贸独立站中视频的使用率较低,此处不展开讨论),与图片内容相比,文字更加容易被忽视。所以当某个版块内,文字和图片的呈现位置发生冲突的时候,建议将文字部分体现在"F"形视觉搜索热区中。

诸如合作品牌、客户评价等内容,真实性和公信度没有特别大的要求,即使出现在其他区域也无妨。所以,在做网站的时候要有主次和取舍。

为了让访客更好地关注到自己想表达的重要内容,有以下几点建议。

（1）用副标题来呼应主标题的存在。
（2）用列表的形式将细节要点罗列出来，而不要用段落性的描述文字。
（3）建议用图片搭配相关说明文字以阐述图片的含义。
（4）句子要简短，便于阅读和理解。
（5）文字颜色和背景图片的颜色要形成色差对比。

5. 色调不要太繁杂

色彩的运用是一门非常高深的学问，甚至有人专门为此开创了一门色彩心理学。据说色彩的高端运用能够刺激人脑和腺体分泌相关激素，引发人类做出正面或者负面的情绪反应，从而影响人们的行为。

在选择网站的主色调时应该使用潜在目标客户群体普遍喜欢的颜色，但是要注意，有些颜色不具有普适性，如绿色。在我们看来绿色代表健康、有活力，但是在某些国家和地区，绿色代表瘟疫和病痛。此外，竞争对手使用的颜色也要尽量避免雷同。

6. 首页应该成为网站的内容指路牌

访客在初次访问一个网站时，通常不知道这个网站上究竟有哪些内容，也不知道需要通过哪些访问途径了解网站的具体内容。所以，除了常见的首页菜单导航之外，我们可以在首页进行更多的设置。从某种程度上讲，我们可以将首页的这种用途称为内容指路牌。

注意，网站首页的几大内容版块和主导航菜单是有区别的，主导航菜单的作用是对整个网站内容的引导，而首页中的几大内容版块则是对我们希望潜在目标客户群体关注的内容的引导。

7. 提供社会证明要素以增强客户信任度

B2B形式的外贸独立网站，最难实现的一点就是获取潜在目标客户的信任。因此，我们需要用一些客观的、能够让潜在目标客户信服的材料来烘托一种氛围，这种氛围的成功营造不在于我们说了多少，而在于客户相信多少。比如，提供行业内知名客户对我们产品或服务的评价、第三方国际检测机构的检测报告、产品的相关专利和国际级的获奖荣誉证书等。当然，我们也可以用视频的方式生动形象地展示相关产品的功效和特性。

8. 移动端的优化也很重要

大部分建站人员搭建外贸独立站首页的时候是从PC端设计着手的，而常常忽略移动端的优化。

我们选用的建站主题（如Astra主题）是自适应的，也就是说，当某个网页内容超过移动设备显示器宽度的时候，内容会自动换行显示。而在PC端的设计中，为了达到某些特殊的效果，我们会使用较多的内距或者外距设置，这些设置的代码会影响到移动端的正常显示。

虽然这些细节问题可以通过代码或者其他手段调整，但是并不是每个建站人员都有这方面的能力，特别是新手，在处理这种问题上更加缺乏经验（Elementor编辑器能够很好地处理这方面的问题，在具体操作过程中我们会深入讲解）。如果我们不先解决移动端的网站首页设计问题，那么某些页面虽然被抓取但不会被收录。查看相关问题报错信息，可能是因为文字太小，无法阅读；也可能是因为相邻内容版块间距太小，无法点击，等等。只有将这些问题妥善解决，我们的网站关于谷歌SEO的部分才能步入正轨。

5.1.1　网站首页搭建实操（一）

为了更好地将理论与实际结合，并提升对Elementor编辑器的熟练度，本节我们将选用Elementor官网发布的首页模板进行实操演示。

首先进入Elementor官网，在导航栏中找到模板库（Web Creation下的Template Library），如图5.4所示。

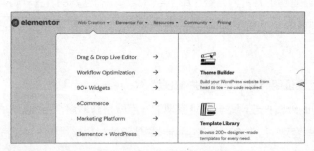

图5.4　Elementor官网提供的建站模板库

在模板库中找到Real Estate（房地产）模板，单击进去之后便能看到该模板的具体效果，接下来我们就以该模板作为公司网站首页，用Elementor编辑器搭建一模一样的首页效果。

1. 创建一个透明的网站页眉

透明网站页眉的效果如图5.5所示。

图5.5　网站透明页眉的效果

（1）打开自己的网站后台，在WordPress的菜单栏中找到"模板"功能，然后单击"添加新模板"按钮，如图5.6所示。

图5.6　为网站新增模板

（2）弹出新页面后，我们需要选择模板类型并对其进行命名，如图5.7所示。模板类型中有很多可选项目，此处我们选择Header即可，然后将其命名为"页头"。当然，也可以命名成其他名字，后期调用模板的时候自己能区分就可以。

图5.7　选择需要新增的模板类型

（3）单击"创建模板"按钮，系统会弹出一个模板库，里面有"模块""网页""我的模板"三个选项，我们暂时还不需要这些内容，直接关闭这个模板库即可。

我们需要手动创建房地产网站的透明页头。仔细分析房地产网站的页头我们可以发现，该页头主要由三部分组成，分别是锚文本、主菜单导航和电话按钮。

（4）回到页头的创建页面，单击内容版块预设按钮，如图5.8所示。

图5.8　在页面中新增一个内容版块

（5）在系统提供的12个预设内容版块中选择第一个，如图5.9所示。

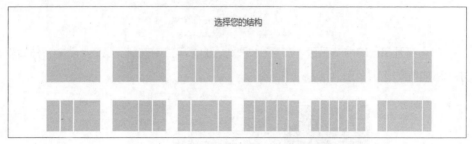

图5.9　选择内容版块的布局样式

（6）在网页左边找到Elementor编辑器，在"基本"元素中找到"内部区段"（Inner Section）子元素，然后将其拖动到上一步创建的内容版块中。注意，只有当内容编辑块的外边框变为蓝色，里面出现一条蓝色线条时才能释放鼠标左键，这样才表明该元素被放到了正确的位置，如图5.10所示。

图5.10　将内部区段添加到刚才创建的空内容版块中

这时候我们看到内容编辑块中出现了一行两列（见图5.11），但是还不够。因为我们的页头中有三个内容块，所以需要再复制一个内容编辑块出来。

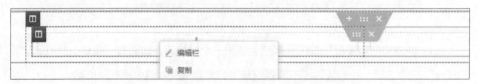

图5.11　使用Elementor编辑器复制一个相同的内容版块

（7）在一行两列的任意一个内容编辑块上右击，在弹出的快捷菜单中选择"复制"命令，Elementor就会为我们创建一个同样的待编辑内容块，一行两列就变成了一行三列的排布效果。使用QQ截图工具测量可知页头的宽度是1400px（像素），然后需要对页头模板的宽度进行设置，如图5.12所示。

图5.12　设置内容版块的显示宽度

然后找到Elementor编辑器中的标题元素（文本编辑器元素），为页头模板添加第一部分内容。

（8）单击Elementor编辑器右上角的图标（想使用Elementor编辑器的其他功能时都可以单击这里），然后找到"标题"元素并将其拖动到页头一行三列中的第一个内容框中，如图5.13和图5.14所示。

图5.13　单击Elementor编辑器右上角的图标

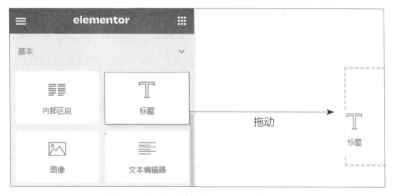

图5.14　将"标题"添加到内容待编辑区域

（9）对标题的内容和样式进行具体的输出和设置。

先在标题的"内容"选项卡中找到"标题"文本框并输入文字"Realet"，并设置对齐方式为左对齐，如图5.15所示。然后在"样式"选项卡的"排版"选项区中对字形系列和尺寸进行设置，如图5.16所示。注意，这个标题文字是有链接属性的，因此可以在图5.15所示的"链接"文本框中输入想要跳转到的页面地址。最后调整Realet这个文字标题的栏内宽度占比，约为45%，如图5.17所示。

图5.15　为标题添加文字内容和超链接

图5.16　为标题的文字设置样式

图5.17　设置内容宽度占比

通过拖动一行三列中第一个和第二个内容块中间的分隔虚线来调整彼此的内容宽度占比，直到第一版块的内容占比达到了45%再释放鼠标左键。（备注：笔者没有用Chrome浏览器的开发者工具去查看这三个版块的内容占比，所以跟实际数据可能有较大的差异，但不影响前端页面效果。）

（10）将主导航菜单添加到第二个待编辑的内容版块中，前提是已经创建了Home、About、Properties、News、Contact Us这5个页面（为了不影响当前的页头模板编辑工作，可以重新打开一个页面，然后进入WordPress后台，在"页面"菜单中找到"新建页面"功能，按次序将上述5个页面创建出来）。在WordPress的"外观"菜单中选择"菜单"子功能，创建一个名为"MENU"的主菜单，将上述5个页面都添加到MENU主菜单中，并调整它们在页头中显示的顺序，然后保存并退出菜单编辑页面。

（11）完成主菜单创建工作之后，让我们回到页头模板的编辑中。单击Elementor编辑器右上角的图标，然后将"Nav Menu"元素拖动到第二个待编辑的内容块中，如图5.18所示。

图5.18 将Nav Menu添加到待编辑内容块

（12）接下来我们要对页头主导航菜单中的文字进行设置。首先在"内容"选项卡中找到"Pointer"选项，在其下拉列表中选择"None"，如图5.19所示。也就是说，当我们将鼠标指针悬停在某个主菜单项目上或者单击某个主菜单项目时，不会出现指针的指引状态。然后在"样式"功能中找到"排版"选项，设置"字形系列"和"尺寸"，如图5.20所示。最后通过"Text Color"功能对NORMAL、HOVER、ACTIVE这三个状态分别设置不同的字体颜色，如图5.21所示，这三个状态分别是正常显示状态、鼠标悬停显示状态和鼠标单击激活状态。

图5.19 为导航指针选择效果样式

图5.20 设置导航的字体样式

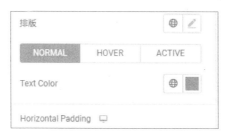

图5.21 为导航字体设置不同状态下的颜色

（13）现在我们来设置页头模板的最后一个内容版块——联系按钮。相关操作如图5.22所示。将"按钮"功能元素拖动到页头模板的第三个待编辑内容版块中，然后对按钮的具体内容进行设置，如图5.23～图5.25所示。

图5.22　将Elementor的按钮功能添加到待编辑内容块

图5.23　为按钮设置文字内容　　　　图5.24　设置按钮尺寸

图5.25　为按钮选择对应图标

首先输入文本内容，这里的内容就是按钮显示的文字。然后设置按钮的尺寸，这里的尺寸是快捷选项，我们也可以通过在"样式"中调整按钮的内距数值来设置。因为房地产的页头中，电话号码旁边还有个电话的图标，所以我们要单击图5.24中的"图标"选项中的最后一个图标，然后接着在图5.25中找到这个项目。

（14）对按钮的背景颜色进行设置，具体操作如图5.26～图5.28所示。首先选择"样式"选项卡，然后在"标准"模式中单击背景颜色按钮，在弹出的面板下的文本框中输入对应的颜色值"#011640"，接着在"悬停"模式下单击背景颜色，输入对应的颜色值"#ffd6d6"。

图5.26　为按钮设置样式　　图5.27　为按钮设置背景颜色图　5.28　为按钮设置鼠标指针悬停时的背景颜色

（15）这三个内容版块编辑完成之后，还需要对三个内容版块进行垂直对齐设置。

首先在图5.29所示的页面中单击"垂直对齐"的下拉列表，在下拉列表中选择"中间"选项。这样页头的三个内容编辑区块就会垂直居中显示了。

图5.29　将垂直对齐方式设置为中间对齐

（16）最后我们来调整整个页头的边距，首先单击页头内容块管理图标，然后在左边的Elementor中选择"高级设置"，在"内距"中的顶部和底部分别输入40（此处单位为px）。注意：在填入对应间距数值的时候，如果不想上、下、左、右数值一样，那么需要先取消选中最右边的链条图标，否则填入一个数字后，其他三个方向的数值会变成一样。相关操作如图5.30所示。

图5.30　为透明页头设置内距（Padding）

2．移动端的页眉设置

前面我们完成了网站的页头模板PC端的内容编辑，接下来我们以移动手机端为例对页头显示样式进行设置，如图5.31～图5.33所示。

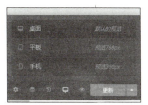

图5.31　切换显示设备　　图5.32　调整前的移动端　　图5.33　移动端正常显示效果
　　　　　　　　　　　　　　　显示效果

在图5.31中单击底部的第4个按钮，然后在弹出的选项中选择手机，这时页面右边的内容编辑区域会相应缩小，效果如图5.32所示（注意，这时候右上角的内容会显示移动端的宽度值，系统默认是320px，笔者将其调整为390px）。我们真正想要的效果如图5.33所示。

（1）首先单击页头右边的▦图标，然后在左边的"高级设置"选项卡中将"内距"设置为0，如图5.34所示。接着取消选中后面的链条图标，设置顶部和底部间距为30px。

图5.34 调整手机端页头的内外距离

（2）将页头的三个内容块的宽度占比分别调整为图5.35 ~ 图5.37中所示的参数。

图5.35 为标题内容设置　　图5.36 为导航内容设置　　图5.37 为按钮内容设置
　　宽度为25%　　　　　　　宽度为25%　　　　　　　宽度为50%

在调整的时候我们发现，按钮中的文字因尺寸太大，无法在一行显示，只能分成两行显示状态，故还需要额外调整，如图5.38和图5.39所示。

图5.38 设置按钮的内距参数　　　　　　图5.39 设置按钮中文字的大小

（3）最后我们再对网站页头的背景颜色进行配置（前面设置PC端的效果时侧重于版块布局和尺寸设置，这里增加颜色设置），如图5.40 ~ 图5.42所示。首先选中整列页头内容框，然后在图5.41中的"样式"选项卡中找到"颜色"，单击对应的按钮，最后在图5.42中输入背景颜色值#fff7f1。这样就完成了移动端的页头配置。

第 5 章 外贸独立网站的主体框架构建

图5.40 选中该页头　　图5.41 选中"样式"中的背景颜色　　图5.42 设置背景颜色

（4）到此为止，整个网站的页头模板就编辑完了。接下来我们就要保存并发布这个页头模板，然后将它应用到整个网站的各个页面中，相关操作如图5.43～图5.45所示。

图5.43 单击"更新按钮"　　图5.44 设置页头模板生效范围为全网站　　图5.45 保存并关闭

首先单击Elementor编辑器右下角的"更新"按钮，这时候会出现一个弹窗，询问刚才编辑的页头模板的应用范围，这里选择"Entire Site"，然后单击该弹窗右下角"SAVE & CLOSE"按钮即可。

5.1.2 网站首页搭建实操（二）

在上小一节中，我们对自定义网站页眉进行了讲解。利用Elementor编辑器我们可以摆脱建站主题的束缚，随时随地创建自己喜欢的个性化页眉。本节我们将对前文中的房地产网页的首页内容的设置进行实操讲解，如图5.46所示。

图5.46 网站模板首页内容（部分截图）

1. 网站首页首屏内容设置

我们可以看到图5.46中有文字、按钮和图像，在右侧图片上按住鼠标左键拖动，图片不会发生位移，说明这个图片不是以图片元素的形式存在的，而是以背景图片的形式存在。我们可以用两种方式做这样的背景。

一种是将粉红色的背景纯色块和右侧的楼房图片分开设置成背景（本书为黑白印刷无法显示粉红色，可以到Elementor模板库里查看）。另一种方法是事先在Photoshop中将粉红色块和楼房图片处理成一张背景图片。

115

（1）首先在图5.47中单击该内容块的 图标，然后在图5.48中选择"样式"选项卡，在"背景"选项组下的"标准"中选择"经典"模式，并设置"颜色"（##FFF7F1）。接着在图5.49中单击"图像"，并上传本地计算机中的楼房图片（注意，必须是背景透明的png格式的图片，否则会和之前设置的粉红色背景冲突），设置"位置"为"中心右侧"，尺寸大小为"覆盖"。

图5.47　选中首屏内容块　　　图5.48　设置背景颜色　　　图5.49　为背景颜色添加图像

（2）设置完后再调整整体的内容高度，并对当前背景的高度的设置。首先在"编辑段"功能下的"布局"选项卡中，我们将"内容宽度"的类型设置成"方框"，并将"内容宽度"的大小设置成1400px，如图5.50所示。然后设置最小高度单位为"VH"，并设置"最小高度"的值为94，如图5.51所示。这样我们就完成了当前内容区域下的背景设置，也可以直接用Photoshop先将背景图片处理好再上传。

图5.50　设置内容区块宽度　　　　图5.51　设置内容区块高度

（3）输入文字并进行相应设置。首先我们在Elementor编辑器中将"标题"功能元素拖动到待编辑内容块中，在内容版块中输入标题文字后将其设置为居左对齐，如图5.52所示。然后在"样式"选项卡中设置"文本颜色"的参数，如图5.53所示，在"排版"功能中设置字体参数，如图5.54所示。

图5.52 为标题添加文字内容　　图5.53 为文字设置颜色　　图5.54 设置字体参数

接着我们输入第二个大标题名称。因为这个内容比较重要，是对整个首页的概括，所以我们在"HTML标签"中将其设置成"H1"，如图5.55所示。在"样式"选项卡中将该文字颜色设置成"#011640"，如图5.56所示，在"排版"中设置字体参数，如图5.57所示。

这样做出来的效果和原版有区别，因为文字直接遮盖了背景的楼房，所以我们在该H1标题的高级设置中将其内距的右边设置为800px（移动端的设置随后调整），这样我们就完成了第二个标题的相关设置。

图5.55 添加第二个标题的文字　　图5.56 设置文字颜色　　图5.57 设置文字参数

第三个部分的文字是对上面H1标题的阐述，因此我们要用Elementor的文本编辑器输出这部分内容并对其进行设置。首先将这段描述性文字添加到文本编辑器中，然后设置对齐方式为左对齐（和标题的文字对齐方式不一样，标题的对齐方式是在内容版块中设置的），如图5.58所示。设置文本颜色参数为"#848484"，如图5.59所示。设置字体为"Montserrat",文字尺寸为16px,字体"重量"为300,如图5.60所示。为了和H1标题宽度一致,我们需要在"高级设置"选项卡中设置描述性文字的内距为850px(移动端显示效果待调整),如图5.61所示。

图5.58 输入描述性文字

图5.59 为文字设置颜色

图5.60 设置文字样式

图5.61 为描述性文字设置内距参数

(4)添加按钮功能元素并对其进行设置。将Elementor编辑器的按钮功能元素添加到待编辑内容块中后,我们第一步要做的就是将按钮上的文字"Explore Our Properties"输入文本框中,然后设置"对齐"方式为居左对齐,设置"尺寸"为"小的",如图5.62所示。接着在"排版"中对按钮文字设置文字的各项参数,如图5.63所示。

第 5 章　外贸独立网站的主体框架构建

图5.62　为按钮设置文字和左对齐

图5.63　为按钮文字设置参数

因为这个按钮设置了鼠标悬停的效果，所以在"标准"模式下与"悬停"模式下的颜色参数要有区别。在"标准"模式下设置文本颜色参数为#011640，背景颜色参数为#FFD6D6。设置完成之后切换至"悬停"模式，然后将文本颜色参数和背景颜色参数分别设置成#FFD6D6和#011640，如图5.64所示。最后调整一下按钮的内距，上、右、下、左的参数分别是15、30、15、30，单位是px。

至此为止，我们就完成了首屏内容的设置（移动端尚未调整）。

图5.64　设置按钮文字和背景颜色

2．网站首页第二屏内容的设置

接下来我们要对首页第二屏内容进行设计，如图5.65所示。

图5.65　网站模板第二个内容编辑块效果预览

（1）上面部分内容有点特殊，它不是全屏宽度，而且占据了背景的一部分，所以我

119

们先选择一个一行一列的内容编辑块，然后将Elementor编辑器中的"内部区段"功能元素添加到其中，如图5.66所示。这样就完成了一行两列的内容布局。

图5.66　将"内部区段"功能添加到内容编辑块

（2）为整个内容编辑块设置背景颜色，如图5.67所示。

图5.67　为内容编辑块设置背景颜色

左部分的文字是标题，HTML标签设置为H2。在"样式"的"排版"功能中设置该标题的字体参数，右边的文字描述也是同样的操作，在文本编辑器的样式功能中设置文字对齐方式为左对齐，并设置文字的字体参数，最后在"高级设置"选项卡中设置内容编辑块的外距，如图5.68所示。

图5.68　为文字内容设置具体的样式及外距参数

（3）对图5.65中下面部分的文字内容进行设计。

第一行小标题，设置文字颜色参数为#848484，字体为Montserrat，尺寸为15px，字体重量为400。第二行标题文字，设置文字颜色参数为#011640，字体为Montserrat，尺寸为30px，字体重量为300。第三行文字描述，设置对齐方式为居中，文字颜色参数#848484，字体Montserrat，尺寸为16px，字体重量为200。然后对整个内容块的宽度进行调整。

设置整体内容宽度为600px，然后在"高级设置"中设置整块内容的内部距离的上部和下部均为80px，如图5.69所示。

第 5 章　外贸独立网站的主体框架构建

图5.69　设置内容块的宽度和内距参数

3. 网站首页第3屏内容的设置

（1）如图5.70所示，Elementor把这个内容块做成了两行两列的排布效果。如果不注意区分，很容易理解成这是简单的图文搭配的内容版块，故还需要进行调整。

图5.70　两行两列的排布效果

首先新建一个宽度为1400px（为了和之前做的内容宽度一致）的内容块，然后将Elementor专业版中功能元素中的"Posts"拖到新建的内容块中，如图5.71所示。

图5.71　将Elementor编辑器的Posts功能元素添加到内容待编辑区域

因为是一行两列，所以将"Columns"设置为2，"Posts Per Page"设置为4，"图像尺寸"设置为"完整的"。"Image Ratio"（图像比率）设置为0.77，"Excerpt"设置为隐藏，"Read More Text"设置为"Property Details"，如图5.72～图5.74所示。

图5.72 设置布局样式　　图5.73 设置图片的尺寸参数　　图5.74 设置文章的Meta Data

（2）内容调整完成之后，我们再对Posts功能元素的样式进行设置。首先需要设置的是行和列的间距，将"Columns Gap"和"Rows Gap"分别设置为30和35。然后在"Box"中找到"Content Padding"，将其中的左边和右边的内距均设置成50px，如图5.75所示。再在"NORMAL"选项卡中将"Background Color"的参数设置成#FFF7F1，如图5.76所示，在"HOVER"也就是鼠标悬停状态下，设置盒子阴影的参数，水平方向为0，垂直方向为10，模糊为35。

图5.75 调整行、列间距和内容块的内距　　　　　　图5.76 设置背景颜色

（3）对文字内容进行调整。首先将"Title"中的"color"设置成#011640，再在"排版"中设置字体为Montserrat，字体"尺寸"为20px，"重量"为400，如图5.77所示，Spacing为10。然后将"Read More"中的"Color"设置成#848484，再在"排版"中将字体设置成Montserrat，字体"尺寸"设置为18px，"重量"设置为300，如图5.78所示。最后再将"Spacing"设置成30。

图5.77 设置标题文字　　　　　　图5.78 设置按钮

（4）第三屏下面还有一部分，如图5.79所示。"Explore More"按钮和前文提到的"Explore Our Properties"按钮的设置一样，只是在细节参数设定上有所不同，此处再赘述。接下来还有一行两列的文字内容，文字内容在前面已经反复讲解，也不再赘述。右边有个"About Us"按钮，做得比较有特色，我们来讲解一下。

图5.79　下部分内容

首先将Elementor的"按钮"功能元素拖动到对应的内容编辑块，然后设置其"文本"为About Us，在图标库中选择对应的向右箭头图标（Arrow Right），将图标移至文字之后，并设置图标间距为10。然后在该按钮的"样式"功能下的"排版"功能中设置字体参数，如图5.80所示，并装饰为下划线。接着在"标准"模式下将文本颜色设置成#011640，背景颜色为#FFFFFF，最后在"悬停"模式下将"悬停动画"设置为Sink，如图5.81所示。

图5.80　设置按钮名称文字样式

图5.81 设置按钮的悬停特效

（5）接下来设置下面一行三列的文本描述模块。单纯的文字排版设置很简单，关键在于布局调整。

首先我们选择一行三列的布局格式，设置版块整体宽度为1400px，在"高级设置"中设置顶部内距为7%。然后对每一个小版块的内外距进行设置，其中第一个小版块外距的右边为15px，第三个小版块外距的左边为15px，其他统一设置成内距的上、右、下、左方向分别为100px、50px、100px、50px。设置完成之后，我们需要为边框设置一个盒子阴影，三个小版块的操作是一样的，在标准模式下设置模糊参数为10，其他参数为0；在悬停模式下设置模糊参数为50，其他参数为0。

4. 网站首页第四屏内容的设置

（1）添加背景为藏青色的两行两列图标框并对其进行设置，如图5.82所示。新建一个一行一列的大的内容编辑块，然后往待编辑内容块中添加两次"内容区段"元素，如图5.83所示。

图5.82 两行两列图标框

图5.83 将Elementor编辑器的"内部区段"元素拖动到待编辑内容块

（2）对整个大内容块的背景颜色进行设置，并将Elementor编辑器中常规功能元素"图标框"拖动到预设的一行两列待编辑内容的第一个内容框中，并设置内容块的整体背景颜色为#011640，如图5.84所示。

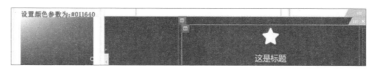

图5.84　设置内容编辑块的整体背景颜色

（3）对第一个图标框进行设置，首先是更改图标，在图标库中选择需要的图标，然后修改图标框的标题和描述文字，如图5.85所示。

图5.85　图标框进行设置

（4）对图标框的样式进行设置，首先设置图标在"标准"状态下的主要颜色为#FFFFFF，"间距"为20px，"尺寸"为50px，"旋转"为0，其他参数不变。在"内容"中设置"对齐"方式为左对齐，"垂直对齐"为顶部，"标题"部分的"间距"为20，"颜色"为#FFFFFF，在"排版"功能中设置字体为Montserrat，字体"尺寸"为18px，"重量"为300。描述部分的颜色为#FFFFFF，在"排版"功能中设置字体为Montserrat，字体"尺寸"为15px，"重量"为100，相关设置如图5.86所示。

图5.86 设置图标框

这样我们就完成了一个小的图标框的设置，剩下的三个不需要逐一设置，直接复制已经调整好的这个图标框到对应的待编辑内容块中，然后修改对应的图标、标题和描述文字即可，相关操作如图5.87和图5.88所示。

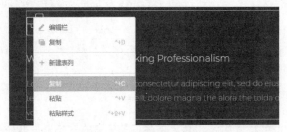

图5.87 复制已经修改好的内容

图5.88 复制的新内容

接下来需要设置整个大内容版块的外距和内距，当外距的参数值为正数时，表示和上面另外一个大版块的间距比较大，为负值则表示和上一个大版块的间距比较小，会产生叠加效果，设置外距的顶部为-200px，内距的顶部和底部均设置成300px，如图5.89所示。

图5.89 在高级设置中调整内容版块的内距和外距

5.1.3 网站首页搭建实操（三）

本节我们继续对首页涉及的内容进行实操讲解，接下来对网站模板的剩余部分的操作进行讲解，效果预览如图5.90所示。

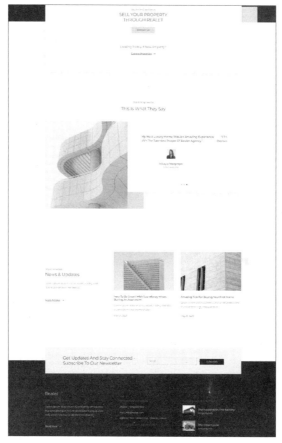

图5.90 网站首页模板效果预览（局部）

首先新建一个一行一列的待编辑内容块，然后依次将标题、按钮这些功能元素添加到该内容块中，最后对每一个元素从上到下进行相关样式参数的设置。

1. 网站首页第五屏小标题内容设置

输入内容"you are in good hands"，设置"HTML标签"为H3，居中对齐，在样式中设置标题"文本颜色"为#848484，字体为Montserrat，文字"尺寸"为15px，"重量"为400，如图5.91所示。

图5.91　设置最上面的小标题

2. 网站首页第五屏大标题内容和按钮的设置

输入内容"SELL YOUR PROPERTY THROUGH REALET"，设置"HTML标签"为H2，居中对齐，在样式中设置标题的"文本颜色"为#011640，字体为Montserrat，文字"尺寸"为30px，"重量"为300。因为要和底下的按钮有间隔，所以还需要在"高级设置"中设置外距的顶部为10px，底部为30px，如图5.92所示。

图5.92　上面的大标题

按钮的设置相对简单，输入文本"Contact Us"，居中对齐，在"样式"中设置标题的字体为Montserrat，文字"尺寸"为16px，"重量"为400。然后在"标准"状态下设置"文本颜色"为#011640，"背景颜色"为#FFD6D6，如图5.93所示。接着在悬停状态下将文本颜色和背景颜色的参数值互换并设置按钮上、右、下、左四个方向的内距分别为15、40、15、40。

图5.93　设置按钮

3. 网站首页第五屏文字描述内容设置

（1）输入内容"Looking To Buy A New Property?"，设置"HTML标签"为H3，居中对齐，在样式中设置标题的"文本颜色"为#848484，字体为Montserrat，文字"尺寸"为20px，"重量"为300。因为要和上面的按钮有间隔，所以还需要在"高级设置"中设置外距的顶部为80px，底部为20px，如图5.94所示。

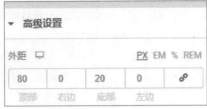

图5.94 设置输入内容

（2）下面带下划线的链接按钮和前面做过的一样，首先输入文本"Explore Properties"，居中对齐，在"样式"中设置字体为Montserrat，文字"尺寸"为16px，"重量"为400，装饰选择下划线。然后在"标准"状态下设置文本颜色为#011640，背景颜色为#FFFFFF，在"悬停"状态下设置"悬停动画"为Sink，如图5.95所示。

图5.95 带下划线的链接按钮

（3）完成上述相关设置之后，我们需要对整个内容块进行外距的调整以达到将其叠加在图标框藏青色背景上的效果（将Z-index的值设置为5），如图5.96所示。

图5.96 设置整个内容版块的外距和Z-index数值

紧接着是下面两行标题文字的添加和设置，与其他文字内容的设置一样，这里不再赘述。

（4）接下来对图5.97所示的这个版块的内容进行设置。

图5.97 网站首页模板效果预览（局部）

首先我们得了解图5.97中的这个内容块都有哪些元素。左边是一张图片，不过它是以背景的形式出现在内容块左边的；右边是客户留言，相关设置需要用到Elementor编辑器的Testimonial Carousel功能元素。此外还要对左、右两块内容的宽度进行分配，左边背景图片占42%，相关设置如图5.98所示。

图5.98 设置左侧内容

找到图5.98中的黑色图标并单击，然后在弹出的"布局"中设置"栏宽度"的参数为42。然后在"样式"中设置背景类型为经典,并粘贴上对应的背景图片。图片的"位置"为居中,"附件"为默认、不重复,"尺寸"为覆盖。

右边的客户评论的设置相对比较简单,首先将"Testimonial Carousel"功能元素拖动到右边待编辑内容栏,单击"项目#1",然后在"Content"中输入对应的文字,在"Image"处上传该客户的头像,"Name"处填客户的姓名,"Title"处填客户的头衔或所在岗位,如图5.99所示。"Layout"设置为Image Stacked。

剩余两个客户评价的操作也是一样。考虑到是幻灯片播放,因此我们需要在"Additional Options"选项组中设置"Pagination"为Dots,"Transition Duration"为500,"Autoplay"为"是","Autoplay Speed"为5000,"Infinite Loop"为"是","Pause on Hover"为"是","Pause on Interaction"为"是",如图5.100所示。

图5.99　设置客户信息

图5.100　设置幻灯片播放参数

内容部分设置完成之后,我们再到"样式"中对相关参数进行配置。首先在"Slides"中设置"Space Between"为10px,"Padding"的顶部为90px,在"Content"中将"Gap"设置为50,如图5.101所示。然后分别对Name、Title的文字颜色和文字排版样式进行配置,接着在"Image"中设置"Size"为65,"Gap"为20,如图5.102所示,在"Navigation"中将"Size"设置为7。

图5.101　设置文字样式

第 5 章 外贸独立网站的主体框架构建

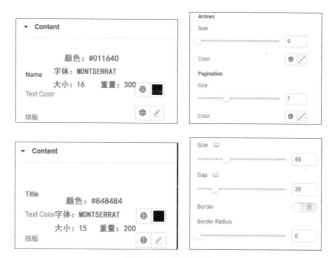

图5.102 继续设置

（5）上述内容设置完之后，我们再来设置下一个版块的内容，如图5.103所示。

图5.103 网站首页模板效果预览（局部）

这个版块是一行两列的布局，左边是三个标题加底部一个文字按钮，类似操作前文已介绍，这里不再赘述。右边是Posts功能元素的效果，也就是文章功能，下面讲解其设置方法。

首先通过Posts功能元素在"Layout"中将"皮肤"选择为Cards，"Columns"设置为2，"Posts Per Page"设置为2，"Show Image"设置为Yes，"图像尺寸"设置为完整的，"Image Ratio"设置为0.62（在实际操作中，这个参数要根据图片大小自行设定），"Title"设置为SHOW，"Title HTML Tag"设置为H3，"Excerpt"设置为SHOW，"Excerpt Length"设置为25（摘要长短可以自行设置），如图5.104所示。

基础设置完成之后，我们要对Query进行配置，这个功能用于设置文章的具体来源。在"Source"中设置内容的来源时，可以是文章也可以是页面，还可以手动选择具体呈现的内容。"LNCLUDE"和"EXCULDE"用于设置包含和排除，一般我们在LNCLUDE中设置就可以了。"Include By"和"Term"用于设置具体需要呈现的内容，如图5.105所示。因为每个人的具体情况不一样，故需要自行配置。完成相关设置之前，记得在这个一行两列的大内容块上设置对齐方式为居中。

图5.104　设置文章聚合页内容样式

  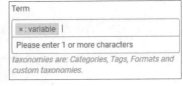

图5.105　设置文章来源

（6）添加一个内容订阅的表单，左边是文字标题的描述，右边设置一个表单项目，如图5.106所示。

图5.106　网站模板效果预览（局部）

左边部分的操作很简单，这里不再赘述。现在我们重点对右边的表单项目进行实操讲解。

首先在Elementor编辑器的专业版功能元素中找到"Posts"，并将其拖动到右边的待编辑内容块中。然后将系统预设的"Name"和"Message"两个项目删除。完成后单击"Email"，在弹出的"CONTENT"中将"Label"的内容删除，并在"Column Width"中输入66%。接着在"Buttons"中设置"Size"为Medium，"Column Width"为33%，这样就将原本两行排列的内容以一行呈现了。操作如图5.107所示。

第 5 章　外贸独立网站的主体框架构建

图 5.107　设置表单项目

接下来我们要对表单的样式进行设置。在"样式"的"Field"中，因为表单的内容填写处没有颜色，所以需要在"Background Color"中设置颜色参数为#FFFFFF，然后将"Text Color"设置为#818080，"Border Color"设置为#818080，"Border Width"的上、下、左、右均设置为1px，如图5.108所示。

图 5.108　颜色及边框线

在"样式"的"Buttons"中选择"NORMAL"选项卡，设置"Background Color"为#011640，"Text Color"为#FFFFFF，然后选择"HOVER"选项卡，设置鼠标指针悬停状态下的"Background Color"为#FFD6D6，"Text Color"为#011640，如图5.109所示。按钮的文字系统默认是Send，我们需要将其修改为Subscribe。

现在我们再对这一行两列的整体内容进行调整。首先在"高级设置"中设置内距的顶部和底部均为60px，然后设置外距的顶部为-90px，只有负数的外距才能遮盖上面的内容。接着设置整个内容版块的Z-index参数为5，如图5.110所示。

图 5.109　设置表单按钮

135

图5.110　设置整个表单内容版块的内距和外距参数

（7）添加底部（页脚部分）并进行设置。页脚部分的添加可以使用和添加页头一样的方式去操作，即新建模板，然后应用到全局，也可以为不同页面做不同的页脚。从该案例来看，它的页脚应该是每个页面都是独立的，所以我们选择第二个方案。

首先新建一个一行三列的待编辑内容块，整体宽度设置成1400px，然后将这一行三列的宽度占比分别设置成35%、33%和32%，并将整个内容块的背景颜色设置成#011640，内距的"顶部"设置成200px，"底部"设置成160px，相关操作如图5.111所示。

图5.111　设置内容版块

接着依次将第一列的三段文字和一个文字按钮添加进去。这部分操作为基础的文字排版操作，文字按钮的添加前文也已讲过。第二列的联系信息，我们可以直接用Elementor编辑器中的文本编辑器功能元素进行操作，也可以用图标列表的形式去操作（需要去掉图标，好处是当鼠标指针悬停在对应联系信息上的时候会有变色效果）。

最后一列的Explore Our Properties可以用Elementor编辑器的Posts功能元素进行设置，或者用新增内部区段的方法，在左边添加一张图片，右边配上标题和描述性文字。

5.2 搭建公司介绍页面

一般情况下，我们会在外贸独立站的 About Us 页面添加公司介绍等相关信息。但优质的 About Us 页面不应该只出现品牌 Logo、公司和团队的信息，以及公司的理念与口号，这些空洞、缺乏力量的言语就如同被人咀嚼过的甘蔗渣，不仅没味道，还刺嗓子。我们需要以独特的个性化风格，让自己的设计和想要表达的内容在众多竞争者中脱颖而出，从而给目标客户留下深刻印象。

5.2.1 搭建公司介绍页面的注意事项

1. 从"我们能做什么"转变成"客户能得到什么"

很多建站公司在添加 About Us 页面文案时，通常会写"我们是××公司，坐落于××城市，距离××大城市××时间的车程，这里风景优美，交通便利……公司主营××，欢迎来函洽谈合作"。这样的文案很平淡，让人不想多停留。

从"我们能做什么"到"客户能得到什么"是思维上的巨大转变，任何网站页面的设计都应该以客户的观感为第一要务，不要简单直白地罗列产品名称和产品型号。这种过于简单的流水账式描述在谷歌 SEO 的评判标准下是不及格的。

如果你是生产电动工具的，那么你不应该片面地表达公司生产的产品类型多、款式新，而是应该转变思维，站在客户的角度，告诉客户使用该产品能节省多少时间、得到多少便利，为客户的生产和生活带来多大的收益和乐趣。

2. 添加现实中的位置和相关数据以提高信息的真实性

当一名采购联系了一个产品供应商，并想进一步了解该供应商的信息时，该供应商可能会发一个定位或者具体的地址。采购会用地图去查看该地址是否有这家供应商，并且会通过搜索引擎查看这家公司的相关信息，这是一种常见的信息真伪鉴别方法。

同理，如果我们的网站上也留下了企业地址，那么我们的目标客户也有可能利用谷歌地图查找该地址的相关信息。所以，网站的 About Us 页面的公司相关信息一定要真实、可靠、经得起检验。如果是一家贸易公司，而出于后期发货单等信息的考虑选择了工厂的地址，这就会带来很多隐患。

3．展示公司取得的成就以获取客户信任

在About Us页面中，不要一味吹嘘自己的公司实力多么雄厚、产品多么出色、服务多么到位，而要实事求是，否则虚假的夸大会起反作用，反而不如中等知名客户的评价有信服力。

公司所取得的成就更多的是指在国际上广泛认可的获奖报告和荣誉证书，可以上传，但国内专利证书对于国外的客户来讲可能看不懂，反而容易弄巧成拙。

4．利用时间轴可以直观体现企业的变化

企业在发展的历史变革中总会留下独特的印记，如前年销售额突破了一个小目标，去年和行业内高级资源客户展开了合作，今年成立了新的子公司，等等。企业发展的这些历史就像是足迹一样记录着企业的成长，而这些内容恰恰是潜在目标客户希望看到并且乐于探索的信息，因为他们希望从这些信息中了解未来将要展开合作的对象的发展历史，是否值得他们下订单。

例如，沃尔玛在其企业官网上就提供了类似的企业发展历史变革内容，其页面的Time Line中罗列了从1962年到2019年的发展全过程，并贴心地将这60年的发展细分成了6个大的时间段。从这些发展历史中我们可以深切地了解沃尔玛一路走来的艰辛和成就。

5．利用动态数字引导目标客户关注重点信息

相比普通的文字呈现方式，动态数字更能吸引目标客户的眼球。而这些动态数字所要表达的内容应该是客户急于寻求并且乐意看到的。他们可能并不关心企业获得了多少项发明专利，也不想深究公司在多少个国家有贸易伙伴。但他们会对企业的规模和员工人数、企业的出口金额规模、每年的产品更新频率有兴趣，如图5.112所示。

图5.112 以动态数字形式形象的展示公司实力

图5.112是某个网站的动态数字效果，该功能是使用Elementor编辑器的计数器功能实现的，我们可以根据自己的实际需要，设定动态数字的起始数字和结束数字。在数字的前面和后面都可以加上其他符号，如货币符号、Plus、Minus等。我们也可以设定数字滚动的动画持续时间，单位以毫秒计（建议当数字较大时起始数字也尽量大一点，

或者将动画持续时间调长一点）。

动态数字在吸引目标客户关注数字滚动的同时，也会导致其忽略周围的一些信息。如果将一些比较重要的内容放在了F形视觉热区之外，而没有在文字字体和样式上进行显眼的设置，也很容易被客户忽略。所以在使用动态数字的时候，最好不要在其附近放置想让客户特别关注的重要内容。

6. Team Show 是一个很好的提升客户信任的方法

外贸活动开展中冷冰冰的金钱关系不是最重要的，客情关系更为重要。而客情关系靠的就是外贸业务人员和客户之间的点滴来往。试想在聊天的过程中，客户不知道你的性别和长相，在沟通具体的订单事宜时很容易感觉冷冰冰的。

而当你设置了精致的头像，客户就能知道你的性别，在逐渐深入沟通的过程中，彼此之间的关系也会逐渐拉近。这个道理同样适用于我们的外贸独立网站的About Us页面，团队展示不仅仅是个人，也可以是集体的合影。但是要注意一点，服装和背景要统一，不要上传花里胡哨的生活照，否则会显得没有专业度。

另外，如果想放置车间的团队照片，最好用车间正常工作的场景图，这样更有带入感。如果公司的某些人员在行业内具有非常高的知名度，也可以开设专栏进行重点宣传，这简直就是一个行走的名片和广告牌，以自身为公司代言。

7. 整体布局要简洁明了

和首页的布局设计不同的是，About Us页面不需要通过花里胡哨的设计来吸引客户深入访问网站的其他页面。在About Us页面中，我们只需要表述清楚"我是谁，我能为你提供什么，客户凭什么相信我"，这就足够了。

例如，PLANAR公司的网站，首先该页面表达了"我是谁"——世界一流的显示器供应商；"我能为你提供什么"——为顾客的具体应用需求提供完美的解决方案产品；"客户凭什么相信我"——三十年的领域深耕技术及首屈一指的经验和专业知识。除此之外，PLANAR公司还在网站上添加了获得的奖项与表彰、资质认证、环保倡议、全球总部中心、全球的产品展示门店、企业领导团队介绍、专利认证信息和产品安全管理系统等多个方面的信息。

5.2.2 公司介绍页面搭建实操

图5.113所示为公司介绍页面，最上面一块为首屏页面内容，在学习完首页的搭建

之后，我们就会明白，这是一个一行两列的布局，左侧是一大一小两个标题，右侧是一个普通的文本编辑器，而且设置了整体的背景颜色。

图5.113　网站模板的About Us页面预览效果

1. 案例网站About Us页面首屏内容

我们先在后台待编辑内容块创建一个大的一行两列的待编辑内容块，然后在"布局"中设置"内容宽度"为1400px，在"高度"下拉列表中选择"最小高度"，并将系统默认的400px设置成600px，如图5.114所示。接着在"样式"中找到背景，在"标准"模式下设置背景类型为经典模式，然后设置背景颜色参数为#FFF7F1，如图5.115所示。

对于左侧第一个标题"Learn about the REALET family"，"HTML标签"设置为H3，对齐方式设置为左对齐，然后在"样式"中设置文本颜色为#848484，在"排版"中设置字体为Montserrat，"尺寸"为15px，"重量"为400。

图5.114 设置待编辑内容块的宽度和高度　　图5.115 设置待编辑内容块的背景颜色

对于左侧第二个标题"THE BEST REAL ESTATE OUT THERE"，"HTML标签"设置为H1，对齐方式设置为左对齐，然后在"样式"中设置文本颜色为#011640，在"排版"中设置字体为Montserrat，"尺寸"为60px，重量为300。

对于右侧的文本，在内容功能中的可视化窗口输入对应的文字（注意，不要选择文本窗口，文本窗口类似代码编辑器，可以使用一些前端的HTML和CSS代码）。然后在"样式"中将对齐方式设置为左对齐，文本颜色设置为#848484，在"排版"中设置字体为Montserrat，"尺寸"为16px，"重量"为300，如图5.116所示。

2. About Us页面的公司历史设置

首屏下面这一版块的两个标题的添加和设置比较简单，此处只简单讲解一下相关的设置。

首先是选择一个一行一列的大的待编辑内容块，设置整体的内容宽度为1400px，然后将Elementor编辑器中的"内部区段"功能元素拖动到该待编辑内容块中。将该新增内部区块的内容宽度设置为450px，并在"高级设置"中将其"外距"的顶部和底部均设置成10%（注意，是10%，不是10px）。

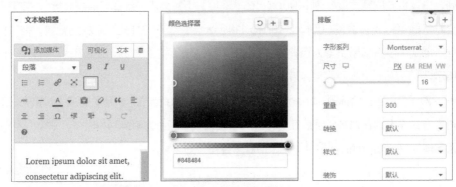

图5.116　输入描述性文字并设置文字样式

对于第一个标题"Know The Industry"，"HTML标签"设置为H3，对齐方式为居中对齐，然后在"样式"中设置文本颜色为#848484，在"排版"中设置字体为Montserrat，"尺寸"为15px，"重量"为400。

对于第二个标题"38 Years Of Experience In Luxury Real Estate"，"HTML标签"设置为H2，对齐方式为居中对齐，然后在"样式"中设置文本颜色为#011640，在"排版"中设置字体为Montserrat，"尺寸"为30px，"重量"为300。这样就完成了这两个标题内容的相关设置，接下来我们要对公司历史进行设置。

因为这部分内容同属于第二个大的待编辑内容块（也就是Know The Indestry的内容），所以不必再新建一个大的内容编辑块，而是将Elementor编辑器中的"内部区段"元素拖动到前面两个标题内容的下方。然后将这个"内部区段"元素的宽度设置为1400px，并在"高级设置"中设置"外距"的顶部参数为80px，效果如图5.117所示。

从图5.114的内容可以发现，左侧是Elementor编辑器的CTA功能元素，如果用图片+文字描述的形式也能做出这种效果。右边是典型的标题+描述文字的组合，三个小内容块是一样的，所以接下来我们只讲解其中一个的操作即可。

在将CTA功能元素拖到对应的地方之后，我们设置"Skin"为Classic，并在"Choose Image"下添加对应的图片，设置"图像尺寸"为"完整的"。然后在"Content"中的"Title"和"Description"文本框中输入对应的文字，将"Title HTML Tag"设置为H2，如图5.118所示。

图5.117　网站模板About Us页面效果预览（局部）

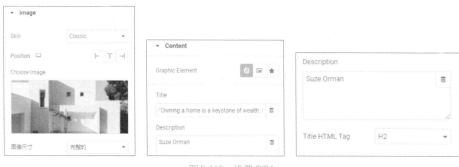

图5.118　设置CTA

在CTA的样式中，我们设置"Box"的高度为250px，对齐方式为左对齐，内距的左边和右边均为100px（注意，这里的Box指的就是文字标题的内容）。然后将"Image"的高度设置为400px，如图5.119所示。

图5.119　设置CTA的Box参数和内距等

接下来在"Content"中将"Title"的字体设置为Montserrat，"尺寸"设置为25px，"重量"设置为200，"Spacing"设置为25；然后在"Description"的"排版"

中，将字体设置为Montserrat，"尺寸"设置为16px，"重量"设置为200；在"Colors"中设置"NORMAL"状态下的背景颜色为纯白色，标题颜色为#011640，描述文字颜色为#848484，如图5.120所示。

图5.120　设置Content及正常状态下的背景颜色

关于右边的标题"Understand The Market"，设置"HTML标签"为H3，"文本颜色"为#011640，然后在"排版"中将字体设置为Montserrat，"尺寸"设置为22，"重量"设置为400。与其对应的文字描述部分，对齐方式设置为左对齐，"文本颜色"设置为#848484，字体设置为Montserrat，"尺寸"设置为16，"重量"设置为300，"行高"设置为2em，如图5.121所示。

图5.121　设置标题与描述性文字的样式

最后，因为文字部分和左边的CAT的内容有较大的距离，可以单击右边的整个内容框，然后在其"高级设置"中将内距的左边设置为10%。

3. About Us页面的团队成员介绍

接下来的"Get To Know Us"这个大版块，其部分内容和前面的"Know The Industry"相似，除了一部分文字说明之外，其他几乎是一样，所以不再对其展开讲解，最终效果如图5.122所示。

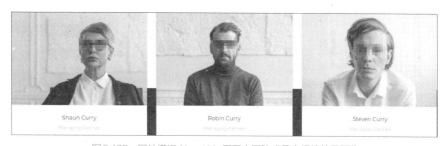

图5.122　网站模板About Us页面效果预览（局部）

接下来就是具体的团队成员介绍了。实现图5.123所示效果有多种途径，但是为了与该案例模板一样，这里选用CTA功能元素进行设计。

首先拖动一个"内部区段"功能元素到刚才添加的大的待编辑内容块上，将内部区段的宽度设置为1400px，然后在内部区段上复制出一个新的小内容块。完成之后将CTA功能元素添加到待编辑的小内容块中。我们先做第一个样板，做完之后再将它复制到其他两个小内容编辑块上，这样就可以省去很多的重复操作。

图5.123　网站模板About Us页面中团队成员介绍的效果预览

我们在CTA的内容中，设置"Image"的"Skin"模式为Classic，然后将第一个团队成员Shaun Curry的照片添加进来，"图像尺寸"设置为"完整的"。然后在"Content"中的"Title"和"Description"文本框中输入需要的文字，并将"Title HTML Tag"设置为H3，如图5.124所示。

图5.124　为团队成员上传照片并添加介绍性文字信息

主体内容设置完成之后，还需要在样式功能中对一些效果进行设置。在"Box"的"Height"中，设置高度值为115px，水平和垂直对齐方式均为居中对齐，然后将图片的高度设置为300px。

然后在"样式"的"Content"中将"Title"的文字字体设置为Montserrat，"尺寸"设置为18px，"重量"设置为400，"Spacing"设置为5；将"Description"中的文字字体设置为Montserrat，"尺寸"设置为15px，"重量"设置为200。设置完字体、字号后，我们还需要对字体颜色进行更改。在"NORMAL"状态下，设置背景颜色为#FFFFFF，"Title Color"为#011640，"Description Color"为#848484，如图5.125所示。

图5.125　为成员的Title内容及描述内容设置文字样式

完成上述操作之后，将鼠标指针悬停在人物照片上时照片没有变化。所以我们在"样式"中的"Hover Effects"中，将"Hover Animation"（悬停动画）设置成Zoom In（也可选择其他特效），将"Blend Mode"设置为Normal，然后切换至"Hover"状态进行相关设置，如图5.126所示。

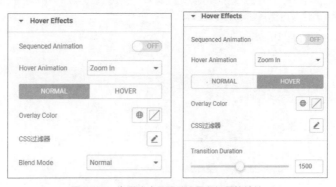

图5.126　为团队成员照片设置鼠标悬停特效

这样一个完整的人物简介就做完了，案例模板中共有两行三列，共6个人物简介，我们只需要将刚才做好的第一个模板复制到其他待编辑内容块中，然后替换每个小内容块中的人物图像和相关文字介绍即可。

4. About Us 页面的 FAQ 内容设置

最后一部分是FAQ（Frequently Asked Questions，常见问题）内容，它也是外贸独立网站About Us页面中常见的内容，当然，也可以为FAQ单独设立一个页面。案例模板中的FAQ版块主要分为两个小内容块，分别是上半部分的文字标题和下半部分的切换功能元素，如图5.127所示。

FAQ
We Are Here To Help You With Any
Questions You May Have

图5.127　网站模板About Us页面中FAQ部分的效果预览

首先，我们创建一个一行一列的大的待编辑内容块，设置"内容宽度"为600px，在"高级设置"中设置外距顶部参数为80px，内距顶部参数为10px，然后添加一个"标题"功能元素，输入文字"FAQ"之后，将"FAQ"的"HTML标签"设置为H3，对齐方式为居中，"文本颜色"为#848484，标题字体为Montserrat，标题"尺寸"为15px，"重量"为400。接着添加第二个标题功能元素，并将第二个标题的内容输入进去，设置"HTML标签"为H2，对齐方式为居中对齐，"文本颜色"为#011640，标题字体为Montserrat，标题"尺寸"为30px，"重量"为300，行高为1.2em，部分参数如图5.128所示。

图5.128　设置FAQ内容

接下来我们要将Elementor编辑器的"切换"功能元素添加到大的待编辑内容块

中，因为案例模板中是左右对称的两个"切换"功能元素，所以此刻我们需要先添加一个内部区块元素，并将其"内容宽度"设置为1400px，然后在"高级设置"中将其"内距"的底部参数设置为200px，如图5.129所示。

图5.129　设置内部区段的宽度及内距参数

将Elementor编辑器的切换功能元素添加到待编辑内容块中之后，依次输入对应的标题和描述性文字，并选择图标和当前图标的样式，设置"标题HTML标签"的格式为div（也就是内容块，也可以设置为其他HTML标签），如图5.130所示。

图5.130　在切换功能中输入标题文字和描述性文字并设置状态图标

完成上述操作后，在"切换"功能元素的"样式"中，设置上下内容"之间的间距"为33，"盒子阴影"为模糊状态30，标题的背景颜色为白色，正常显示状态的颜色为#011640，当前状态（就是前端打开查看的状态）的颜色为#011640，字体为Montserrat，字体"尺寸"为18，"重量"为300，"内距"的4个方向均为25px。图标对齐方式为右对齐，颜色均为#011640，描述性文字的颜色为#848484，字体为Montserrat，"尺寸"为16，"重量"为300，"内距"除了顶部，其余三个方向均为25px，主要参数如图5.131所示。

设置了左侧的"切换"功能元素之后，采用同样的操作，复制左边的"切换"功能元素到右边，然后在内容块中变更对应的标题和描述性文字即可。这样我们就完成了整个房地产案例的公司介绍（About Us页面）的全部设计。

图 5.131　设置切换项目

5.3　网站产品页面的搭建注意事项

网站产品页面的设计很重要，因为它是 B2B 外贸独立站的询盘转化来源的主阵地。不要指望潜在目标客户看了网站首页或者 About Us 页面就会给我们发询盘，这是不现实的。理想中的询盘邮件一定包含具体的产品型号，以及关于这款产品的更多的询问。所以，外贸独立网站设计的关键就是要让客户产生询问的兴趣。

考虑到我们做的 B2B 类型的网站不支持在线销售业务，所以产品的分类聚合页面及产品详情页面的设计理念会与 B2C 类型的网站有很大不同。

1. 产品分类要清晰

产品分类有多个维度，比如，在包装机械行业，按机械的包装方式可以分为立式包装机和水平包装机，按照每次包装的列数可以分为单列包装机和多列包装机，按包装的产品的不同可以分为粉末包装机、液体包装机、酱料包装机、固体包装机等，按照待包装物品的袋子形态可以分为单口包装机、多口包装机等。

为了在分类过程中不出现混淆的情况，我们在建站初期就要选定一个较为明显的划分维度，如保温杯根据潜在客户群体的不同可以划分为男士保温杯、女士保温杯和儿童保温杯。注意：这个时候的产品分类与建站之初提到的STP分析中的市场细分是有本质区别的。

在对外贸独立站的产品分类页面进行设计的时候，尽可能以单一维度对产品进行分类，如此目标客户在浏览产品的时候才不会产生疑惑。如果一定要采用多维度对产品进行分类，那么建议这些维度之间的差异性要尽可能地大一些。

（1）添加产品分类导航是比较好的选择。

产品分类最直观的体现方式就是添加主菜单导航栏，Products主菜单下面可能有Product A、Product B、Product C这3个二级菜单，而Product A下面可能还有Product A-001、Product A-002、Product A-003等三级菜单。但是由于页首的主菜单导航在默认情况下是不展开的，只有当鼠标指针悬停在菜单上时才会显示下一级菜单，这对于目标客户来说是不太友好的。

为了解决这个问题，让潜在目标客户更深入地了解我们的网站上有哪些产品，我们一般会采用产品分类导航的方法来解决这个问题。产品分类导航可以用Elementor编辑器来制作，而且多种功能元素都能实现产品分类导航的效果，只不过是最终的前端表现效果略微有所差别而已。

当然，分类导航除了给进入产品分类页面的目标客户更直观的感受之外，还有一个比较好的作用，就是增强多个产品页面之间的内链互动。谷歌蜘蛛在爬取网站内容的时候喜欢发现更多的新内容，如果我们只是做一个产品展示页面，很少有或者没有网站内容链接到其他页面，这对谷歌SEO来说并不是一个好的信号。

产品分类导航的存在不仅能让正在查看页面的目标客户更全面地了解产品分类，还能让谷歌蜘蛛在同级产品页面之间进行跳转，在同级页面跳转之后还可以对当前产品页面的上一级或下一级产品页面的内容进行爬取，直到链接的内容全部爬取完毕。

以上两点是针对产品分类聚合页面来说的，这种类型的页面起到的是中转站的作用，真正的询盘很少在这些页面发生。所以接下来我们要对具体的产品详情页面的布局等注意事项进行讲解。

产品详情页面的设置是典型的AIDA模式，分别是A（Attention：引起注意）、I（Interest：激发兴趣）、D（Desire：增强欲望）、A（Action：采取行动）。需要注意的是，这4个内容是有先后顺序的，并且是可以通过人为的设置进行转化的，这也是市场营销理论能够存在并且被高效运用于市场行为当中的原因。

（2）产品性质决定了内容展现形式。

以图5.132为例，左、右两个版块所要传递的重点是不一样的。我们遵循访客视线的"F形视觉搜索热区"原理，尽可能将需要表达的诉求放在显眼的位置。

图5.132　产品性质决定内容展现形式的案例

图5.129左侧要表现的是现代陶瓷花盆，以具体的产品实景图片来体现产品本身。而右边要展现的是模拟手表，它是利用石英的电子脉冲来达到精确计时的。但是单纯的一个石英手表图片并不能准确表达出其计时的准确性、方便性和稳定性等优势，所以我们将这些优势以文字的形式放在图片的左边进行说明，搭配右边的石英手表图片来凸显其性能。

所以，对细节的思考更有助于超越对手，而这些细节往往是竞争对手想破了脑袋也模仿不了的。

2. 撰写引人注目的产品说明

在外贸站的产品页的设计中也经常能看到类似下面这种情况，例如，有些建站人员试图用图片讲故事，在产品页中堆积了很多产品图片；有些建站人员则疯狂地插入关键词，结果堆积了一堆说明产品的废话。

任何产品页面最重要的元素之一就是好的产品描述，这种产品描述不光介绍产品是什么、叫什么、能干什么，还清楚地告诉目标客户能为他们带来什么样的好处，满足他们什么样的需求，甚至是目标客户为什么应该拥有"我"。重点在于价值点的传达，而不是自我感觉良好的炫耀。

拿保温杯来举例，原本想表达的是SUS 316不锈钢是医用安全等级，比SUS 304和SUS 201更加健康、安全，结果表达成"我们的产品采用的是SUS 316不锈钢材质"。但并不是每一个潜在客户都懂这个知识点，因此需要把这个利益附加值讲透彻。

再如，关于保温杯的保温时间，有些人直接写保温达10~12个小时，如果用下面这段话来代替："请注意，杯内水温在10个小时后仍然具有较高温度，谨防烫伤！"将会更直观，能够加强他们对保温杯保温性能的记忆。

（1）文字要简明扼要。

第一次到一个网站上来的目标客户都不会带感情色彩，也不会有大量时间细细阅读。既然访客在该网站上的停留时间有限，那么网站的内容输出就要干脆、直接，直击访客的需求痛点。

有研究表明，76.6%的初次访问网站页面的访客倾向于浏览网页，而不是认真阅读网页。所以，我们产品页面上供目标客户阅读的产品描述文字应该尽可能的清晰、明确，不要太过于隐晦或啰唆，只需要用简单的信息让目标客户注意到某个产品的存在即可。如果有可能，再往激发他们产生兴趣的方向上做一些努力。至于如何激发他们的欲望和促使他们发生购买行动，我们可以在其他页面进行深入诱导，不要急切地在产品描述页解决这个问题。

（2）视频的表达能力远超文案和图片。

营销界有这样一种说法，高明的导购员从来不夸奖自家的产品有多好，他们的身份是不同岗位上的故事大王，要会引导。网站产品页面的设计也一样，我们将关于产品的故事讲给目标客户听，单纯依靠文字或者图片并不完全是好主意，利用视频营造氛围才是我们真正应该考虑的方向。

这几年发展迅猛的一些短视频平台，短短几年就超越了传统的数字媒体。为什么会出现这样的现象，是以往的内容不深刻还是传递的新闻不及时？都不是，最大的问题在于受众在接收信息的时候更习惯用"不动脑"的方式去接收。所以，我们得琢磨用户的使用环境、相关的产品使用操作、突出设备优势的镜头等。

3. 用客户评价和售后承诺去打消潜在客户的疑虑

合作关系的建立最难的就是彼此信任，做外贸独立站也是如此，即使你的产品页面图片精美，文字有号召力，视频有非常好的代入感，这些辛辛苦苦营造的购买氛围，在目标客户的疑虑面前也很容易成为"炮灰"。因为商业行为最终涉及的是金钱的往来，所以让目标客户对我们的网站页面产生信任感并发询盘给我们。

甚至可以说，我们做网站的终极目的就是展现自己，让潜在目标客户相信我们的产品和服务对他们有价值，能够在未来满足他们的需求，为他们创造更多的利润。

这种情况下已经合作的客户对我们产品或者服务的评价就是非常有利的佐证，这些评价的存在就相当于潜在目标客户不需要付出试错成本，因为已经有人验证过，并且证明确实是有价值和效果的，至于售后承诺，就相当于是简化版的保障条款背书，让客户在发询盘之前就能大致了解到他能获得什么样的售后保障，相当于给潜在目标客户吃了一颗定心丸。

产品页面的具体设计涉及的内容和注意事项并不比首页少，很多新手建站人员会犯错，就是因为他们太过于想表达自己内心的想法而忽略了潜在目标客户想了解什么。所以从此刻开始，要解放自己的思想，多去想想客户乐于了解什么，再决定要表达什么内容。

5.4 联系信息页面的搭建注意事项

联系信息页面不是简单地把公司名称、联系电话、收件邮箱等信息发布出去，也不是再加一个用于接收邮件的表单窗口就可以了。如果这样做，那么前面所有的引导潜在目标客户的工作容易失去作用。

一般情况下，外贸独立站的联系页面的信息分为三大版块，分别是公司联系信息、表单信息收集和公司地址的谷歌地图。如果有必要，还可以增加一个页面转出的内容版块，以免客户在提交完询盘表单之后就直接关闭网页跳出我们的网站。

1. 询盘表单的填写事项尽可能少一些

大部分给我们发询盘表单的客户都是我们第一次接触的客户，在之前的工作中他们并没有和我们产生过联系。正是因为没有接触过，所以让一个陌生人填写很多非必要的表单内容，很容易让客户产生消极性。

也许有人会认为第一次不发询盘表单是因为不熟悉、不信任，老客户或者多次接触过的潜在客户因为购买意愿比较强烈，肯定会发询盘邮件的。既然网站联系页面上有联系邮箱，老客户如果有后续的联系，也就没必要再去联系页面的表单上发这些询盘，直接发联系邮箱就可以了。

如果某些产品或者行业确实需要用到很多的表单待填信息来辅助判断客户需求，那么我们也可以选择用多步骤表单的方式来进行设计。多步骤表单就是将原本一长串的询盘表单设计成多个步骤。假设完整表单是9个待填写项目，那么多步骤表单就可以设计成3个步骤，每个步骤分为3个待填项目。这样不仅不会吓到目标客户，还可以从容地收集到需要的表单信息。

2. 公司联系信息的准确性和专一性

很多时候企业会有自己的独立品牌，但是在品牌形象展示方面会出现一些问题，如模糊了品牌与公司名称之间的界限，导致很多陌生人以为品牌名就是企业的正式名称，从而造成一些不必要的麻烦。例如，有一家外贸公司是做LED显示屏的，它们的品牌叫OXEAZ。公司的注册名称是QIYUAN，之前的网站上不管是About Us页面还是Contact Us页面，都没有说明公司名是QIYUAN，而不是OXEAZ。有个客户通过它们的网站发现了一些感兴趣的产品并发送了询盘。彼此聊得都非常愉快，项目的事情也基本敲定下来，结果到PI环节，客户发现PI上写的是QIYUAN而不是OXEAZ，担心有问题，最后公司花了很多精力去解释品牌名和公司名之间的关系，才有惊无险地拿下了第一个合作订单。

为了更好地说明网站联系页面的设计思路和相关注意事项，这里依然选用Elementor提供的房地产案例模板说明，效果如图5.133所示。

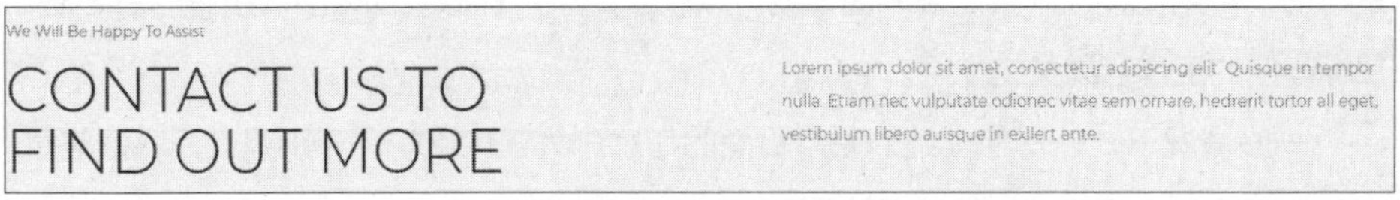

图5.133　网站模板Contact Us页面效果预览（局部）

（1）图5.133中的主体内容分为左、右两个区域，左边是两个不同的标题文字，右边是简单的详情说明文字。添加并设置完文字后将整个一行两列的大内容块的背景设置为粉红色即可。

首先我们新建一个一行两列的大的待编辑内容块，设置该版块的"内容宽度"为1400px，并设置"最小高度"为600px，然后在"样式"中设置"背景颜色"为#FFF7F1。对于标题"We Will Be Happy To Assist"，设置其"HTML标签"为H3，"文本颜色"为#848484，并在"样式"的"排版"功能中设置字体为Montserrat，"尺寸"为15px，"重量"为400，主要参数如图5.134所示。

对于标题"CONTACT US TO FIND OUT MORE"，设置"HTML标签"为H1（注意，为了使前端设计效果更加好看，案例模板中在TO和FIND中间插入了一个HTML标签
，即换行。在操作Elementor的文本编辑元素时，可以尝试用一些简单的HTML标签来实现自己想要的效果），"文本颜色"为#011640，然后在"样式"的"排版"功能中设置字体为Montserrat，"尺寸"为60px，"重量"为300，如图5.135所示。

图5.134 设置内容宽度及第一个标题

图5.135 设置第二个标题

（2）设计案例模板中的企业联系信息版块，效果如图5.136所示。

图5.136 网站模板Contact Us页面效果预览（局部）

从结构布局来看，这部分内容分为上、下两个区域：上半部分是两个文字标题，下半部分是一行四列的相关联系信息。对此我们首先需要新建一个大的一行一列的内容块，然后逐个往里面添加上述内容，并设置内容宽度为1400px，背景颜色无须设置，默认白色即可。

然后拖动Elementor编辑器的"内部区段"功能元素到刚创建的大内容块中，并删除一个多余区段，使其变成一个一行一列的小内容块。设置其"内容宽度"为650px，在"高级设置"中将外距的顶部参数设置为10%，如图5.137所示。

图5.137 设置待编辑内容块

对于标题"Call To Find Your Luxury Home",将"HTML标签"设置为H3,标题对齐方式为居中。在"样式"功能中设置"文本颜色"的参数为#848484,在"排版"功能中设置字体为Montserrat,"尺寸"为15px,"重量"为400,如图5.138所示。

图5.138 设置第一个标题

对于标题"Contact Us ... To You ASAP",将"HTML标签"设置为H2,标题对齐方式为居中。在"样式"功能中设置"文本颜色"参数为#011640,在"排版"功能中设置字体为Montserrat,"尺寸"为30px,"重量"为300,如图5.139所示,并设置行高为1.2em。

图5.139 设置第二个标题

(3)设计一行四列的联系信息。首先需要拖动Elementor编辑器的"内部区段"功能元素到刚才做好的内容下方,因为默认情况下"内部区段"只有两个小内容块,所以我们需要再复制两个小内容块,然后设置整个一行四列内容块的宽度为1400px,并在"高级设置"中设置其外距的顶部参数为100px。

在第一个小内容块中,我们插入Elementor编辑器的"标题"功能元素,输入标题文字"Phone",设置"HTML标签"为H3,然后在"样式"功能中设置"文本颜色"

为#011640，在"排版"功能中设置字体为Montserrat，"尺寸"为20px，"重量"为500，如图5.140所示。

图5.140　设置标题信息

接着拖动Elementor编辑器中的"文本编辑器"功能元素到标题"Phone"的下方。注意，只有出现蓝色占位符时才能释放鼠标，否则就会添加失败。在输入电话号码之后，在"样式"功能中设置"文本颜色"为#848484，文本对齐方式为左对齐，在"排版"功能中设置字体为Montserrat，"尺寸"为16px，"重量"为300，如图5.141所示。

图5.141　输入电话号码并设置

添加完一行四列的内容块第一个项目后，我们将鼠标指针移动到该小内容块的左上角，当出现一个小黑块并显示"编辑栏"文字的时候右击，在弹出的快捷菜单中找到"copy"选项，中文状态下有"复制"二字。在中文状态下我们选择"复制"命令，然后在该一行四列的其余三个空白内容块中右击，在快捷菜单中选择"粘贴"命令，完成之后将相关文字修改成案例模板中的内容即可。

（4）添加表单与谷歌地图。首先我们新建一个大的一行两列的待编辑内容块，调整左右区块内容占位比例并将其"内容宽度"设置成1400px。然后将Elementor编辑器的"内部区段"功能元素拖动到刚创建的大的内容块的左边,删除其中一个多余的内部区段,将其"高度"设置成"最小高度",并设置参数为560px。接着在"高级设置"中设置外距的顶部参数为100px,底部参数为200px,如图5.142所示。

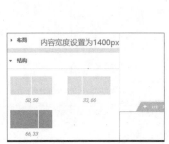 

图5.142　新建小内容块并设置高度及外距参数

设置标题"Write Us and we'll get back to you"的"HTML标签"为H3,并在"样式"功能中设置"文本颜色"参数为#011640,在"排版"功能中设置字体为Montserrat,"尺寸"为20px,"重量"为500。

(5)添加Contact Us页面比较重要的询盘联系表单。首先将Elementor编辑器的"Form"功能元素拖动到刚才完成的标题内容后面,在表单的内容中找到"Form Fields",新增5个项目内容,如图5.143所示。5个项目分别为First Name、Last Name、Phone、Email和Your Message。需要注意的是,在新增项目的时候,要设置项目的类型"Type"为Text,电话选择Tel,邮箱选择Email,留言选择Textarea。

图5.143　设置表单项目

在案例模板中,表单有些项目的行有两个待填内容,有些是一行一个待填内容。这个设置是在图5.143右边底部的"Column Width"中进行选择。将这5个项目的Label内容全部删除，只需要留下Placeholder中的占位符文字即可。

在"Buttons"中，我们设置"SIZE"为"small"，"column width"为default，对齐方式为右对齐。如果没有设置邮箱，系统就会将客户的询盘邮件发送到你注册WordPress账号时留下的邮箱中。所以，如果你想将客户的询盘邮件发送到以网站域名为后缀的企业邮箱中，就需要在"Email"的"To"文本框中输入邮箱账号。

询盘表单的内容设置完成之后，我们就要在"样式"中进行相关的参数配置了。首先设置"Columns Gap"和"Rows Gap"的参数均为25。然后在"Field"中设置"Text Color"为#01164078，字体为Montserrat，"尺寸"为16px，"重量"为默认状态，"Border Width"的4个方向均为1px，"Border Color"的参数为#01164036，如图5.144所示。

图5.144　设置表单项目

完成上述操作后，接下来设置按钮的样式。设置按钮文字的字体为Montserrat，"尺寸"为16px，"重量"为300。然后设置"NORMAL"状态下的背景颜色为#011640，文本颜色为#FFF7F1，如图5.145所示。"HOVER"状态下的背景颜色为#FFD6D6，文本颜色为#011640。接着设置Text Padding的上、右、下、左的参数分别为15px、40px、15px、40px。

图5.145　设置表单按钮

按钮配置好之后，再对Messages的样式进行配置。在其"排版"选项中我们设置字体为Montserrat，"尺寸"为16px，"重量"为300，并将Success Message Color、Error Message Color和Inline Message Color均设置为#011640，如图5.146所示。这样我们就完成了询盘表单的所有设置。

图5.146　设置表单的Message

（6）添加谷歌地图并设置。首先将Elementor编辑器中的谷歌地图功能元素拖动到最开始添加的一行两列的大内容块右边的版块中，就是内容宽度占比只有33%的那个内容区域。然后在"地图"功能元素的"位置"中设置自己的地址（最好是英文地址，中文状态下也能出现地图，但会出现不匹配的现象）。接着将"缩放"层级设置为10，地图的显示"高度"设置为450px，在地图的"样式"中设置"模糊"为0，"亮度"为100，"对比"为100，"饱和度"为0，"色调"为0，并在谷歌地图的"高级设置"中设置"外距"顶部参数为100px，以便和左边的表单垂直对齐，如图5.147所示。最后将案例模板中的示例文字和信息更新通知到邮箱注册版块。

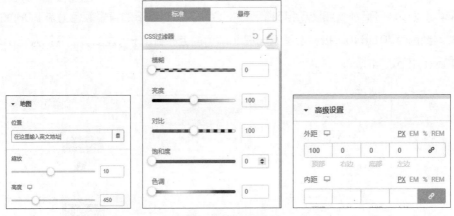

图5.147　设置谷歌地图

5.5 文章聚合页面的搭建注意事项

对于文章聚合页面，我们一般用 News 或者 Blog 进行命名。WordPress 内容管理系统创立的目的是更好地管理博客文章，文章聚合页面就相当于一个网站的博客页面集合点，目标客户可以通过浏览文章聚合页面上文章的特色图片和标题摘要等信息，有选择性地查看对应的博客文章。另外，大部分的外贸独立站获得关键词排名的机会都源自博客文章页面（Post），而不是产品简介页面（Page）。所以，漫无目的地输出内容并不是个好方法，而应让每一位潜在目标客户用尽可能容易的方式找到他们需要的信息，并让潜在目标客户轻松理解博客文章的核心内容。

1. 将内容分类以利于潜在目标客户可持续学习

我们做的外贸独立网站随着时间的推移，会有很多种不同类型的信息呈现模式，有些是文字博客，有些是图片形式，还有一些是视频形式。虽然内容表现形式不一样，但从页面的创建目的来讲，都可以算作博客页面。

这些内容虽然都是从挖掘潜在目标客户的搜索意图的角度出发，但还是会令页面凌乱，让网站访客不知道先从哪一篇读起，所以最好根据客户的搜索意图对原创内容进行分类。

进行分类操作之后，客户就会对网站聚合页面有较为清晰的了解，能够在脑海中留下印象。例如，专门做建站服务的将网站的主体内容分为了网站搭建、速度优化、内容优化、外链建设等几大版块，目标客户可以有选择地对各版块内容进行深入学习。

2. 文章摘要要精练、简洁

在谷歌 SEO 过程中，为了让某个关键词得到更好的排名，我们一般会将原创文章的字数限制在 1500~2000。但是很显然，我们对某些词汇的解释或者定义根本不需要这么长的篇幅，之所以需要这么长的篇幅，完全是为了全面阐述某个概念并在文章中添加其他相关关键词，以增强整篇文章的专业性和相关性。

比如，我们要找包装机械行业的概念词汇"VFFS"，那么谷歌自然搜索排名前几名的 Meta Description 已经给了我们很好的答案。

另外，如果我们的文章摘要足够出色，那么也是可以直接作为该页面的 Meta

Description 的。而 Meta Description 在谷歌搜索结果页面的显示是有字符数限制的，差不多是1.25行的显示宽度。如果想用文章摘要作为 Meta Description，那么文字摘要一定要简洁、精练。

如果某篇原创文章足够出色，再搭配一定的 Schema 结构的数据，则很有可能出现在首页零位，也就是我们常说的谷歌特色片段的位置，它所能吸引到的流量将是非常可观的。

3. 使用卡片的形式在博客聚合页面展现文章

全力输出高质量的原创内容后，网站上的博客页面就会很多，如果不加以区分，可能会导致内容混乱。所以，在使用 Elementor 编辑器的 Posts 功能元素编辑博客聚合页面的时候，采用卡片的形式对页面进行展示，如图5.148所示。

卡片式设计是博客文章直观显示的有效方法，卡片的内容体系可以帮助潜在目标客户轻松识别、回忆和阅读重要信息。首先，卡片的顶端应该是这篇博客文章的特色图片（我们可以自行选择该特色图片是否出现在文章中，以免和文章中的其他图片冲突），它能够给潜在目标客户关于标题的直观感受，让其明白这篇文章是关于哪方面的内容。

图5.148　博客聚合页效果预览

标题可以加粗加黑显示，以便与摘要轻松区别开来。鉴于卡片式博客布局中宽度不会太大，所以标题要精简，要像图5.148那样单词数量在10个以下，用两行内容就能完整地表达整个标题信息。

标题下面的浅色文字是作者、发布日期等信息，这个不是必填项，也可只设置作者信息，因为发布时间也是谷歌 SEO 的一个考核维度，如果因为其他事情而导致很长一段时间没有更新内容，那么目标客户看到最新一篇博客文章还是两年前的内容，大概率是会关闭页面并离开的。

如果可以，建议在每一篇原创文章的卡片格式底部添加社交媒体平台分享按钮。注意，是社交内容分享，不是跳转到社媒平台，这两者是有本质区别的。前者是通过单击按钮分享到目标客户的社交平台账号，后者是通过单击按钮跳转到自己的社交平台账号上。

4．充分考虑移动端的显示效果

绝大部分外贸独立网站的搭建是在PC端进行的，因为PC端的显示屏幕远比移动端的要大，所以外贸建站人员的设计体验都是以PC端效果为主的。但是我们在前文中说过，现在的建站主题大多提供了移动端自适应功能，这就导致了PC端正常显示的文字在移动端就会变得很小。

图5.149所示为Google Search Console的移动端设备易用性检测报告，里面罗列了网站中不适合移动端设备查看的所有页面，不适合的原因大多是文字太小，无法阅读。这个问题在博客聚合页面上往往是博客的摘要问题，摘要的文字本来就比标题文字小，再加上移动端的显示设备宽度有限，就更容易出错了。所以在用Elementor编辑器操作的时候，需要对摘要文字进行适当调整。比较好的办法是切换文字尺寸的单位，将px切换成em、rem或者vw。

图5.149　Google Search Console的移动设备易用性统计报告

下面以房地产案例中的News模板来讲解如何用Elementor编辑器创建一个网站的文章聚合页面，效果如图5.150所示。

图5.150　网站模板News页面效果预览（局部）

图5.150所示的页面分为左、右两部分，左边是两个标题，右边是一个文字描述版块，所以我们先创建一个一行两列的大的待编辑内容块，并设置其"内容宽度"为

1400px，"高度"为最小高度，尺寸为600px，然后到该内容版块的"样式"中设置"背景类型"为经典，"颜色"的参数为#FFF7F1，如图5.151所示。

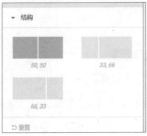

图5.151　设置待编辑内容块

输入标题"Stay Updated"，设置其"HTML标签"为H3，文字对齐方式为左对齐，然后在该标题的"样式"功能中设置"文本颜色"为#848484，在"排版"中设置字体为Montserrat，字体"尺寸"为15px，"重量"为400，如图5.152所示。

图5.152　设置标题内容

在输入标题"News & Updated"的时候，首先需要在News和&中间加一个HTML标签
，这样就能实现文字的换行显示了。然后我们设置其"HTML标签"为H1，文字对齐方式为左对齐，接着在该标题的"样式"功能中设置"文本颜色"为#011640，在"排版"中设置字体为Montserrat，字体"尺寸"为60px，"重量"为300，如图5.153所示。

现在我们对右边的描述性文字进行处理。首先将Elementor中的"文本编辑器"功能元素添加到对应的待编辑内容块，输入相关的描述性文字，在其"样式"功能中设置对齐方式为左对齐，"文本颜色"为#848484，然后在"排版"功能中设置字体为

Montserrat,"尺寸"为16px,"重量"为300,"行高"为2em,如图5.154所示。

图5.153 设置下面的标题内容

图5.154 设置描述性文字部分

添加完第一部分的标题和文字描述之后,我们就要添加Posts版块的内容了,效果如图5.155所示。

图5.155 网站模板News页面效果预览(局部)

这部分内容在前面的案例中有所涉及,首先创建一个一行一列的大的待编辑内容块,设置其"内容宽度"为1400px,然后在"高级设置"中设置其"内距"的顶部和底部均为200px,如图5.156所示。

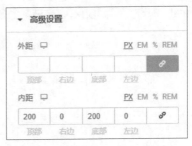

图5.156　设置News聚合展示版块

接着将Elementor编辑器中的专业版功能元素Posts拖动到刚创建的大内容块中。在Posts的"内容"功能中设置"Layout"的"皮肤"类型为Cards，"Columns"为3，"Posts Per Page"为9，"Show Image"为Yes，"Massonry"为OFF，"图像尺寸"为完整的，"Image Ratio"为0.62（注意，这个参数需要根据自己的实际图片大小微调，并非要与案例中的参数一样），"Title"为SHOW，"Title HTML Tag"为H3，"Excerpt"为SHOW，"Excerpt Length"（摘要文字长度）为25（注意：中英文状态下摘要长度会有比较大的差别），然后在"Meta Date"中选择Date，其他选项不用设置，保持默认状态即可，如图5.157所示。

图5.157　设置Posts的参数

"Layout"中的参数设置完成之后，我们就要对"Query"中的参数进行设置了。首先在"Source"下拉列表中选择"文章"，也就是Posts，"Include By"不用设置，这样每次我们发布新的原创内容之后，这个Blog文章聚合页面就会根据内容的新鲜度进行排列，用新内容替换旧内容。然后将"Date"设置为All，"Order By"设置为Date，"Order"设置为DESC，"Ignore Sticky Posts"设置为是，如图5.158所示。

图5.158　设置文章资源调用来源和文章排序规则

在Pagination中我们要选择的是Numbers+Previous/Next，也就是说，我们目前设置的是单页只显示9篇原创文章，但是我们整个网站肯定不止9篇文章，所以就需要设置翻页功能。而Pagination设置的效果就是用数字页码和上一页、下一页按钮进行翻页。

我们在"Posts"功能元素的"样式"中将"Columns Gap"和"Rows Gap"分别设置为50和35，"Card"不用设置（如果是自己的网站，可设置鼠标指针悬停效果）。然后在"Image"中设置"Spacing"的参数为15，在"Content"中设置"Title Color"为#011640，字体为Montserrat，字体"尺寸"为18px，"重量"为400，如图5.159所示。

图5.159　设置行与列的间距等

设置Meta的文字颜色为#011640，"Separator Color"不用设置，然后在"排版"中设置字体为Montserrat，字体"尺寸"为15px，"重量"为300，如图5.160所示。

图5.160　设置Posts的Meta文字颜色和样式

设置"Excerpt"的文字颜色为#848484,"Spacing"为5,在"排版"中设置字体为Montserrat,字体"尺寸"为16px,"重量"为300,如图5.161所示。

图5.161　设置文章摘要的字体颜色和样式

这样我们就完成了文章聚合页面的制作,案例中"Posts"功能元素下方还设置了"Get Updates And Stay Connected-Subscribe To Our Newsletter"等功能版块,也是不错的设置,甚至还可以在页面上添加"最受欢迎的博客文章列表""我猜你可能会对这些内容感兴趣""看了上述博客文章的访客还看了以下这些内容"等版块,以提升访客在我们网页上访问的深度。

第 6 章 外贸独立站的速度优化

06 Chapter

▶ 本章要点

作为谷歌 SEO 非常重要的考评项目，外贸独立站的网页加载速度向来是令建站人员头疼的问题。要做出内容精彩、丰富又拥有出色加载速度的网站，我们需要在很多方面做出细节上的调整。

通过对本章内容的学习，我们能了解以下几点内容。

- 谷歌官方对网站页面加载速度的测评指标和相关概念。
- 一些主流测速工具的使用。
- 测速工具背后所采用的测评方法和测评项目对改进网站速度的指导意义。

6.1 网站速度测评指标

网站速度测评工具首选谷歌官方的 PageSpeed Insights，使用该工具能分析谷歌对网站加载过程中的哪些项目较为关注，以及谷歌会将哪些项目作为评分项目来判断我们的网站。本节以实例分析几款主流的网站页面加载速度测试工具，如 Gtmetrix 和 Fast or slow，两者的测速逻辑仍沿用谷歌的 PageSpeed Insights，但测评结果存在很大差别。我们可以参考多个网页加载测速工具的测评结果，综合评判自己所做的外贸独立站在加载速度方面的表现。

1. 选择更好的服务器

绝大部分人在做网站时选用的是共享虚拟主机，主要是出于费用方面的考虑，而且一般情况下，共享虚拟主机只要不超售（一般来说，某个服务器前期的性能都很好，但超售后性能有可能降低），其性能足够支持一个小的企业网站的加载速度。

一般情况下，可以选择 SiteGround 的服务器，网站加载速度一般能控制在 1.5 秒之内，用户可以根据自己的需求选择更好的服务器。

2. 使用内容分发式网络

内容分发式网络（Content Delivery Net Work，CDN）是指由分布在各个地理位置的 Web 服务器，向用户提供相关的 Web 内容。市面上的 CDN 服务商有很多，如 Cloudflare、StackPath、NitroPack、KeyCDN 等。这些 CDN 服务商的技术特点和服务范围各有特色，很难说哪个最好，哪个最差，选择最适合自己的就是最好的。其中的 Cloudflare 不但提供免费的 CDN 服务，还提供免费的 SSL 安全证书。其他的服务商如 NitroPack 也提供免费套餐，只不过一些服务会有所限制，但依然不能掩盖其出色的表现。

3. 优化网站上的图片

图片的格式有很多种类，如 jpg、jpeg、jpeg2000、tif、gif、png、webp 等，感观上没有什么区别，但是在优化过程中就有比较大的区别了。

目前来说，WordPress 中运用得最广泛的图片格式还是 jpg，但是谷歌测速报告中往往会让我们采用新一代的图片格式,如jpeg2000,所以在用Photoshop处理图片的时候要注意图片文件的保存格式。其中,webp格式的图片在无损压缩环境下,能够比jpg等图片格式具备更高的压缩比例,也就是说,在肉眼观察图片无差异的情况下,webp格式的图片所占内存更小,更有利于访客在请求页面加载时提升页面加载速度。

4. 尽可能地减少网站插件

WordPress的整体生态圈发展到现在,与庞大的功能插件市场有很大关系。很多建站人员并不一定具备专业的建站代码知识,但是通过WordPress的功能插件就能实现一些特殊的自定义建站需求。但问题在于,这些插件安装得越多,越容易拖延网页的正常加载速度。

一般情况下,在做外贸独立站时安装4个插件即可,分别是Elementor、Elementor Pro、WP-Rocket、Yoast SEO。前两个是网站的内容编辑插件,可以实现绝大部分的前端页面设计效果和相关功能,第三个是速度优化插件,第四个是谷歌SEO插件。如果还有其他方面的功能需要,建议用代码搞定,不要为了满足一点小需求就增加插件的数量。

5. 尽量减少CSS和JavaScript文件的数量

在CSS也就是层叠样式表中有三种表达形式,分别是嵌入式样式表、内联式样式表和外部样式表。嵌入式样式表的代码一般为<p style="font-size:20px";>,内联式样式表的代码如图6.1所示(内联式样式表一般出现在网页的<head></head>代码中)。

```
<style type="text/css">
Span{color:red;}
</style>
```

图6.1 内联式样式表代码示例

而外部样式表一般以外部文件的形式独立存在,在网页的代码中,它的代码一般为<link href="base.css" rel="stylesheet" type="text/css" />。

如果我们的网站中包含大量的JavaScript和CSS文件,那么当目标客户访问特定文件时,该页面就会产生大量的http资源请求。访客的浏览器将逐一处理这些资源请求,从而导致网站的加载速度降低。如果我们减少JavaScript和CSS文件的数量,在一定程度上将会提升网站的加载速度。

6. 利用网站缓存提升网页加载速度

利用网站缓存来提升网页加载速度，本质上和我们本地计算机缓存的工作机制有点类似。当访客试图访问我们的某个网站页面的时候，他们的浏览器就会向我们的服务器发送一个对应页面的数据请求，我们的网站服务器接收到这个数据请求之后就会将相关的内容从数据库中提取出来，然后打包发送给该访客的浏览器。

当有很多人都想访问我们网站的某个页面的时候，我们的服务器就知道了这个页面的内容比较受欢迎，那么它就会把这个页面的数据包事先准备好，当有其他的访客想再次访问这个页面的时候，服务器就不再从数据库调取资源，而是直接将事先准备好的数据包发送给该访客。这样就省略了多次从数据库调用内容的过程，节省了时间，从而提升了网页的加载速度。

不同的服务器能够提供的缓存空间和缓存能力是有非常大的区别的，而且网站本身的构建系统也会对网站缓存的形成造成很大的影响，这也就是为什么相同的网站前端页面，在使用不同的网站框架的情况下，网页的加载速度会有比较大的差别。

7. 启用 Gzip 压缩模式

Gzip 是 GNUzip 的缩写，最早用于 UNIX 系统的文件压缩。HTTP 上的 Gzip 编码是一种用来改进 Web 应用程序性能的技术，Web 服务器和客户端（浏览器）必须共同支持 Gzip。目前主流的浏览器如 Chrome、firefox、IE 等都支持该协议，常见的服务器如 Apache、Nginx、IIS 同样支持 Gzip。

比方说一个字符串（String）的内容是"aaa1bbb2ccc3ddd4eee5"，我们可以很容易发现，这个字符串的组成规律是小写英文字母和阿拉伯数字交替排列，每三个相同的小写英文字母后面跟着一个阿拉伯数字，总共有 5 组。

在开启了 Gzip 压缩模式之后，其算法就会将这个字符串内容缩略成 3s1n*5（"3s"代表 3 个小写英文字母 String，"1n"代表 1 个 Number，"*5"代表循环 5 次），那么我们就将原始数据字符串的 20 个字节压缩成了 6 个字节。

上面这样的数据压缩模式只是一个形象的表示，真实环境中的 Gzip 压缩算法当然不会这么简单。

开启 Gzip 压缩的方法有很多种，如在自己的 WordPress 网站根目录文件夹中找到 .htaccess 文件，然后添加相关的代码或者直接安装一个 WordPress 插件解决，如 W3 Total Cache。如果想查看自己的 WordPress 网站是否已经开启了 Gzip 压缩功能，可以使用站长工具中的 Gzip 检测工具进行查看。

8. 对网站的数据库进行优化

WordPress网站在运行一段时间之后会出现各种各样的垃圾数据，如文章的多个修订版本、网站页面的多次修改数据，以及将垃圾评论扔到垃圾箱之后并没有完全删除而留下的痕迹。如果不及时清理这些没用的数据，就会慢慢影响整个网站的运行性能。

从广义角度来说，WordPress的数据库优化工作包含两个方面，一个是删除数据库中的垃圾数据，另一个是调整数据库的结构使其优化。在对数据库"动手"之前要先备份，否则误删数据后很难找回。其中，比较重要的几个数据库表是wp_options、wp_posts、wp-postmeta和wp_commentmeta。

针对这几个数据库表的操作，要么删除其中的冗余内容，要么添加相关的数据库优化插件进行清理，如WP Cleaner。

WordPress数据库表优化的原理不涉及数据的删除，只是将数据库表的状态调整好。在使用PhpMyAdmin的时候，我们可能会看到数据库表后面有多余的××MB字样，这指的是那些已经分配给当前表但是当前表没有使用的空间。这个"多余"是没有坏处的，它不会占用我们的空间。当删除一个表的一部分记录时，这些记录仍然保持在一个linked list中，当插入新数据时，会再次使用这些老记录的位置。所以删除记录会闲置一些空间，从而造成"多余"。所以我们只需要在PhpMyAdmin中手动优化或者修复表即可。

6.2 谷歌测速工具 PageSpeed Insights

如何界定网站页面的加载速度是快还是慢呢？为了让网站搭建人员更加全面、直观地了解自己网站页面的加载速度，谷歌专门开发了一个速度测试工具——Google PageSpeed Insights，如图6.2所示。

图6.2 Google PageSpeed Insights 首页

我们将需要测试的网站页面地址输入图6.2所示的文本框中，然后单击"分析"按钮即可。如某网站的测速结果如图6.3和图6.4所示。

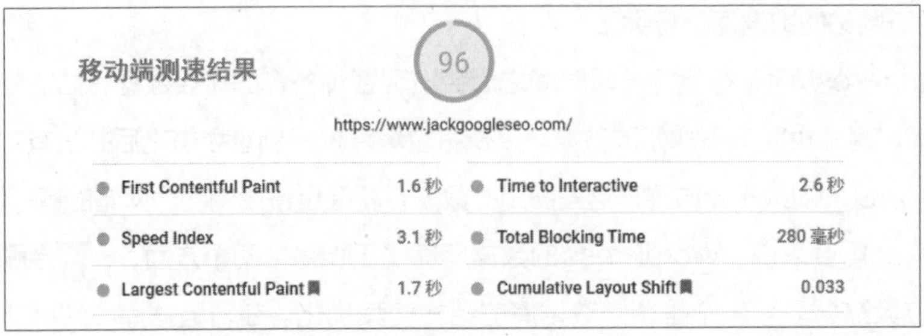

图6.3　移动端速度测试结果

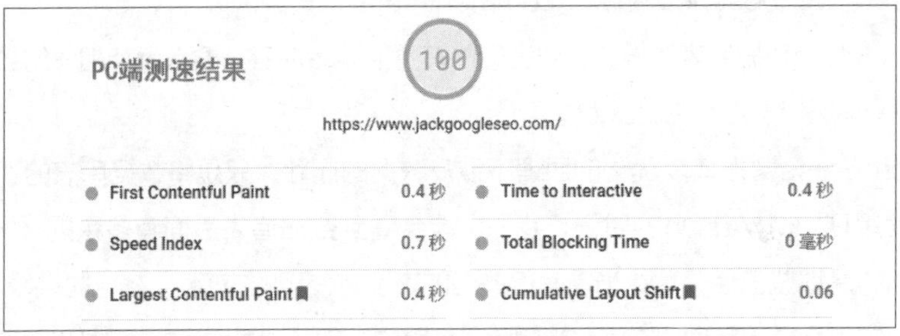

图6.4　PC端网页加载速度测试结果

上面两个测试数据并不能真正代表客户在现实环境中打开网站页面的真实速度，仅仅是实验室得出的估值。为了更好地了解谷歌官方测速工具PageSpeed Insights的相关测速指标和对应问题的解决方案，我们对其进行全面系统的讲解。

PageSpeed Insights的测试报告结果分三个版块，分别是速度得分（图6.3和图6.4底部的6个小项目）、优化程度得分（图6.3和图6.4中的96分和100分）和优化建议。

从某种程度上来讲，速度得分比优化程度得分还要重要，因为它直观地反映了现阶段网站页面的6大速度评分指标，其中最重要的就是首次内容渲染时间（First Contentful Paint，FCP）。PageSpeed Insights会将FCP的中间值与Chrome用户体验报告监控的所有网页的数据进行比较，然后根据每项指标在分布图中所处的位置为其制定一个类型：快、中等或者慢。

影响PageSpeed Insights测试报告中速度得分的主要有6个指标，具体如下。

1. First Contentful Paint

First Contentful Paint标记了渲染出首个文本或首张图片的时间。简单点说就是，客户在浏览器上输入某个网址并对该页面内容发出加载请求，对方服务器接收到内容加载请求后返回数据包，数据包到了客户浏览器上就开始解析，首先执行的是DOM树的内容，也就是我们在屏幕上看到的第一个文字或者图片。从传统意义上来说，我们看到页面上有内容了就表示该网页被打开了，中间等待的时间我们往往很直观地认为是网页加载时间，但这不是严格意义上的网页加载时间。

影响FCP测试结果的一个最重要的指标就是字体加载时间，所以我们在优化网站页面加载速度的时候需要确保文本在WebFont加载期间保持可见状态，以加快字体的加载速度。

2. Speed Index

Speed Index（速度索引）用于衡量页面加载过程中内容可视化显示的速度。Lighthouse首先捕获浏览器中加载页面的视频，然后计算帧与帧之间的视觉进度，接着使用Speedline Node.js模块生成Speed Index得分。

速度指数是基于视觉内容（如图像和视频）何时在视口中呈现的测量，评估每个时间点页面的视觉完成百分比。它是通过查看页面渲染的幻灯片视图，逐帧进行分析并查找调色板中的变化来实现的。速度指数更多的是对速度的度量，而不是对时间的度量，并且提供了呈现网页内容的速度的综合评分。因此，速度指数是一种非常实用的指标，可用于比较不同页面的体验并在用户感知时跟踪它们的性能。

3. Largest Contentful Paint

Largest Contentful Paint（LCP）指的是首屏最大内容版块的渲染时间，它是一个核心的网站性能指标，用于测量显示器首屏中最大的内容元素何时可见。导致LCP差的常见原因是服务器响应时间长。

一个网页上的内容各有各的格式，在加载过程中它们通常是分阶段加载的，所以导致了Largest Contentful Paint元素可能会发生变化。为了处理这种潜在的变化，浏览器在绘制第一帧后立即派出一个performanceEntry类型，Largest Contentful Paint将该类型标识为最大的内容元素。但是，在渲染后续帧内容之后，它将performanceEntry在最大的内容元素发生更改的时候再次调度另外一个帧。

例如，在具有文本和图像的页面上，浏览器最初可能只是渲染文本，此时，浏览器将调度一个Largest Contentful Paint条目，该条目的Element属性可能引用<p>或<h1>。一旦图片加载完成，Largest Contentful Paint便会分派第二个条目，并且其Element属性将引用<img>。

注意，一个元素一旦在页面上呈现并对用户可见，就只能被认为是最大的内容元素。尚未加载的图像则不被视为"已渲染"。在字体块加载期间，文本节点也不使用Web字体。在这种情况下，较小的元素可能会报告为最大的内容元素，但是较大的元素一旦完成渲染，就会通过另一个PerformanceEntry对象进行报告。

除了延迟加载图像和字体外，页面可能会在新内容可用时向DOM添加新元素。如果这些新元素中的任何一个大于先前最大的有争议元素，那么PerformanceEntry还将报告一个新元素。

如果当前认为的最大内容元素从视口中删除（甚至从DOM中删除），除非呈现较大的元素，否则它将仍然是最大内容元素。

4. Time to Interactive

Time to Interactive（TTI，互动时间或称可交互时间）指的是网页需要多长时间才能提供网站的交互功能，它是衡量负载相应能力的重要实验室指标。它有助于确定页面看起来是交互式但实际上并不是交互式的情况，快速的TTI互动数据有助于确保页面的可用性。TTI的度量标准是从页面开始加载到页面主要子资源加载之间的时间，它能够快速可靠地响应用户输入的内容和信息。

要想提高TTI，我们可以对以下内容进行优化。

（1）缩小JavaScript文件。

（2）预先连接到所需的原点。

（3）预先加载关键请求。

（4）减少第三方代码的影响。

（5）最小化关键请求深度。

（6）减少JavaScript的执行时间。

（7）最小化主线程工作。

（8）保持较低的请求数量和较小的传输量。

5. Total Blocking Time

Total Blocking Time（TBT）是指首次内容渲染（FCP）和可交互时间之间的所有时间段的总和，该数值以毫秒表示。TBT衡量的是阻止页面响应用户输入（如单击、屏幕敲击或键盘按压）的总时间。通过将FCP和TTI之间的所有长任务的阻塞部分加到Interactive中，可以计算出总和。任何执行时间超过50毫秒的任务都是一项长任务，50毫秒之后的时间是阻塞部分。例如，如果Lighthouse检测到70毫秒长的任务，则阻止部分将为20毫秒。

TBT是TTI的一个辅助衡量指标，它有助于量化衡量页面在变为可靠交互之前的非交互程度。如果主线程至少有5秒钟没有执行长任务，则TTI判定页面为"可靠的交互"。

6. Cumulative Layout Shift

Cumulative Layout Shift（CLS，累积布局偏移），谷歌现在对这个指标比较看重，因为它直接和客户的页面体验度相关联，而页面体验度在2021年8月升级到了主核心算法里面一个重要考评的维度。

那么什么是累积布局偏移？当我们在打开某个网页进行浏览的时候，原本出现在顶部的一行文字突然被排挤到下面去了，在原来顶部显示文字的地方可能被其他内容所占据。这种页面内容的意外移动通常是由于异步加载资源或者DOM元素动态添加到现有内容页面的上方而发生的。而造成这种情况的"罪魁祸首"往往是尺寸未知的图像或者是视频，呈现比其后备更大或者更小的字体，或者是动态调整自身大小的第三方广告或者小部件。

CLS会测量在页面的生命周期中版式发生意外位移的所有布局位移分数的总和。对于CLS，可用相关的手段去改善这个速度测评项目的分值，以下是一些用来避免布局意外移动的指导优化原则。

（1）务必在图片和视频元素上添加size属性，否则使用CSS宽高比来保留所需的空间。这种方法能够确保在加载图像的时候，浏览器可以在文档中分配正确的空间量。

（2）除非是相应用户交互，否则不要在现有内容上方插入内容，这样可以预期任何版式的移动位置。

6.3 主流网页加载速度测试工具

除了谷歌官方指定的网站页面加载速度测试工具PageSpeed Insights之外，市面上还有很多网站页面加载速度测试工具，如我们经常使用的GTmetrix、Pingdom、Fast or Slow和WEBPAGETEST。每个测速工具的检测机制都有所区别，因此最终的检测结果也和我们利用PageSpeed Insights得到的结果有所差别。

6.3.1 GTmetrix

GTmetrix的性能得分使用Google Lighthouse生成，但是和其他网页速度测试工具相比，有时候会存在较大的差异。这些差异可能是因为Lighthouse的实施、测试方法和测试位置的不同，如谷歌的PageSpeed Insights使用了Project Lantern。

Project Lantern 是一种算法，最初会尽可能快地加载页面，然后应用称为模拟节流的方法，这实质上模拟了在给定的 CPU/网络条件下实际的页面加载量。对于 Google 而言，这是一种有效的模型，并且在大多数情况下，它可以提供代表性的数据，同时可以加快测试执行速度。但是，在某些情况下，它可能无法准确地反映实际情况。

Project Lantern 模拟了某些网络条件下页面的加载行为，并且有可能导致性能得分上呈现显著差异。图6.5所示为不同测速工具之间生成 Lighthouse 报告的区别。

图6.5　不同测速工具的 Lighthouse 报告

从图中我们可以看到，这四个主流的网站测速工具在测试网页加载速度时所采用的测试方法和测试条件有很大区别。GTmetrix 和 WEBPAGETEST 的测试环境较为接近，而 web.dev 和 PageSpeed Insights 的测试环境较为接近。不过，谷歌算法经常变动，这也会导致上述多种测速工具有不同测速结果。

1. 为 WordPress 安装并激活 GTmetrix 插件

GTmetrix 不仅给我们免费测试的机会，还给我们提供了对应的网页速度优化方案，步骤如下。

（1）在WordPress后台的菜单栏中找到"插件"，并选择"安装插件"，然后在页面右上角的搜索框中输入关键词"gtmetrix"。找到对应的插件后单击"立即安装"按钮，如图6.6所示，安装完毕之后单击"启用"按钮即可。

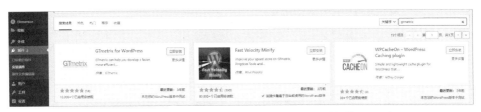

图6.6　为WordPress网站安装GTmetrix测速插件

（2）回到GTmetrix的官网，单击首页右上角的"Sign UP"按钮，在打开的界面中完成个人账号的注册，如图6.7所示。

图6.7　GTmetrix的账号注册界面

（3）账号创建完成后，GTmetrix会发送一份验证邮件到我们注册时使用的邮箱中，我们需要去邮箱中验证激活，激活之后会自动跳转到我们的GTmetrix账号页面，如图6.8所示。

图6.8　生成GTmetrix的账号API

（4）单击"Generate API Key"按钮，系统会生成如图6.9所示的这样一组字符串。

（5）将这个API字符串复制到刚安装的GTmetrix插件中，如图6.10所示。

图6.9　GTmetrix生成的API Key　　　图6.10　将GTmetrix API Key复制到对应位置

2. 安装并激活WP Smush和WP Fastest Cache

WP Smush是一款图像压缩和优化插件，如果已经利用TingPNG等工具将图片压缩和优化过，那么这里就不要再用WP Smush插件对图片进行压缩了，否则会出现图片失真的情况。

WP Smush插件的安装和激活非常简单，安装完成之后需要对WP Smush这款插件进行配置。

WP Fastest Cache是一款WordPress缓存插件，在WordPress网站缓存优化方面表现得非常优秀。安装完成之后单击WP Fastest Cache的"setting"按钮即可进入设置页面，如图6.11所示。

很多WordPress插件并没有中文的设置界面，而WP Fastest Cache提供了中文版的设置界面，用户可以更好地发挥插件的作用。

（1）"缓存系统"：选中"启用"复选框。

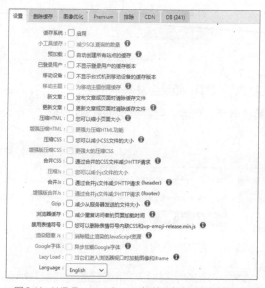

图6.11　WP Fastest Cache插件的相关功能设置界面

（2）"预加载"：选中。选中之后会跳出如图6.12所示的弹窗。建议选中弹窗中的全部复选框，然后单击底部的"ok"按钮提交。

图6.12　WP Fastest Cache的弹窗选项

（3）"已登录用户"：选中。这样登录的用户（一般是指网站后台管理员）看到的就是最新的页面内容，而不是缓存的网页，缓存的网页内容可能和最新页面内容不一致。

（4）"新文章"和"更新文章"：都选中。这样一些写到一半或者被多次修改保存的半成品文章就会被当成垃圾清除掉，以减少资源占用。

（5）"压缩HTML"：选中。它能缩小页面的大小和代码量。

（6）"压缩CSS"：选中。它可以缩小CSS文件的大小。

（7）"合并CSS"与"合并JS"：均选中。这样能够减少http请求次数，从而节省页面加载时间。

（8）"Gzip"：选中。它能够减少从服务器发送的文件大小。

（9）"浏览器缓存"：选中。它能够减少重复访问者的页面加载时间。

（10）"禁用表情符号"：选中。它能够减少表情符号的加载时间（这个时间通常占用的还比较多）。

上述这些内容在选中完毕之后，单击底部的"Submit"按钮提交，然后等待WP Fastest Cache插件执行即可。但是要注意，压缩CSS和JavaScript文件，指的是通过脚本来删除无关的数据，如注释内容、格式、空格以及计算机不需要读取的其他内容。合并CSS和JavaScript文件指的是将多个脚本合并到一个脚本文件中。

这些操作涉及代码的修改，有时候会造成代码错误，因为再强大的插件也不可能智能化对每一个代码都做到百分之百的识别和优化处理。所以，当我们选择了压缩与合并CSS和JS文件之后，第一件要做的事情就是到网站上查看每一个页面，看看有没有发生加载错误的情况。如果有，就禁用压缩与合并功能。

6.3.2 WebPageTest

WebPageTest的首页如图6.13所示。

图6.13　WebPageTest的官网

WebPageTest提供了4种测试模式，分别是Advanced Testing（高级测试）、Simple Testing（普通测试）、Visual Comparison（视觉比较）和Traceroute（跟踪路线）。

1. Simple Testing

在Simple Testing测试模式中，在地址栏输入对应的待检测网址之后，我们需要在"Test Configuration"（测试配置）下拉列表中选择不同的网络环境。第一个是Mobile-Fast 3G，它的执行标准就是1.6 Mb/s下载，768 Kb/s上传，150ms延迟；第二个是Mobile-Regular 3G，它的执行标准是1.6 Mb/s下载，768 Kb/s上传，300ms延迟；第三个是Mobile-Slow 3G，它的具体执行标准是400 Kb/s下载，400 Kb/s上传，400ms延迟；第四个是Mobile-4G，它的执行标准是9 Mb/s下载，9 Mb/s上传，170ms延迟；第五个是Desktop，它的执行标准是5 Mb/s下载，5 Mb/s上传，28ms延迟，如图6.14所示。

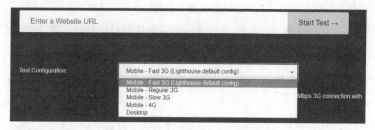

图6.14　选择WebPageTest的测试环境

以上测试的移动设备是Motorola G4，并且所有测试都是使用默认的Chrome浏览器进行的。桌面设备是运行Chrome的虚拟机（VM）。WebPageTest在首次加载待测试的网页URL的时候，浏览器会执行所谓的"Cold Cache"（冷缓存），就是说它必须下载所有的网页资源，如果我们选中了操作界面上的"Include Repeat View"复选框，那么测试将运行两次，在第二次测试之前浏览器将关闭后重新开启。由于有第一次的全部资源加载，第二次测试的过程中浏览器上已经存在部分资源的缓存，因此这部分资源将不需要重复加载，这样便可以提升网页加载速度的得分。

最后一个"Run Lighthouse Audit"（运行灯塔审核），指的是该待测试网页除了运行WebPageTest的测试审核之外，还将使用Lighthouse完成单独的审核。这个单独的审核是以Fast 3G作为连接测试线路的，此次单独测试将在Motorola G4上仿真运行，如图6.15所示。

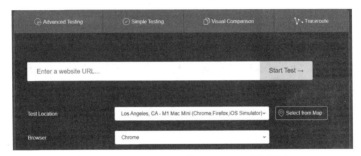

图6.15　WebPageTest的Lighthouse测试界面

2. Advanced Testing

在Advanced Testing测试模式中，我们有更多自由选择和配置的机会，如Test Location，WebPageTest提供了全球37个测试节点，基本能覆盖我们客户的主要聚集地。

此外，我们在Advanced Testing中还能自定义浏览器的类型，不仅仅是PC端，手机端的测试设备我们也可以自由选择。

此外，我们还可以在Advanced Testing中单击"Advanced Settings"按钮，在出现的列表中对Test settings、Advanced、Chromium、Script、Block、SPOF、Custom等项目进行配置。

例如，对某一网站首页进行测试，所有参数都保持默认设置，耐心等待之后就会出现如图6.16所示的结果。

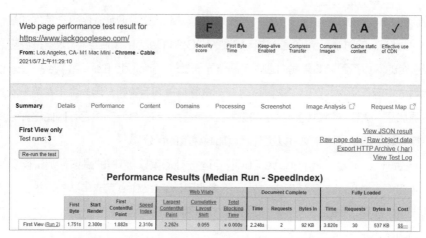

图6.16　WebPageTest给出的网站页面加载速度测试报告

除了Security score之外，图6.16中的几个评分指标都是A，其实这个网页的加载速度并不是非常理想。First Byte需要消耗1.751秒，Start Render需要2.3秒，Largest Contentful Paint需要2.262秒，相当于客户要等2秒多的时间才能感觉到网站已经被打开了（视觉感官和实际加载之间存在差异），而Fully Loaded Time居然需要3.82秒，但是具体的Requests请求项目并不是很多，这说明该网站首页还有比较大的速度优化空间。

3. Visual Comparison

Visual Comparison指的是多个网页之间的加载速度的比较。图6.17中的Label文本框可以不填，仅在两个URL文本框中分别填入不同的页面地址即可。这个模式可以让我们直观地比较每个站点的加载速度和渲染过程。

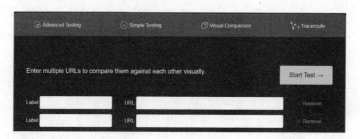

图6.17　WebPageTest的Visual Comparison界面

如果向下滚动页面，我们还可以比较瀑布流视图。此外我们还将看到6个图形，这些图形的信息为从"Visual Progress"一直到每个页面加载的"Total Bytes"，如图6.18所示。

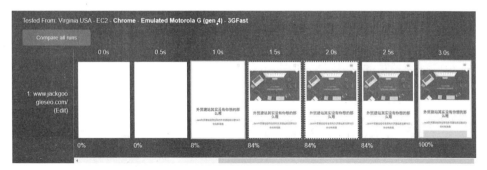

图6.18　WebPageTest对网站页面加载内容的瀑布流视图时间数据报告

6.3.3　FAST OR SLOW

打开FAST OR SLOW官网，如图6.19所示，在地址栏中输入我们网站页面的URL，然后单击"PROFILE"按钮即可。注意，FAST OR SLOW默认启用的是HTTPS。

图6.19　FAST OR SLOW的官网首页

接下来以某网站首页作为案例进行测试，如图6.20所示。

图6.20　案例网站在FAST OR SLOW上的速度测试结果

因为FAST OR SLOW的运行机制沿用谷歌的Lighthouse，所以这里的Performance Score（性能得分）的考评项目和谷歌的Lighthouse完全一样，依然是FCP、LCP、TBT、SI、TTI和CLS这六大项目。评分值越高，说明网页的速度优化工作做得越好。

在 Performance Overview 中，FAST OR SLOW 罗列了 6 个性能指标。每个指标都给出了最低值、平均值和最高值，以便我们对自己的网站性能有更加全面的了解，如图 6.21 所示。

图 6.21　FAST OR SLOW 的测试结果

1. 测速结果分析

（1）First Byte 指从开始解析到第一个字节通过 HTTP 或者 HTTPS 到达访客浏览器所花费的时间。第一个字节的计时取决于网络延迟和服务器的响应时间。考虑到 WordPress 这种 CMS 内容管理系统需要响应 Header 信息和网页代码中 <body> 部分的内容，所以它所需要花费的时间比那些不需要大量计算、数据库连接及其他后端 PHP 处理的静态页面或者换成页面要多一些。

要提升第一字节的测试结果，我们就需要提高网络的可用性和 Web 服务器的性能。简单来说就是服务器的配置要好一些，Apache 或者 Nginx 的相关配置需要进行更改。需要注意的是，不同的测速工具对第一字节的测试标准存在差异。有些只计算从 HTTP 请求结束到收到想要的第一个字节的持续时间，忽略了 DNS 查找、重定向和网络延迟。

（2）Round-Trip Time（RTT）就是我们常说的网络延迟，它被用来衡量通过网络到达目的地所需的时间与该请求的确认返回所需的时间之和。

RTT 是网站页面加载时间的一个重要指标，因为浏览器在收到目标网址所在的服务器响应之前无法进行解析内容的动作。

影响 RTT 的因素包括页面访问者和目标网址所在服务器之间的物理距离、服务器的带宽和内容加载请求所需要通过的中间节点数。FAST OR SLOW 在加载页面的时候测量请求发送到每个主机的 RTT，在 Performance 中显示平均值。如果想查看更详细的数据，需要到它的 Audits 版块中查找。

（3）Transfer Size 指的是访客想看到的某个目标页面上所有内容的文件数据大小，包括但不限于文字、图片、图标、视频、音频等文件内容。页面内容大小是服务器接收到信息加载请求后将目标网页所有内容数据打包后的文件大小（这也是网站开启 Gzip 压缩很重要的一个原因）。

Requests是衡量加载某个目标页面时发出的所有网络资源请求的总和，包括对图像、CSS、JavaScript及独立于主页的文件所包含的所有其他资源的请求。这在自己的网站上就能看到，在某个要测试的页面上右击检查，然后切换到"Network"选项卡，"Network"下面是空白的资源列表项，刷新之后这个页面就出来内容加载请求了，如图6.22所示。

图6.22　网页内容在本地电脑上查询所有加载资源中的CSS项目文件

图6.22是网站首页中CSS资源的加载请求，也可以选择JS、Media等选项查看具体项目的内容加载请求数量。Network数据左下角还有个Requests参数，它会提示加载该页面总共需要的Requests的数据。但是要注意，自己电脑上的Request的数据往往比FAST OR SLOW等测速工具得出的数值要多一些，因为测速工具不一定会把延迟加载和请求链算进去。

"Network"选项卡右边的"Performance Metric Comparison"（柱状图表）选项卡反映了Redirect（页面重定向）、DNS、First Byte、Meaningful Paint（有效渲染）、CPU Idle和Interactive这6个指标在不同国家测速节点上的不同表现情况。

FAST OR SLOW提供的Audits（在本地电脑上也能测试），也就是审计，是对加载网站的时间、大小和其他方面进行的测试。它可以指示什么时候某事物处于良好状态，或者揭示可能影响性能和可以改进的问题。

FAST OR SLOW提供了缩小CSS文件、缩小JavaScript文件、图片优化、提高缓存效率、网络往返时间、Bootup Time（启动时间）和DOM Size（DOM树内容大小）等方面的报告。

RTT由三个部分决定：链路的传播时间、末端系统的处理时间及路由器的缓存中的排队和处理时间。其中前两项的值作为一个TCP连接相对固定，路由器的缓存中的排队和处理时间会随着整个网络拥塞程度的变化而变化。所以RTT的变化在一定程度上反映了网络拥塞程度的变化。

2. 全球测试节点加载速度反馈

FAST OR SLOW官网提供了一张加载速度的动态图片，它会在网站页面加载速度测试完毕之后在测试结果中显示。这张图比较有意思，它是网站页面加载的信息传输地理显示图，该地图会显示"快速"或"慢速"正在检测我们网站的所有测试节点的位置，托管我们网站内容的服务器位置及这些位置彼此之间的距离。

注意，如果我们的站点使用了CDN，则每个测试节点的位置都可能显示从不同区域加载内容。将鼠标指针悬停在某个位置上会显示从该位置向所有测试站点提供的请求总数，而不是向任何单个测试站点提供的请求总数。单击源位置将显示从每个位置加载的URL。

最后是FAST OR SLOW的每个测试节点的相关数据反馈。以新加坡测试节点为例，Cumulative Layout Shift测试的结果是0.0659，Largest Contentful Paint测试的结果是376.23ms，First Byte的测试结果是62.82ms，Round-Trip Time的测试结果是2.58ms，如图6.23所示。单击右上角的"VIEW DETAIL"按钮，我们还能看到该测试节点更详细的测试数据。

图6.23 新加坡测试节点的统计数据

6.4 网站速度优化操作指南（缓存篇）

本节重点介绍对网站内容缓存进行优化来实现网站页面加载速度的提升。WordPress建站的好处在于能够在插件市场上找到很合适的插件来实现自己的建站需求，而不用受限于自身的专业水平。WP-Rocket、WP Wuper Cache和SG Optimizer这三款插件在处理网站缓存方面都有非常好的表现。如果选择SiteGround服务器，那么推荐使用SG Optimizer，因为配套使用能发挥出"1+1＞2"的速度优化效果。

6.4.1 WP-Rocket

WP-Rocket是一款功能强大的缓存插件,其操作简单,速度提升的效果明显,获得了众多WordPress建站人员的好评。

1. WP-Rocket的功能

我们先来了解一下WP-Rocket的官网上对其功能的描述,以便更好地设置插件的相关参数。

(1)页面缓存。我们知道利用WordPress做的网站会将网页上的内容数据存储在对应的数据库中,当某个访客查看具体的网站页面的时候,网站的服务器就会根据访问需求从各个数据库中将对应的数据调取出来,然后将数据压缩打包后发送到该访客的浏览器。

(2)缓存预加载。缓存预加载和页面缓存有点类似,但本质上有很大的区别。缓存预加载为的是确保访客能够立即获得速度更快的缓存版本的网站。在WP-Rocket插件上,我们可以手动预加载内容,也可以让WP-Rocket自动执行该动作。

如果说页面缓存相当于饭店把做好的菜拿出来用微波炉加热一下,那么缓存预加载就相当于饭店通过日常的营业经验,判断每天大概要卖多少份。除了事先烧好等量的菜之外,也不用等一个客户点一次再临时用微波炉加热一盘,而是直接根据往日销量,在饭点时间段直接用微波炉一次性加热好菜,等客人点菜后就直接端上,这样就更进一步减少了用微波炉加热的时间。

(3)浏览器缓存。浏览器缓存(Browser Caching)是指为了节约网络资源、加速浏览,浏览器在用户本地电脑上对最近请求过的网页内容进行存储。当访客再次请求该页面内容的时候,浏览器可以直接从本地电脑上显示相关的文档内容,从而提升网站页面的加载速度。

很多时候,建站人员和甲方看到的同一个页面为不同的前端展示内容,因为在绝大部分类似WP-Rocket这种缓存插件的参数配置中,都有一个对登录人员不缓存的设置。所以建站人员登录后台编辑时看到的都是最新内容,而甲方没有登录看到的就是未更新的内容,而未更新内容就是因为甲方浏览器上的缓存内容所导致的。

(4)Gzip压缩。Gzip压缩在前文中讲过,这里对相关部分再做个补充。Gzip压缩涉及两个关键点。

①访客的浏览器需要发送一个内容请求头,告诉对应预访问页面服务器,它需要接受压缩版本的文件(Accept-Encoding:Gzip)。

②需要加载的文件在压缩之后,服务器会返回一个头部信息Content-Encoding:Gzip。

如果服务器没有返回Content-Encoding的头部信息,就意味着这个文件是没有压缩的(访客的浏览器可以直接解析)。请求头Accept-Encoding只是浏览器的一个请求,而不是命令。如果服务器不返回压缩文件,浏览器就不得不处理庞大的源文件。

2. WP-Rocket的相关设置

WP-Rocket是一款WordPress插件,要发挥高效的网页加载速度优化性能,需要解决的最大问题就是兼容性问题。这里的"兼容性"主要指的是网站服务器和网站建站主题的兼容。接下来我们讲解一下WP-Rocket的相关配置。

(1)WP-Rocket插件不是免费的,所以在WordPress后台的插件库中找不到它,需要进行购买。WP-Rocket的价格稍高,换算成人民币要好几百元,而且只是1年期的费用。

(2)购买完成之后回到WordPress网站后台,选择"插件"→"安装插件"命令,然后将刚购买的WP-Rocket插件安装上去,如图6.24所示。

图6.24 在WordPress网站后台安装WP-Rocket

(3)安装完成之后单击"启用插件"按钮。启用该插件之后,返回到已安装插件的界面,单击WP-Rocket插件下方的"设置"按钮,如图6.25所示。

图6.25 对WP-Rocket插件进行设置

WP-Rocket插件生成的简单易懂的后台操作面板中,第一个选项是仪表盘,其中有三个重要功能:清除所有缓存、开始预缓存和清除操作系统缓存内容。

（4）设置缓存功能，相关操作如图6.26所示。

图6.26　为网站启用移动端单独缓存和无须为已登录用户启用缓存

首先选中"启用"和"移动端单独缓存"复选框。如果网站主题不能自适应或者在移动端不能正常缩放，那么取消选中"移动端单独缓存"复选框。这里的移动端指手机，不包括平板电脑。选中之后移动端的页面内容缓存和PC端的就会存在区别，当访客用智能手机访问某个页面内容的时候，服务器将给其提供移动端内容。

"用户端缓存"是为了让我们确定要不要对已经登录网站的WordPress使用者开启缓存功能。如果对所有用户包括网站搭建管理人员在内执行相同缓存机制，那么很可能会存在一些不必要的问题。

"缓存有效期"用于设置所有缓存文件被删除的时间。当我们启用了WP-Rocket插件的预缓存功能之后，所有的缓存内容将在指定的缓存有效期之后被删除，然后自动重建，系统默认给出的时间是10个小时，设置完后单击底部的"保存更改"按钮即可。

（5）设置文件优化功能，主要包括HTML、CSS和JavaScript文件的压缩，相关操作如图6.27所示。

图6.27　WP-Rocket对网站文件优化操作

图中的相关设置略显激进，可能会导致网站前端页面出现内容排布方面的问题，如果遇到了这种问题，就取消合并CSS文件或者取消合并JavaScript文件，然后逐个查看出错的内容并进行调整，测试无误之后单击底部的"保存更改"按钮。

（6）对媒体项目文件进行设置，相关操作如图6.28所示。

图6.28 媒体项目设置

懒加载就是Lazy Load,指图片、内嵌框架和视频等内容在没有进入访客的视窗界面的时候不加载,出现在视窗界面的时候才进行加载。

禁用Emoji表情本质上就是为了减少外部HTTP的请求次数,因为外部资源的每一次加载请求都会导致网站页面的加载速度变慢。

禁用嵌入功能是禁止别人在建网站的时候,引用我们网站上的一些文件,如图片或者视频。如果不禁用嵌入功能,那么其他人打开别人网站的时候,他们的浏览器就会针对被引用的这些内容来请求我们的服务器,从而造成资源加载方面的浪费。

⑦利用WP-Rocket设置预缓存,相关操作如图6.29所示。

图6.29 为网站开启预缓存功能和指定DNS预读取项目

预缓存的工作机制类似于先做好成品菜,等客户来了用微波炉加热后就直接上菜。这些菜品究竟是什么,WP-Rocket并不知情,所以它需要根据我们的站点地图去找到这些需要预先做好的"菜肴"。图6.29中显示使用的是Yoast SEO的网站地图,这个地图是该插件自动为我们网站生成的,所以WP-Rocket只要根据该文件按图索骥即可。

DNS预读取就稍微有点不一样了。当我们的网站页面内容中包含其他外部文件的时候,在没有做预读取的情况下,访客的浏览器就要通过多次HTTP请求去加载这些外部资源。如果我们事先设置了DNS预读取,就减少了这部分HTTP请求,从而可以加快网页加载速度。

高级规则中有永不缓存URL、永不缓存Cookies、永不缓存User Agents、总是清除以下URL缓存和缓存查询字符串等项目。对于新手，操作起来可能比较困难，默认留空即可。

数据库是存储网站上相关数据的地方，WordPress建站系统一般搭配的是MySQL数据库，里面会存储大量的相关操作数据。例如，同一网站页面的不同时间段修订版本不同，发布文章后读者的相关评论，创建文章时保存的草稿，以及网站回收站中的一些垃圾内容，这些多余或者没必要存在的数据会造成数据库冗余，进而拖慢网页加载速度。所以，我们需要对数据库进行优化，相关操作如图6.30所示。

图6.30　清理缓存设置

建议对图6.30中的所有项目都进行选中，这是优化数据库、减少冗余的操作，剔除这些垃圾数据后，我们网站页面的加载速度会有较大提升，但最后一个自动清理项目需慎重选中，如果有文章没有写全，或者修改完毕保存为草稿但又没有备份，就有可能在自动清理时间范围内被清理掉。

6.4.2　WP Super Cache

除了WP-Rocket，WordPress的插件库中还有很多非常出色的速度优化插件，如WP Super Cache。

1. WP Super Cache的安装

我们首先在自己的网站后台中安装该缓存插件，如图6.31所示。安装完成之后单击"启用"按钮即可。

图6.31　WordPress 网站安装 WP SUPER CACHE 插件

2. WP Super Cache 的配置

图6.32所示为 WP Super Cache 的设置界面，共有7个选项卡，分别是"通用""高级""CDN""内容""预缓存""插件兼容""调试"。下面对常用的几个选项卡进行讲解。

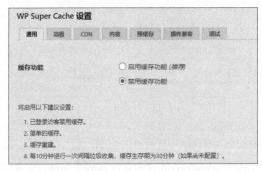

图6.32　WP Super Cache 设置界面

（1）"通用"部分的设置。我们将"缓存功能"设置为"启用缓存功能"。在早期的版本中，"通用"设置中还有一个 Cache Tester 功能，启用之后可以检查是否能够正常工作。WP Super Cache 获取两次网站内容，然后比较两个页面的时间戳。如果两个时间戳匹配，则说明缓存现在已经在网站上正常运行了。该功能目前已被"删除已经缓存页面"功能所取代，建议在所有配置完成之后单击一下它再退出。

（2）"高级"部分的设置。"高级"选项卡的内容如图6.33所示。

图6.33　WP Super Cache 的"高级"设置

① 在"缓存功能"的设置选中"启用缓存"复选框即可。

② 在"缓存实现方式"中选择"简单模式"即可,因为"专家模式"需要改变网站服务器文件,这个操作对新手不太友好,而且特别容易出错。默认情况下,WP Super Cache使用PHP提供缓存文件,但是这样可能会占用大量资源,尤其是在共享主机环境中。

③ "杂项"的设置如图6.34所示。

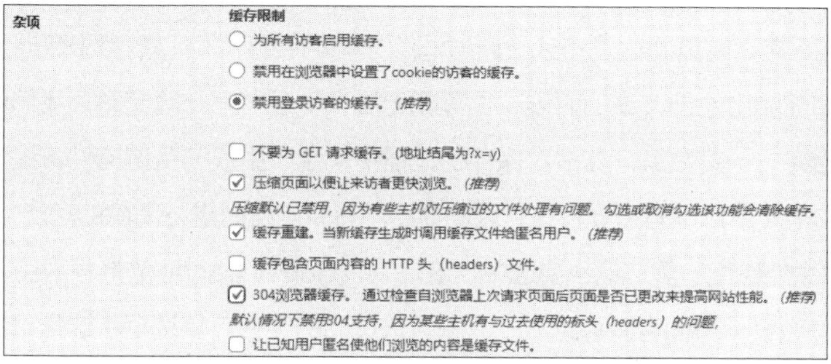

图6.34　WP Super Cache插件的杂项设置

"缓存限制"中有三个选项,选中"禁用登录访客的缓存"单选按钮即可。

GET是内容获取,不建议选中"不要为GET请求缓存"复选框,因为某些动态页面不发生变动,所以生成缓存并不会有什么问题。

压缩页面功能要启用,这样可以让访客更快地浏览网页,相当于压缩HTML文件。

"缓存重建"这个复选框也要选中,目的是让新缓存文件替换旧缓存文件。"304浏览器缓存"复选框建议选中,选中之后,当同一访客对某一页面多次访问的时候,访客的浏览器会自行检查之前是否有过某个页面的内容加载请求。如果该用户之前有访问过,那么在缓存有效期内先调用其本地计算机上保存的浏览器缓存。

"缓存包含页面内容的HTTP头(headers)文件"和"让已知用户匿名使他们浏览的内容是缓存文件"这两个复选框不建议选中。

④ 动态缓存的相关设置,如图6.35所示。

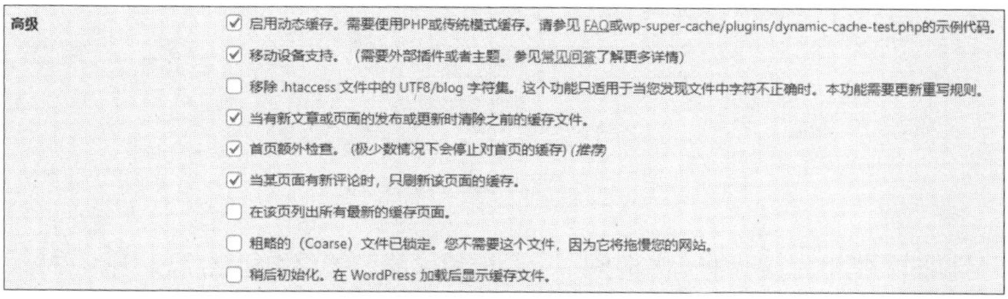

图6.35　WP Super Cache的动态缓存设置

"启用动态缓存"这个复选框要选中。动态缓存和静态缓存不一样，静态缓存的内容不发生变化，所以每一次针对某一内容的加载请求，返回的结果都一样。动态缓存返回的结果就不一样了，内容可能会发生变化，也可能不发生变化，所以事先并不生成缓存，等访客对某个动态内容页面发出内容加载请求的时候，再生成内容数据包发送给访客。这样速度会比较慢，所以这里要启用动态缓存。

"移动设备支持"这个复选框也要选中。

"当有新文章或页面的发布或更新时清除之前的缓存文件"相当于数据库的内容清理。当我们在输出原创文章的时候，很可能无法一下子写完一篇文章，我们会选择多次保存，然后完成一篇文章。在多次保存的过程中就会产生很多备份文件，这些文件因为不是完整文章，所以没有必要存在，因此要启用有新内容时进行清除的功能。

"首页额外检查"复选框也要选中，这是 WP Super Cache 的推荐项目。

选中"当某个页面有新评论时，只刷新该页面的缓存"复选框，这样每当页面上有新评论时，插件就会自动刷新该页面的缓存，让新的评论内容能够得到展现。页面评论也是影响页面加载速度的一个因素，特别是当某个页面有非常多的评论的时候，页面加载速度会变得很慢。针对这种情况我们可以采取评论分页的方法去解决。

对于"在该页列出所有最新的缓存页面"、"粗略的（Coarse）文件已锁定"和"稍后初始化"复选框，不要选中。缓存位置是系统自动生成的，不用更改，以免发生不必要的麻烦。

⑤对"到期时间和垃圾回收器"进行设置，如图6.36所示。

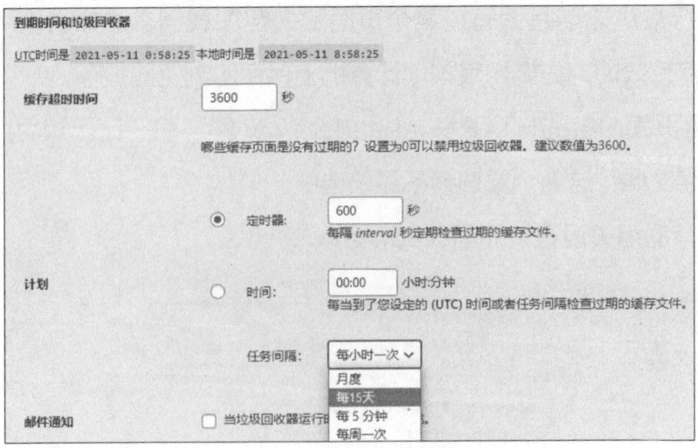

图6.36　到期时间和垃圾回收器

到期时间指的是缓存的有效时间，缓存既包含静态缓存也包含动态缓存。特别是动态缓存，可能在缓存有效期时间内，页面已经产生了新的内容，所以必须及时更新事先已经生成的页面缓存。这里的"缓存超时时间"就是让系统自动在我们设置的时间点到达的时候，重新缓存过期的缓存页面，时刻让网站页面的缓存内容保持在最新的状态。WP Super Cache给出的建议是3600秒，也就是1个小时。如果你近期没有更新网站内容的计划，那么可以将该时间设置得更长一些。

还有一点要注意，就是检查过期的缓存文件是有具体的执行时间的，而系统默认的是UTC时间，我们的实际时间因为地理偏差所以存在时差问题。最后就是任务间隔时间，它是指WP Super Cache检查过期的缓存文件这一动作的时间，可以设置为一个月一次，也可以设置为一周一次，还可以设置为每分钟一次，这主要取决于网站内容的更新频率。更新频率高的话，就将任务间隔时间设置得短一些。

⑥对"已被接受的文件名和拒绝的URI"进行设置，如图6.37所示，这个表单是让我们选择不需要缓存的页面。在WordPress中，不同的页面有不同的格式，如单一文章的格式是is_single，页面的格式是is_page，首页的格式是is_front_page等。这里涉及一个概念，就是Conditional Tags（条件标签）。

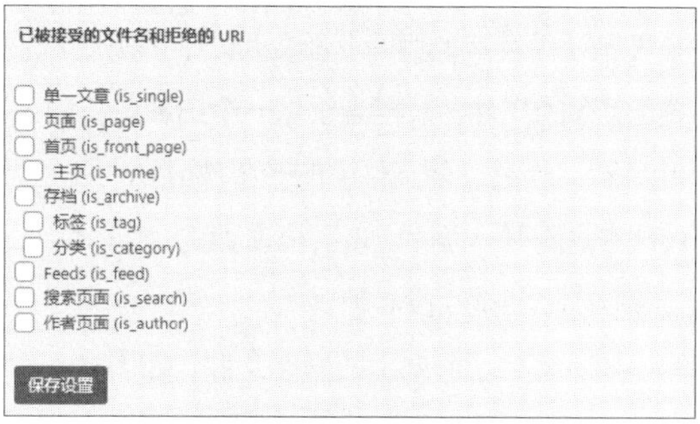

图6.37　已被接受的文件和拒绝的URI

条件标签一般在WordPress的模板文件中被使用，根据当前页面匹配的条件来更改内容的显示。它们告诉WordPress在特定条件下显示什么代码。条件标签通常跟PHP一起使用，一般来说它的代码就是条件判断语句，即if...else...，比如：

```
if ( is_user_logged_in()):
echo 'Welcome, registered user!';
else:
echo 'Welcome, visitor!';
endif;
```

如果没有特殊要求，那么图6.37中的复选框要全部取消选中，这样所有的条件标签对应的页面就都会参与缓存。

⑦对需要或者禁止缓存的文件名进行黑、白名单设置,如图6.38和图6.39所示。

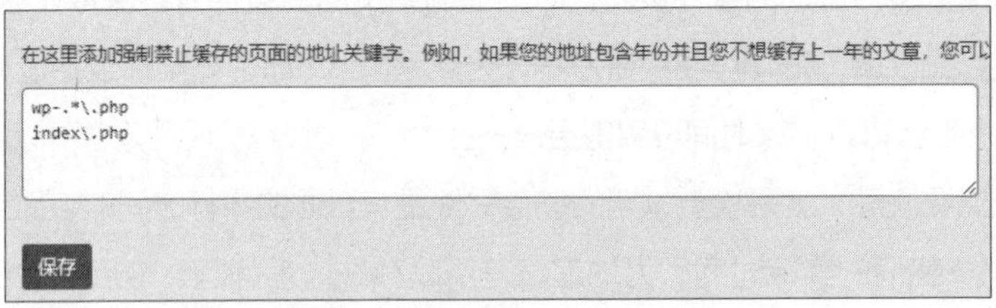

图6.38 设置强制禁止缓存的页面名单

图6.39 设置需要被缓存的文件白名单

图6.38需要添加的是不想缓存或者禁止缓存的页面,需要在内容框中输入禁止缓存的页面的地址关键字。系统默认填入了两个,一个是wp-.*\.php,另外一个是index\.php。如果不需要禁止缓存其他页面,那么此处不用操作。

图6.39是添加想要缓存的文件名,相当于是一个白名单,因为在图6.38中我们规定了一些系列文件禁止缓存,但是这些文件中的一小部分我们还是想对其进行缓存,就可以在这个白名单中对其"网开一面",如系统设置的wp-comments-popup.php、wp-links-opml.php、wp-locations.php等。

(3)CDN功能的设置。将自己网站上的静态文件,如图片、javaScript和CSS等文件上传到CDN节点上即可,相关操作如图6.40所示。

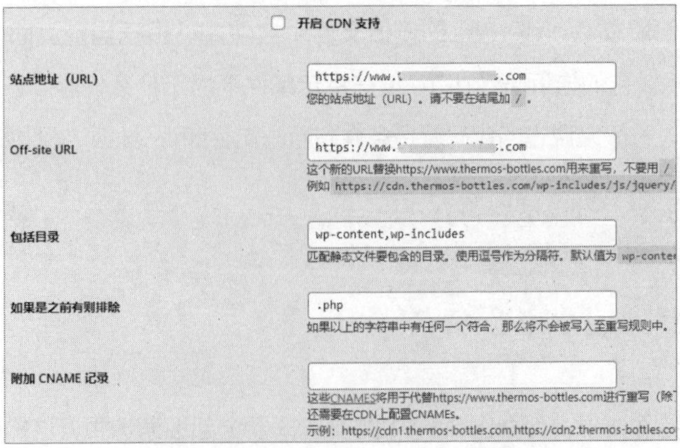

图6.40 WP Super Cache的CDN设置界面

如果对CDN中的选项不是很了解，可以直接选中"开启CDN支持"复选框，图6.40中的相关配置保持默认设置即可，然后单击页面底部的"保存修改"按钮。

（4）对网站"内容"功能进行设置，如图6.41所示。"内容"选项卡下的选项是让我们删除已经过期的文件和相关的缓存。理论上来说，在前面的自动删除功能中设置之后，这里是不需要另外操作的，除非没有在"高级"设置中的到期时间和垃圾回收期中进行设置。

图6.41 "内容"设置界面

（5）对插件的"预缓存"功能进行设置，如图6.42所示。

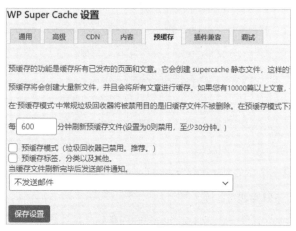

图6.42 "预缓存"设置界面

注意，WP Super Cache的预缓存功能必须在"通用"选项卡中先选中"启用缓存功能"复选框才能正常发挥效果，预缓存功能是缓存所有已经发布的页面和文章。

按照图6.42的显示，我们可以自行配置预缓存文件的刷新时间。如果近期没有对网站进行更新，那么设置的刷新时间可以加长，以免增加服务器的工作负担。在工作模式上选中"预缓存模式"复选框，而不是下面的复选框。

（6）"插件兼容"功能的设置。缓存插件是PHP脚本，我们可以在WP Super Cache文件夹（wp-super-cache/plugins/）内的一个专用文件夹中找到它。它们与WP Super Cache同时加载，并且在常规WordPress插件前加载。WP Super Cache提供了4个可配置选项，全部选择禁用即可。

6.4.3 SG Optimizer

SiteGround的服务器稳定性较强，后台操作简便。

SiteGround的服务器后台专门设立了一个功能版块，叫SPEED，里面包括两大内容：Caching（缓存）和Cloudflare（CDN内容分发式网络的一个代表）。

在Caching版块中，SiteGround研发了一种超级缓存技术，有3个不同的缓存选项，其目的是最大限度地优化我们的网站。测试表明，同时使用NGINX直接交付、动态缓存、Memcached，网站可以处理的点击量是没有任何缓存的普通网站的100倍。

（1）NGINX直接交付指的是SiteGround通过采用NGINX服务器（一种轻量级的Web服务器，具有内存占用少、启动迅速、并发能力强等特点）直接提供我们网站的大多数静态资源（如图像、JS文件、CSS文件和其他资源），以实现最快的加载速度。它适用于所有类型的应用程序，无须其他定制。

（2）静态内容缓存可以用NGINX直接交付功能来提高网页加载速度，那么动态内容缓存呢？SiteGround的Super Cache将动态资源的全页缓存机制称为动态缓存，它可以防止不必要的数据库查询及每次页面的访问处理等，极大地提高了页面加载速度并加快了TTFB（第一个字节到达时间），这部分功能的实现可以借助SiteGround开发的SG Optimizer插件来实现。

（3）Memcached是一套高性能的分布式内存对象缓存系统，用于加速动态应用程序减轻数据库的负载，具有协议简单、基于libevent的事件处理、内置内存存储方式等特点。它的出现旨在改善应用程序需与其数据库之间的连接，极大地提高了动态缓存无法提供的动态内容的加载速度。

1. SiteGround与Cloudflare的账号关联

对于Cloudflare这个内容分发式网络，SiteGround已经将其功能内化，我们无须再到Cloudflare的官网注册账号并设置。相关操作如图6.43所示。

图6.43　在SiteGround后台创建并启用Cloudflare的CDN服务

我们需要先创建一个Cloudflare的账号，创建新账号的操作如图6.44所示。

图6.44　创建一个先的Cloudflare账号

账号注册完成之后，就会跳转到如图6.45所示的界面。

图6.45　选择Cloudflare的服务套餐版本

这时候我们选用的是Cloudflare的免费版本，如果有需要的话可以升级到付费版本。在当前页面上会有一个报错提醒，大致意思是：为了使Cloudflare正常工作，必须将www配置为指向域名的Cloudflare地址的CNAME。这就需要到域名的NS中进行相关修改了，如果不会操作可联系SiteGround的免费在线客服或者找域名服务器的在线客服进行沟通。接下来我们看一下Cloudflare的缓存管理的相关设置，如图6.46所示。

图6.46　设置Cloudflare的缓存管理

在缓存管理中，我们将Cloudflare的缓存级别设置为Aggressive，当然也可以选择basic或者simple级别。

在安全性和可用性方面，我们对Cloudflare进行设置操作，如图6.47所示，"Web应用防火墙"不能开启。

图6.47　Cloudflare的安全性和可用性设置

接下来是对网站文件进行相关优化操作，如图6.48所示。

图6.48　SiteGround对网站文件的优化设置

速度的内容设置比较重要，我们按图6.48的操作将四个选项依次开启。JavaScript自动缩小、CSS自动缩小、HTML自动缩小这三个很好理解，第四个轨道炮即Railgun，是Cloudflare研发的一项新服务功能，可以确保以最快的速度连接内容站点源于Cloudflare网络，采用类似于高质量视频压缩的技术，压缩以前无法访问的

Web对象从而实现性能的额外提升。

接下来是SiteGround的SSL协议与高级功能设置,如图6.49所示。

图6.49　设置SSL协议

这里选择的是SSL支持,我们选择Full,级别越高,SSL的防护等级就越高。

2. SG Optimizer的相关优化配置

SG Optimizer是SiteGround开发的速度优化插件,要使用它,我们首先需要在WordPress网站后台安装,如图6.50所示。安装完之后,单击"启用"按钮激活该插件。SG Optimizer一共有六大版块的内容:仪表盘、缓存、环境、前端、媒体和速度测试。

图6.50　为WordPress网站安装SG Optimizer插件

(1)仪表盘。仪表盘是该插件对网站当前情况的一个统计预览和相关功能的跳转入口,其中包括重要通知、缓存状态、其他优化和评价SG Optimizer这4个方面。

(2)缓存。SG Optimizer插件的动态缓存功能在启用之后,网站上所有的非静态资源都会被缓存,以防止不必要的数据库查询和页面加载,从而有效降低网站的加载速度和TTFB指标检测结果。SG Optimizer为我们提供了三种不同的缓存优化类型,分别是Dynamic Caching(动态缓存)、File-Based Caching(基于文件的缓存)和Memcached(内存缓存)。

建议上述三个缓存操作项目都要开启。但是要注意一件事情,如果我们的网站服务器内存容量不是很大,那么后两者需谨慎开启。对这三个缓存操作结束之后,我们继续往下操作。在Caching Setting(缓存设置)中有6个小项目。第一个是Automatic

Purge（自动清除）。它的功能是根据wordpress网站上发生的事件执行职能缓存清除。如果有必要也可以选中"When clearing the cache - purge the WordPress API cache too"复选框（意思是当我们清除缓存的时候，同时也清除wordpress API缓存），但一般情况下不选中此复选框，如图6.51所示。

图6.51　自动清除

第二个项目是Manual Cache Purge（手动缓存清除），这一项目的存在是为了解决自动缓存清除在没有执行且网站当前已经有缓存生成的情况下，为避免访客看到旧内容而进行的一个功能增补。手动单击后就能清除当前已经生成的缓存，如图6.52所示。

图6.52　手动缓存清除

第三个项目是Exclude URLs from Caching（从缓存中排除URL），它的功能是指定某些特定页面不需要进行缓存处理。如果我们不想要某个页面缓存，那么只需要将这个页面的URL在此处添加即可，如图6.53所示。

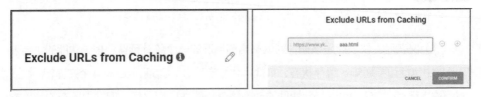

图6.53　从缓存中排除URL

第四个项目是Exclude Post Types from Caching（从缓存中排除帖子类型）。当我们的网站有些帖子类型不需要进行缓存的时候，如果按照第三个项目逐一提交这些页面的URL会非常烦琐，那么在这个功能中只需选择某些特定帖子的类型进行提交即可，如图6.54所示。

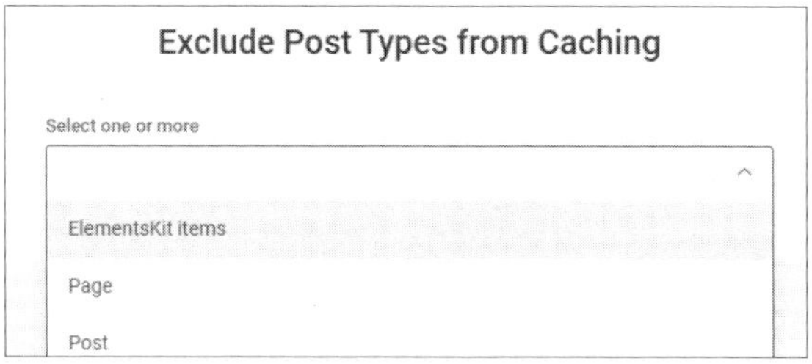

图6.54 从缓存中排除帖子类型

第五个项目是Browser-specific Caching（特定于浏览器的缓存），这个功能一般不使用，按照SG Optimizer插件官方的说法是该功能是为不同的浏览器分别生成缓存。

第六个项目是Cloudflare Full Page Caching（Cloudflare整页缓存），它的功能是当我们开启了Cloudflare的CDN之后开始启用整页缓存，可以减少SiteGround服务器的负载并提高页面的加载速度，因为默认情况下Cloudflare仅缓存的是我们网站的静态资源。如果开启了这个功能，那么某个网站页面上的所有静态和动态内容都将缓存在Cloudflare节点上，以减轻服务器端的压力。但它也有资源限制，每天最多只有10万次的资源加载请求，对一些大型网站来说是不够用的，还需要付费升级Cloudflare的服务套餐。

第七个项目是Test URL Caching Status（测试URL缓存状态），如果我们对上述的功能选项进行了操作，但对这些功能是否在起作用感到疑虑，那么在这个环节上，就可以做简单的测试。在内容框中输入具体要测试页面的URL，如图6.55所示。然后单击"TEST"按钮，如果没有缓存就会出现一个"this URL is not cached"的警告弹窗，如果缓存成功了就会出现一个绿色的弹窗提示。

图6.55 测试URL缓存状态

（3）环境。缓存部分的操作完成之后，我们来看SG Opertimizer的Environment（运行环境）配置。环境配置一共有4个版块的内容，分别是HTTPS强制执行、修复不安全的内容、WordPress信条优化和计划的数据库维护。

HTTPS Enforce（HTTPS强制执行）功能将为我们的站点配置为通过HTTPS正常工作并强制安全连接到我们的网站。为了强制使用HTTPS，该插件将自动更新我们的网站数据库以替代所有不安全的连接。并且在我们网站的.htaccess文件中会创建一条规则，强制所有的资源加载请求都需要通过加密连接，这能够有效地防护网站的安全。

Fix Insecure Content（修复不安全的内容）功能是指当我们在网站上遇到不安全的错误内容，该插件会动态重写来自我们站点资源的不安全请求。这一点在平时的网站操作中较为少见，建议开启这个功能。不过这个功能的运作是需要建立在HTTPS强制执行的基础之上，如果在上一步的操作中没有开启HTTPS强制执行，那么这一步的操作将无法进行。

WordPress Heartbeat Optimization（Wordpress心跳优化）功能指的是WordPress Heartbeat API对我们网站的侦测频率，侦测频率过高会影响我们的服务器CUP使用率，进而会拖累网页的打开速度。所以在这个环节中，我们可以根据自己的实际需要，对网站后台管理页面、页面和帖子，以及网站前端的侦测频率进行调整，如图6.56所示。

图6.56 调整侦测频率

Scheduled Database Maintenance（计划的数据库维护），一般来说这里的数据库维护通常为数据库的清理，以便对网站回收站中的项目和保存的无效数据进行清理和优化。这些优化和清理项目包括：为MyISAM表执行数据库优化，删除所有自动创建的帖子和页面草稿，删除所有页面的发布修订版本数据，删除垃圾箱中的文件数据，删除所有被标记为垃圾的访客留言和评论，以及删除所有过期的瞬态。建议开启该功能。

（4）前端。前端即Frontend，这个功能更多的是指网站的前端显示效果中的一些操作。这部分的功能和WP-ROCKET插件极其相似。

前端中的CSS操作分为5个部分，即Minify CSS Files（缩小CSS文件）、Exclude from CSS Minification（从CSS缩小文件中排除）、Combine CSS Files（合并CSS文件）、Exclude from CSS Combination（从CSS组合中排除某些项目）、Preload Combined CSS（预加载组合CSS文件），相关操作如图6.57所示。

JavaScript的优化操作和CSS的优化操作基本相同，但是多了两个项目，分别是Defer Render-blocking JavaScript（延迟渲染阻止JavaScript）和Exclude from Deferral of Render-blocking JS（从延迟渲染阻塞JS中排除）。特别是延迟渲染阻止JavaScript的文件，这个项目一定要开启，相关操作如图6.58所示。

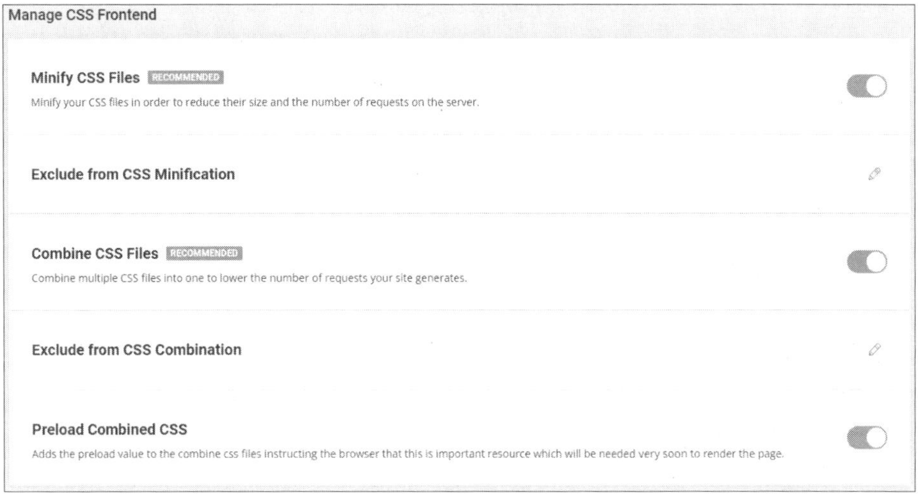

图6.57 前端的CSS操作

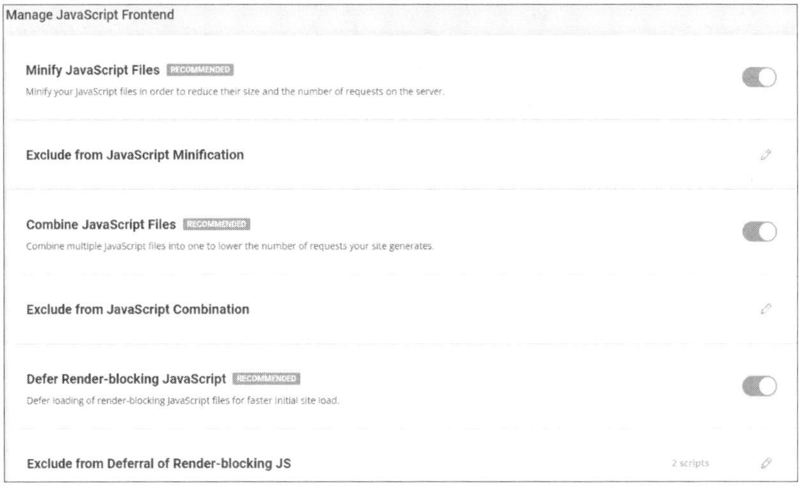

图6.58 前端JavaScript的优化操作

前端项目管理的最后一项是HTML，在SG Optimizer中翻译成了General。相关内容项目设置包括Minify the HTML Output（缩小 HTML 输出）、Exclude from HTML Minification（HTML 缩小中排除）、Web Fonts Optimization（网页字体优化）、Fonts Preloading（字体预加载）、Remove Query Strings from Static Resources（从静态资源中删除查询字符串）、Disable Emojis（禁用表情符号）、DNS Pre-fetch for External Domains（外部域的DNS预取），建议均要开启，相关操作如图6.59所示。

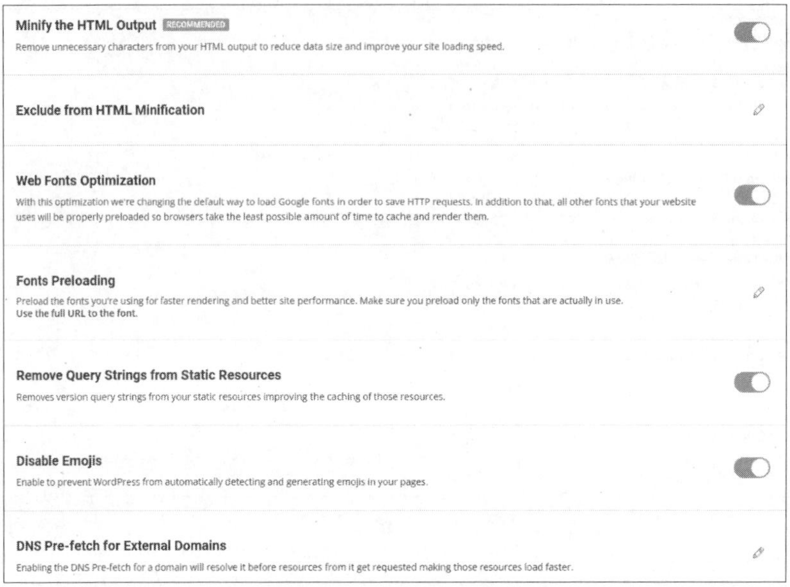

图6.59　前端的HTML操作

（5）媒体。

媒体（Media）主要有媒体压缩设置和媒体优化两个方面。对于图像压缩，我们不建议在网站服务器上进行压缩，在上传图片到网站之前就应该做好图片压缩。我们一般推荐用TinyPNG工具对网站图片进行压缩。关于图像的格式，常规的图像格式是.jpg或者.png，但是谷歌更喜欢的是.webp格式的文件，所以建议先将图片格式先转化为.webp格式，然后再压缩图片，最后上传到网站上。

媒体优化部分有Lazy Load Media（延迟加载媒体）、Exclude CSS Classes from Lazy Load（从延迟加载中排除CSS类）、Exclude Media Types from Lazy Load（从延迟加载中排除媒体类型）、Maximum Image Width（最大图像宽度）这4大方面，其中第一项最为关键。但浏览器的窗口还没有加载到某个视频文件的时候，这个视频文件的内容是不会进行加载的，这就为网页上其他的项目资源加载留下了大量的宝贵通道，从而大幅提升网页的打开速度。这部分的操作如图6.60所示。

（6）速度测试。SG Optimizer为我们提供了一个速度测试功能（Speed Test），打开页面该功能之后，我们输入具体需要测试页面的URL地址，然后单击右边橙色的"ANALYZE"按钮，耐心等待就会出现对应的测速结果。而且在Device Type中我们还能选择是桌面端还是移动端的页面打开速度，相关操作如图6.61所示。

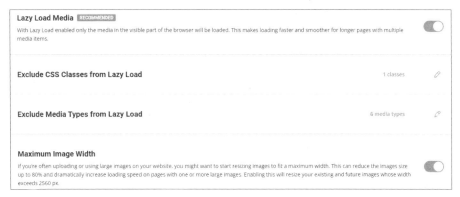

图6.60　媒体设置

图6.61　速度测试

总体来说，SG Optimizer是一款非常出色的WordPress网站速度优化插件，在缓存优化和前端配置文件优化方面都有非常出色的表现。如果搭配的是SiteGround服务器，效果会更加的出色。

6.5　网站速度优化操作指南（CDN）

本节将重点讲解CDN（内容分发式网络）对外贸独立站页面加载速度提升的作用，尤其是着重讲解Cloudflare和NitroPack这两个内容分发式网络服务提供商。

CDN即内容传递网络，也叫内容分发网络，于20世纪90年代后期问世，是缓解Internet性能瓶颈的一种手段。CDN已经发展为为当今互联网大部分内容提供服务，包括Web对象（文本、图像和脚本）、可下载对象（媒体文件、软件和文档）、应用程序（电子商务）、实时流媒体、点播流媒体和社交媒体网站等。

CDN节点通常部署在多个位置，通常在多个Internet主干上。它是指一组在地理上分散的服务器协同工作，以提供互联网内容的快速交付。

1. 使用CDN的好处

（1）缩短网站页面的加载时间。这是CDN最重要的作用，通过缩短内容与最终用户之间的距离来减少网站页面的加载时间，从而降低网站访客的页面跳失率。

（2）减少带宽成本。这一点对于新建的小网站来说可以忽略，我们所选购的建站服务器基本能满足建站初期的流量涌入。中大型网站因为访问的流量较多，因此网站服务器需要不断交付访客所需要的内容数据，这就会造成带宽成本的上涨。使用CDN相当于原本要由自己服务器交付的内容，变成了由CDN服务器去交付，这样就省下了大量的带宽资源。

（3）增加内容可用性和稳定性。抛开不正常的流量激增导致网站无法访问的情况，当我们网站运营得越来越出色后，每天的流量会越来越多，这时网站的流量很可能超负荷，从而会造成访问瘫痪。但是使用CDN之后，因为它有多个物理节点内容备份，所以可以防止瘫痪。

（4）使网站的安全性有所保障。WordPress本身也在不断提高自身的网络安全，但世界上没有完美的东西，总会有漏洞被非法利用，所以网站很容易被暴力攻击。CDN可以提供DDoS防护及其他优化措施，可以提高网站的安全性。

2. CDN如何保证网站页面资源交付的稳定性和可靠性

就像我们选择SiteGround服务器一样，高度的可靠性和稳定性意味着长时间内不易犯错。CDN的存在也必须满足上述的两个基本要求。以Cloudflare为例，它依靠下列的相关配套服务保障了信息交付的稳定和可靠。

（1）均衡的负载。Cloudflare在多个服务器之间平均分配网络流量，从而更容易承载流量的快速增长。

（2）流量的再分配。当一台或者多台CDN服务器可能因为硬件故障或者其他方面的原因无法完成正常的内容交付任务时，就会执行一个智能切换的动作，将其他CDN服务器节点上的内容转发给最终用户。从某种角度上来说，有点类似于数据备份的安全切换交付。

（3）Anycast路由保障。Anycast是一种网络寻址和路由方法，可以将传入请求路由到各种不同的位置或"节点"。在CDN的上下文中，Anycast通常会将传入的流量路由到距离最近并且能有效处理请求的数据中心。选择性路由使Anycast网络能够应对高流量、网络拥塞和DDoS攻击。这种情况一般很少出现，除非CDN服务商的整个数据中心都遇到了技术问题，此时Anycast才会将流量全部路由到另外一个可用的数据中心，以确保用户在提交网站页面内容加载请求的时候得到正确的数据回应。

6.5.1 Cloudflare

首先打开Cloudflare的官网，在首页右上角单击"注册"按钮，然后在打开的界面中进行账号注册，相关操作如图6.62所示。

图6.62　Cloudflare的账号注册界面

创建完Cloudflare的账号之后就会进入如图6.63所示的界面。

图6.63　Cloudflare的服务项目选择界面

我们单击第1个服务项目中的"开始使用"按钮，Cloudflare会需要我们提交自己的网站地址。注意，提交的是一级域名domain.com，不是二级域名www.domain.com，如图6.64所示。

图6.64 在Cloudflare中添加自己的网站域名

添加完网站域名之后，我们要选择Cloudflare的CDN服务套餐，鉴于我们的网站刚起步，选择免费套餐即可。选择完CDN服务套餐后我们就进入了自己的Cloudflare账号后台，首页上有快速入门指南，可以先去阅读一下。

快速入门指南要求我们做的第一件事情就是去域名服务器中修改自己的NS记录。以Namesilo域名服务器（见图6.65）为例，操作如下。

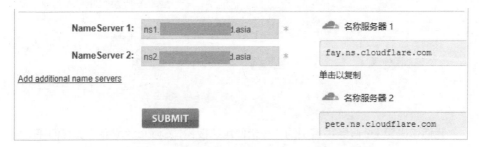

图6.65 在Namesilo中选择需要修改NS解析的域名

（1）选中需要开启CDN服务的域名，域名被选中后会出现黄色背景。

（2）单击"Change Nameservers"按钮，然后在弹出的页面中更改NS（Name Serve）记录值，如图6.66所示。

图6.66 为域名配置新的指向Cloudflare的NS记录值

用图6.66右边的Cloudflare给出的NS记录值替换掉左边的NS记录值，按顺序对号填入。完成上述操作之后，将会收到一份电子邮件，内容是关于NS记录值的变更的，具体时间要看实际情况。单击Cloudflare账号后台首页底部的"检查名称服务器"按钮，Cloudflare就会执行检查动作，并在稍后的时间内给出检查结果。

当然，我们也可以用Ping测试进行检查，按"Windows+R"组合键，在弹出的运行窗口中输入cmd，然后按"Enter"键，在指令面板中输入Ping域名，如图6.67所示。这样就表示我们的网站已经正确开启了Cloudflare的CDN服务。

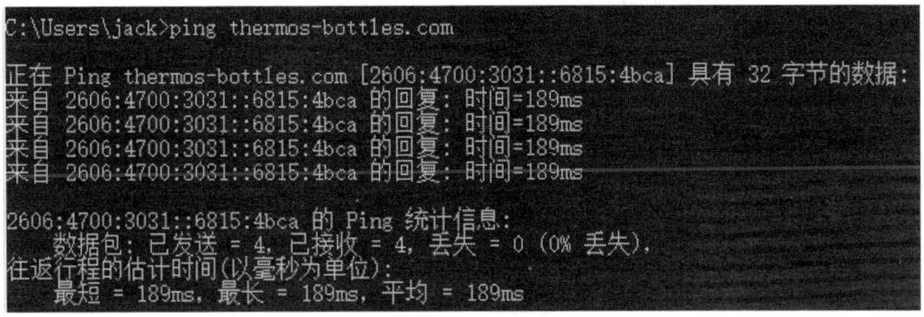

图6.67　域名的Ping连通测试

Cloudflare账号后台还提供了很多免费的贴心服务，如流量分析、SSL安全证书、防火墙、速度优化、缓存等，如图6.68所示。

图6.68　Cloudflare的相关功能

"Analytics"功能在我们启用Cloudflare的CDN服务初期不会有太多数据，除非我们网站的正常搜索流量已经非常高。Analytics除了能简单地统计分析流量之外，还能对安全性、性能、DNS、Workers等进行统计分析。

"DNS"功能管理的是网站域名的各项解析记录值的对应关系，包括A记录、MX记录、TXT记录等。我们可以随意添加或者删除DNS记录，也可以选择使用或者不使用某些具体的Cloudflare服务。如果想增添一个新的解析记录，那么只需要单击"添加记录"按钮，然后选择需要的解析记录类型，再输入对应的名称和解析记录值参数即可，如图6.69所示。

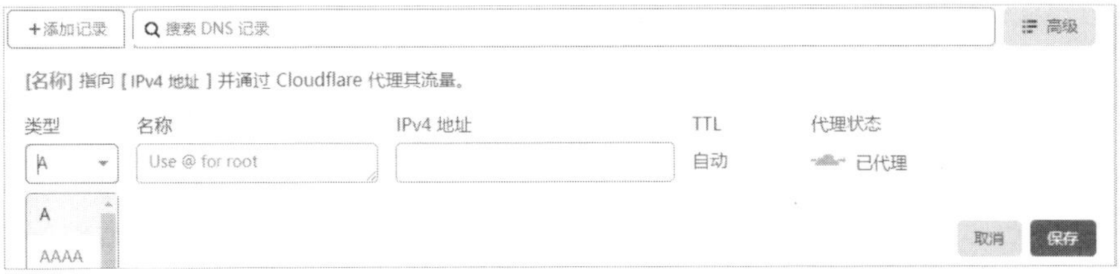

图6.69　Cloudflare的相关解析操作

如果是A记录，名称一般是留空或者输入www，参数则输入我们网站服务器的IP地址；如果是CNAME，则应该填一级域名；如果是MX记录，那么应该填写企业邮箱的记录值。操作完之后单击"保存"按钮。

"SSL/TLS"功能基本就不用太过关注，Cloudflare提供了关闭、灵活、完全和严格四种加密模式，一般情况下我们选择完全模式，如图6.70所示。

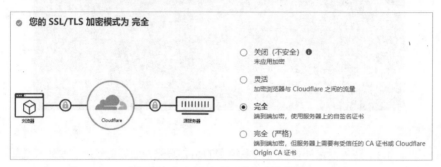

图6.70　Cloudflare的SSL加密模式选择

在"防火墙"功能中，我们可以查看相关的防火墙时间，并且根据自己的需要自定义防火墙规则。创建防火墙规则时，可以限定其他人来访问我们的网站，每个账号只能设置5个限制规则。

"Access"、"缓存"、"自定义页面"、"流量"和"Steam"需要付费才能进行操作。

"速度"功能比较重要，其中图像重设大小和Polish两个项目也是需要付费才能操作，可以忽略这两个项目。在Speed页面中找到Auto Minify，选中右边的"JavaScript"、"CSS"和"HTML"三个复选框，意思是减小网站上源代码的大小。如果我们在SiteGround服务器后台或者SG Optimizer插件上已经对这个项目进行过优化，那么此处可以不操作。但对于SiteGround服务器的建站人员，建议选中这三个项目，如图6.71所示。

图6.71　Cloudflare对Auto Minify的设置

Speed页面中的Brotli压缩能够缩短访问者的HTTP流量的页面加载时间，在Chrome、Opera和Firefox中，它已被用于加快万维网的传输速度，类似于Google的

压缩算法Zopfli，对网站页面的速度优化有所帮助，激活它即可，如图6.72所示

图6.72　Cloudflare的Brotli设置

Speed页面上还有一个"Rocket Loader"项目，它能够缩短包含JavaScript的页面的绘制时间，也选择激活该功能。

接下来我们来看Cloduflare的清除缓存功能，如图6.73所示。

图6.73　Cloudflare的清除缓存功能

Cloudflare目前推出了缓存分析功能，但是需要付费才能使用。在缓存的配置功能中，清除缓存文件以强制Cloudflare从我们的Web服务器中提取这些文件的最新版本。我们可以有选择性地清除文件，也可以同时清除所有文件。

除了缓存的清除，我们还可以对缓存级别、浏览器缓存TTL、Always Online等项目进行设置。一般情况下，缓存级别选择"标准"，如图6.74所示。浏览器缓存TTL的时间间隔要根据实际情况设定，如果近期网站页面内容改动较多，就设置一个较短的时间；如果近期没有页面内容改动计划，那么可设置时间长一点，如图6.75所示。

图6.74　Cloudflare设置缓存级别

图6.75　设置浏览器缓存TTL

此外，使用Cloudflare中的Always Online功能后，当我们的网站服务器出现问题的时候，访问者依然能够正常地打开我们的网页查看相关内容。因为Always Online功能可以为访问者提供邮箱的网页副本，而不是显示错误页面。它的本质有点类似于网页快照，但又不太一样。

Cloudflare其他功能的设置对网站页面加载速度的优化也能起到一定的作用，但是相对来说比较偏技术性。有兴趣的读者可以自行到Cloudflare官网上查看相关的技术类解说文档。

6.5.2 NitroPack

NitroPack可以同时匹配WordPress、OpenCart、Woocommerce和Magento等网站使用，解决了多端口不能完美匹配的问题。它最大的特点是基于云的性能优化，通过多合一的问题解决模式，对网站的页面加载速度进行提升。

1. NitroPack优化

NitroPack具有先进的缓存机制，NitroPack官方给出了4种解决策略。

（1）Smart cache invalidation（智能缓存失效）。缓存失效指的是网站页面内容被缓存后一直保存在缓存数据中，直到该缓存数据过期或者被人为更新或清理。一般情况下，我们会采用HTTP标头来控制缓存数据的过期时间，有点类似于WP-Rocket和WP Super Cache中的发布新内容自动缓存功能。

（2）Automatic cache warmup（自动缓存预热）。NitroPack的缓存预热功能可以在页面清除或者页面失效后为页面安排新的优化，还可以为任何已经清理内容的页面安排新的优化。还是以饭店做菜为例，正常情况下，如果食客想吃某道菜，那么厨师会从头开始现做。当食客太多厨师忙不过来的时候，会用微波炉加热事先已经做好的半成品以提高上菜速度。但半成品总是有保质期的，头一天的半成品没有全部被食客点完就会造成菜品过期，所以综合各方面因素考虑，厨师就需要将临期的半成品倒掉，然后制作新的一批半成品，以便在第二天食客量大的时候快速出菜。那这个重新制作的过程就可以理解成网站页面内容的自动缓存预热。

因为网页内容也存在过期时间节点，所以很多WordPress的缓存优化插件配备了自动定期删除缓存功能，但不一定每个插件都具备或者设置了缓存预热功能。一方面是因为每个网站页面并不一定具有相同的内容过期头设置，另外一方面是因为大型网站成千上万个网页统一生成新一批内容缓存，所耗费的资源较大。所以WP-Rocket等速度优化插件会提供手动预缓存加载功能。当然，我们也可以用爬虫的方式对网站中的每个内容进行爬取，从而让缓存优化插件根据爬虫的内容加载请求自动生成当前新的页面内容缓存，而NitroPack插件直接以自动补全的形式解决了手动或者爬虫在对内容更新或定期缓存清除后的预生成问题。

（3）Device and cookie-aware caching（设备和Cookie感知缓存）。简单地说，设备和Cookie感知缓存就是更加有针对性的内存缓存服务。

当某个用户使用设备第一次访问我们的网站时，其浏览器发送的是简单的HTTP报文。当该报文到达我们网站的服务器之后，服务器会生成一个识别码（该识别码是唯一的、不可重复的），并将其与用户的一些相关信息建立对应关系，然后存储在我们网站服务器的数据库中。服务器将该用户请求加载的页面内容联合服务器的主机名与之前生成的唯一识别码返回到该用户的浏览器，这样就完成了第一次的内容请求与交付。

当该用户第二次试图访问我们网站页面内容的时候，它的浏览器就会从自己的Cookie文件夹中获取之前访问我们网站页面时得到的那个识别码，并放在HTTP请求报文中。我们的网站服务器收到该HTTP报文之后，发现了该识别码并且与自己服务器数据库中创建的识别码配对，这个过程就叫作Cookie感知，而整体的这种感知行为我们可以称之为Web缓存。Web缓存可以大大减少用户对内容请求的响应时间，提高网站页面的打开速度，提升用户的页面体验。

（4）Integrate with 3rd-party cache（与第三方缓存集成）。NitroPack能够轻松地兼容第三方的缓存插件，如Varnish、NGINX Cache、Cloudflare、Sucuri和Cloudways Cache。老版本的NitroPack一直存在不能和第三方缓存插件兼容的情况，如前面提到的WP-Rocket。2022年的新版本NitroPack在兼容性方面做了很大的拓展和提升，将市面上主流的第三方缓存插件工作机制与自身的速度优化内核做了调整。

NitroPack在网页加载速度优化的其他方面也有出色的表现。

（1）Lossy and lossless image compression（有损和无损图像压缩）。图像的无损压缩是指在没有任何图像损失的前提下，降低图像数据量，获得低比特流的图像数据。NitroPack能通过压缩图像，将图片变小（数据量变小而不是尺寸变小）减少页面内容数据，从而提升页面加载速度。

（2）Advanced Lazy loading（高级延迟加载）。NitroPack采用的高级延迟加载技术不仅是针对图像或者视频资源文件的Lazyload，更侧重于对JavaScript代码的延迟加载，以消除阻塞渲染的资源，从而提高网站页面打开的速度和谷歌测速的评分。延迟加载JavaScript，可以优先加载并执行HTML和CSS的代码，有助于浏览器更快地对请求的网页内容进行加载和绘制。

（3）Preemptive image sizing（预先设置图像尺寸）。很多时候建站人员上传的图像并不一定是前端页面展示所需要的真实大小。浏览器为了适配前端展现的内容，会引用原始图像的缩略图，这会造成内容偏移和网页加载速度变缓。NitroPack将上传的原始图像设置成了多个常用的尺寸，根据实际需要进行缩略图资源调用，从而可以加快页面的加载速度。

当我们想让自己的网站在PC端、Pad端和手机端都显示完全相同的一张图片的时候，因为显示设备宽度不同，我们可以预先设置同一张图片尺寸。比如，PC端的一张banner图，常规情况下宽度应该是1920px，显然手机端不可能展示这么宽的尺寸（一般情况下，我们将手机端的设备显示宽度默认为390px），这时候就可以采用Preemptive image sizing功能来规避手机端加载PC端1920px的图像。虽然说自适应框架下也能够正常加载，但加载1920px尺寸的图占用资源较多，加载速度会变得较慢。

（4）WebP conversion（图像的WebP格式转化）。WebP格式是谷歌推崇的格式，也是谷歌联合几大主流浏览器共同定制的图像显示格式。WebP具有较好的清晰度与强大的可压缩性能，理论上能够比JPG格式的图片压缩比增加30%~35%。这也就意味着，图片在不损失清晰度的前提下能够以更小的尺寸进行展示，从而加快网站页面的加载速度。

（5）Adaptive Image Sizing（自适应图像大小）。自适应指我们网站页面在不同宽度的显示器上的尺寸显示自适应。这一点和预先设置图像尺寸略有区别。预先设置图像尺寸强调的是图片文件在不同显示宽度条件下，为了更快地加载需要将主图片文件按等比例压缩成较小的图片资源。而自适应的重点是，图片在任何宽度的显示设备中都可以自适应调整。因为不同型号的手机的显示宽度是不一样的。

当我们PC端使用了一张宽度为1920px的banner图之后，我们要想让这张图片的缩略图很好地匹配手机屏幕的显示宽度，图像大小就需要做自适应调整。不过即使NitroPack图像大小自适应调整功能没有起到作用也没有关系，我们的建站主题代码中一般都会有这样的一段代码：

```
<meta name= "viewport" content=" width=device-width, initial-scale=1, viewport-fit=cover" />
```

这段代码也能确保我们的相关网页内容和图像自适应我们所使用的显示器宽度。

此外，NitroPack还强调了其他几项比较重要的速度优化策略，包括但不限于内置的全局CDN，专有速度算法，HTML、CSS和JS的文件压缩与优化，关键CSS和DNS预加载等。

2. NitroPack的设置

讲解完理论部分之后,下面开始讲解实操部分。

(1)安装NitroPack插件。首先在WordPress网站后台找到"插件",然后在搜索栏中输入关键词"NitroPack",在系统给出的插件列表中找到该插件,最后单击"现在安装"按钮,如图6.76所示。

图6.76 在WordPress网站后台安装NitroPack

(2)注册NitroPack账号。安装完NitroPack插件后进行启用,打开NitroPack官网,单击右上角的"Get started"按钮,如图6.77所示,页面就会跳转到不同价格套餐的页面,如图6.78所示。

①以免费套餐Free为例,免费套餐支持一个网站的速度优化,每个月5000次的网页浏览量,每月1GB的CDN带宽。和其他付费套餐相比,差距在每个月不同的网页浏览次数和CDN带宽上。如果选择免费套餐,就必须为NitroPack代言做广告,它的Logo和相关信息会出现在网站的页脚,桌面端看不见但移动端能看到。

图6.77 在NitroPack官网注册账号

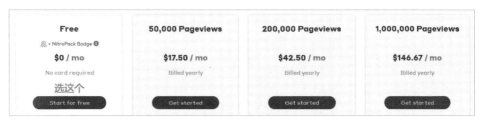

图6.78 不同价格的套餐选项

②单击"Start for free"按钮后会进入账号注册页面,如图6.79所示。

图6.79 注册新的NitroPack账号

③根据注册表单依次填入姓名、邮箱账号、密码、所在国家、联系电话、网站名称、网站域名、网站类型,完成人机身份验证、接受使用条款。

④跳转到订单确认页面后,单击页面中的"Place my order"按钮即可,如图6.80所示。

图6.80 确认NitroPack服务费用

⑤进入图6.81所示的页面,单击页面中的"Go to Dashboard"按钮。

图6.81 NitroPack账号创建成功提示

⑥进入NitroPack的账号后台，我们需要先获得自己账号下的Site ID和Site Secret两个数据，如图6.82所示。

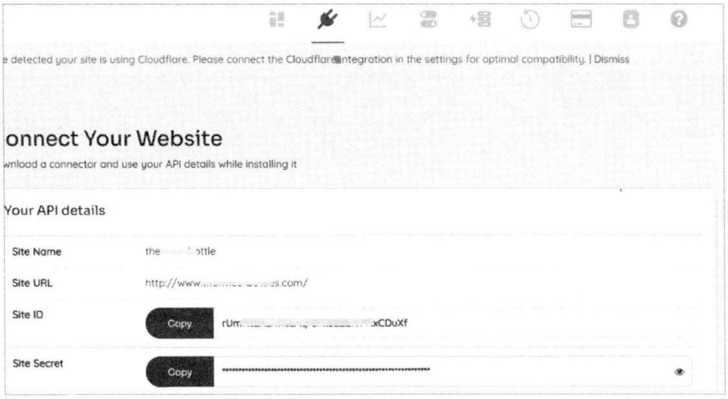

图6.82　获取网站对应的Site ID和Site Secret

首先把这两个数字记录在自己的本地电脑TXT文档中以免忘记，然后将这两个重要参数复制到我们自己网站后台的NitroPack插件中（需要先单击"Enter details manually"链接），如图6.83所示。

图6.83　将Site ID和Site Secret填入网站后台插件对应的位置

⑦单击"Connect to NitroPack"按钮之后，该速度优化插件就可以开始正常工作了。因为NitroPack提供的是一站式云端速度优化服务，所以我们无须在WordPress后台的插件中进行相关设置。

（3）NitroPack后台部分功能的介绍。

①在Dashboard页面，页面优化的数字会不断增加，这些数字代表的是我们网站上的页面已经被优化好的数量。页面上还给出了首页的Google PageSpeed的测试结

果，如图6.84和图6.85所示。

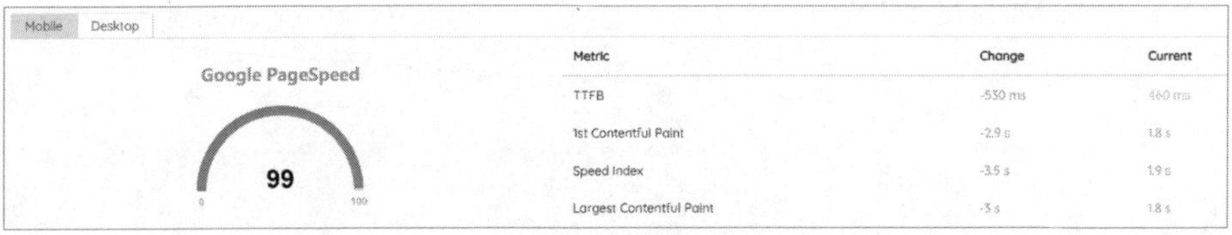

Mobile | Desktop

Google PageSpeed 99

Metric	Change	Current
TTFB	-530 ms	460 ms
1st Contentful Paint	-2.9 s	1.8 s
Speed Index	-3.5 s	1.9 s
Largest Contentful Paint	-3 s	1.8 s

图6.84　使用NitroPack后案例网站的移动端测速结果

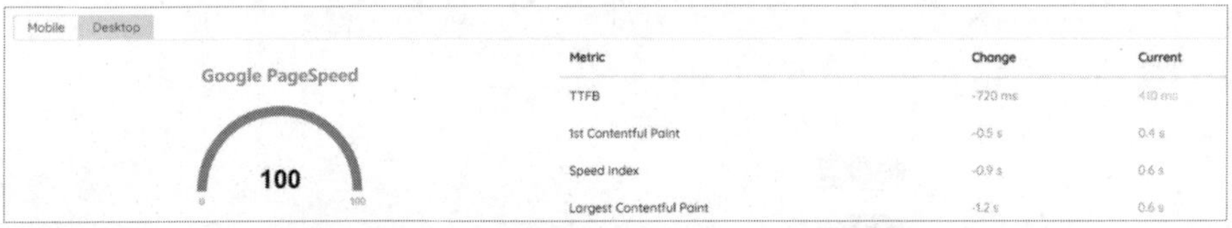

Mobile | Desktop

Google PageSpeed 100

Metric	Change	Current
TTFB	-720 ms	410 ms
1st Contentful Paint	-0.5 s	0.4 s
Speed Index	-0.9 s	0.6 s
Largest Contentful Paint	-1.2 s	0.6 s

图6.85　使用NitroPack后案例网站的PC端测速结果

当前的测试结果就是之前我们在网站搭建实操中讲解的房地产案例的首页。上面的速度测试结果还是比较令人满意的。

②然后在Optimizations中查询数据统计结果，如图6.86所示。

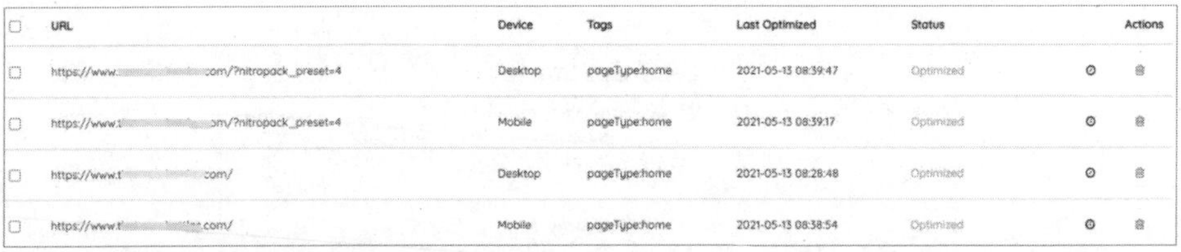

URL	Device	Tags	Last Optimized	Status	Actions
https://www.…com/?nitropack_preset=4	Desktop	pageType:home	2021-05-13 08:39:47	Optimized	
https://www.t…om/?nitropack_preset=4	Mobile	pageType:home	2021-05-13 08:39:17	Optimized	
https://www.t…com/	Desktop	pageType:home	2021-05-13 08:28:48	Optimized	
https://www.t…com/	Mobile	pageType:home	2021-05-13 08:38:54	Optimized	

图6.86　NitroPack的Optimizations功能的统计结果

图6.86中的四个选项中，下面两个是网站的原始页面，一个是PC端的，另一个是移动端的；上面两个是针对网站原始页面的优化页面。因为NitroPack是针对每一个网站页面进行优化的，所以需要一定的时间，耐心等待后这里会出现网站的其他页面的优化信息。注意，“Last Optimized”列中的时间和我们的实际地理时间有差别，要考虑到时区因素。

③接下来是NitroPack的设定值，一共分为Standard、Medium、Strong、Ludicrous和Manual五个优化等级。为了让我们网站的Google PageSpeed的分值更高，默认情况下NitroPack选择的是Ludicrous等级。如果各个页面在前端的显示没有出现问题，就默认用这个基本等级。

④我们再来看一下NitroPack的其他功能选项，如图6.87所示有五个项目，如果没

有扎实的技术功底，保持系统的默认设置就好。

图6.87　NitroPack的5项高级速度优化功能

⑤我们再看看NitroPack在Cookie和延迟加载脚本方面的设置，如图6.88所示。延迟脚本就是延迟对应的JavaScript功能加载。一般情况下，聊天工具会比较占用网页加载速度，因此我们选择延迟该脚本的加载。比如，聊天工具是WP-Visual-Chat，那么只需要输入$WP-Visual-Chat，$是脚本符号。

图6.88　NitroPack对Cookie和延迟加载脚本的设置

⑥NitroPack还能对HTML代码中的一些不必要的内容进行优化，如代码注释、空格等，相关操作如图6.89所示。

图6.89　NitroPack对HTML代码的优化

"缩小HTML"指的是删除代码中多余的空格以缩小HTML。"保留HTML注释"不要激活，HTML代码中的注释是为了让建站人员在写代码的时候快速理解某段代码的作用，不会在网页前端显示，对谷歌识别代码内容和意义也没有任何好处，所以不用保留注释。

⑦缓存预热状态的功能的相关操作如图6.90所示。

缓存预热状态
自动重新优化清除/无效的页面。

主页网址
指定一个URL。

输入网站首页URL

网站地图网址
指定一个URL。

输入Sitemap地址

图6.90　NitroPack对缓存预热状态的设置

另外要注意，在网站上安装了Yoast SEO等插件，能够自动生成站点地图的情况下，以主站点地图为准，不要输入分类站点地图。

07 Chapter
第 7 章
网站搜索引擎优化

▶ **本章要点**

做完外贸独立站之后,我们就需要对网站进行各方面的优化,以适应谷歌搜索引擎的排名规则,从而获得一个较好的自然搜索排名结果。既然是要适应谷歌搜索引擎的排名规则,那么首先就要理解搜索引擎优化的概念和原理。

通过对本章内容的学习,我们可以掌握以下几点内容。

- 搜索引擎优化的相关概念。
- 谷歌搜索引擎的相关工作原理与基础操作思路。
- Google Search Console 后台的基础功能。
- 结构化数据在网站优化过程中的运用。

7.1 网站搜索引擎优化的相关概念

网站搜索引擎优化（Search Engine Optimization，SEO）主要包括网站内部优化和外部链接资源优化。谷歌SEO的所有工作都应该围绕这两个大方向进行，前者更重要。

搜索引擎本身并不创作内容，它是靠规模庞大的爬虫机器人不断去整个网络上搜索各种信息，然后将找到的新内容添加到其索引数据库中。当有人使用浏览器搜索某个关键词的时候，搜索引擎根据其排名算法将索引数据库中的相关内容进行排序，然后返回到浏览器端供用户查看。谷歌搜索的工作流程主要分为三个阶段。

（1）抓取。谷歌使用名为"抓取工具"的自动程序搜索网络以查找新网页或者之前已经存在后经更新的网页。谷歌会将这些网页的地址存储在一个大型列表中供日后查看。谷歌会通过许多不同的方法查找网页，但主要方法是跟踪其已知网页中的链接。（注意：最后这句话从某种程度上来说已经彰显了外链的重要性，通过在知名网站上设置指向自己网站的外链，能够让谷歌更快地发现我们网站的内容。）

那么除了做外链让谷歌更快地发现我们自己网站上的东西之外，还可以在谷歌的Google Search Console中心提交自己的站点地图（sitemap），也可以在Google Index API中提交抓取申请。

所以，我们做好网站之后，前期一定要多定时更新及投入适量的精力进行维护，避免断链和死链的存在。这直接影响了谷歌蜘蛛（下文中我们都将谷歌抓取工具称为谷歌蜘蛛）对我们网站抓取的频率及每次从网站中抓取的页面数量。

有了外部链接和Google Search Console的站点地图之后，谷歌蜘蛛就能获取进入我们网站的路径并开始对站点内容进行抓取。每当谷歌蜘蛛抓取到一个网页，它就会记下网页上的关键性信号（如网页的关键字、网页内容的新鲜度等），并且会在谷歌搜索引擎中跟踪所有的这些内容。这也就是为什么当我们在谷歌浏览器搜索影视大片的时候，默认情况下都是近期的影视大片而不是往期的电影，这里就涉及了内容新鲜度的排名因素。

（2）编入索引。谷歌访问通过抓取得知的网页，并尝试分析每个网页的主题（这里的主题不是指建站主题而是指网页上的内容主题）。谷歌会分析网页中的内容、图片和视频文件，尝试了解网页的主要内容。这些信息会存储在谷歌索引中，谷歌索引是一个存储在海量计算机中的巨大数据库。

谷歌蜘蛛将抓取的网页内容进行信息的归纳整理，每一个网页被编入索引数据库之后，其页面上的每个字词都会对应着一个条目，系统会自动将网页内容添加到不同的关键词条目数据库中。

（3）呈现搜索结果：当用户使用谷歌进行搜索的时候，谷歌会尝试确定最优质的搜索结果。最优质的结果取决于许多因素，包括用户的位置、语言、设备（PC端或者手机端）及先前使用过的搜索查询记录。支付相关费用并不能提高网页在谷歌搜索结果中的排名，网页排名是完全依靠算法完成的。谷歌的排名系统由一系列算法组成，它会考虑非常多的因素，包括用户查询的关键词、网页内容的相关性和可用性、信息的专业度，以及用户所处的地理位置和其所采取的相关搜索设置。

7.1.1 分析用户的搜索关键词

正确理解用户使用的搜索关键词，对于谷歌算法返回最优质的排名结果至关重要。整个排名算法的工作机制就是从分析用户的搜索关键词的含义开始的，谷歌为此创建了对应的语言模型，试图了解应该使用关键词的哪些部分在索引数据库中进行查询。例如，当用户搜索关键词"我和我的祖国"时，谷歌返回的搜索结果如图7.1所示。

图7.1 关键词"我和我的祖国"的搜索结果（在无痕状态下操作）

首页第一位和第二位的结果是完全不同的，很显然，当我们搜索"我和我的祖国"的时候，谷歌排名算法就已经在试图分析我们搜索该关键词的目的。谷歌的语言模型判断出我们不是要写一篇关于"我和我的祖国"的作文，在结合了其他排名因素之后，从谷歌的索引数据库中调出了它认为最符合的内容。

语言模型的作用当然不是这么简单。比方说当我们想要搜索某个关键词，但是不小心输入了错误的关键词时，谷歌语言模型会对此进行判断。

例如，我们将"的"误输为"地"，谷歌的语言模型能够立马明白"地"是"的"的错误拼写，所以谷歌算法还是执行了关键词"我和我的祖国"的搜索结果，如图7.2所示。

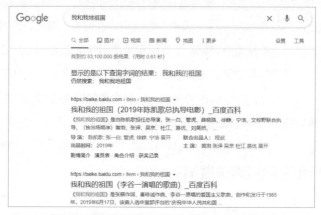

图7.2　输入错误关键词后谷歌搜索引擎给出的结果

当我们单击图7.2顶部的"仍然搜索：我和我地祖国"链接后，谷歌排名算法系统会再次运作，并将对应的结果展现出来，如图7.3所示。结果除了排名有所变化，其他没有太大变动。

图7.3　确认搜索错误关键词后，谷歌搜索引擎给出的结果

7.1.2　在索引数据库中检索相符的内容

正确判断出用户的搜索意图之后，谷歌的排名算法就要为该搜索意图检索配对的

信息了。在基本层面上，谷歌算法以关键词的匹配为核心出发点进行信息检索。检索信息这里涉及精准匹配和宽泛匹配两种内容配对行为，算法会分析相关关键词在某个页面上出现的频率和位置。（注意：出现在标题中和出现在普通段落中参与计算的相关性权重是有区别的。）

要引起重视的是，与用户搜索相符的关键词在一个页面中出现的次数并不是越多越好。因为这里涉及关键词堆砌的问题，相关关键词在同一个页面中出现，虽然与用户使用的搜索关键词不能完全匹配，甚至不包含用户使用的任何关键词，也毫不影响其对焦点关键词排名的推动作用。

还以前文中的例子来讲解，用户还是使用关键词"我和我的祖国"进行搜索，这时有一个新的页面，它的内容中包含了很多其他的相关关键词，如"张藜作词""秦咏诚作曲""李谷一原唱""爱国主义歌曲""一刻也不能分割"等。谷歌算法知道这个页面是关于《我和我的祖国》这首歌曲的，而不是关于电影的。

除了相关关键词的辅助判断外，谷歌还使用经过汇总和匿名化处理的互动数据来评估结果算法与查询内容的相关。谷歌将这些数据转换为修正信号，协助谷歌的算法系统评估相关性。

此外，谷歌的排名算法还会根据其他线索来衡量潜在的搜索结果在多大程度上满足用户的搜索需求（这一点比上面说的修正信号更加重要）。因为页面上的内容并不是只有文字，还可能有图片、视频、音频等。这些内容的存在也是谷歌算法需要重点考虑的因素，如图片的Alt属性，它就是为谷歌判断图片的主要表达内容而存在的。

最后，用户浏览器使用的语言也非常重要，谷歌算法会检索数据库中页面内容的文字语言与用户当前浏览器所使用的语言是否一致，以便优先为用户提供其首选语言的网页内容。

7.1.3 为索引网页排名

谷歌排名算法用语言模型判定了客户的关键词搜索意图，并在其庞大的索引数据库中找到最相关的一批网页内容，然后对这批相关内容进行名次排序。

这个排名算法涉及很多因素，包括内容的新鲜度、关键词的出现频率、网页的用户体验等。为了评估网页内容在相关主题方面的可信度和权威性，谷歌会寻找在相同或者类似查询中受到大量用户青睐的网站，如果其他与该页面内容主题相关的网站页面与当前页面建立了链接关系，那么谷歌会认为这些建立链接关系的页面也具有较高的品质。

基于上面这种链接传导的思维，很多站长会用重复关键字或者购买可提升网页排名的链接等各种不正当手段，企图获得搜索结果排名靠前的结果，谷歌对这种行为是打击的。为了遵循价值内容呈现的最高准则，谷歌开发了一系列对应的排名算法，包括但不限于企鹅算法、熊猫算法等。随着谷歌打击力度的加大和智能化程度的不断提升，依靠购买外链来提升搜索结果排名，且不顾自身网站页面内容质量的网站，迟早会被谷歌抛弃。

7.1.4 返回最佳结果

当谷歌算法在索引数据库中找到对应的内容，并根据实用性原则为这些内容排名之后，就需要将排名结果反馈给正在使用浏览器的用户。在反馈排名结果之前，谷歌会评估所有相关信息的综合效果，例如，这些已经排名的结果是只包含一个搜索内容主题还是有多个搜索内容主题。

谷歌为了让用户得到较好的搜索体验，会根据用户的搜索类型以最实用的格式提供一系列多样性的信息。比如，谷歌会考虑用户在不同的显示屏上能否正常查阅网页内容，这也是现在自适应网站设计越来越重要的一个原因。

此外，谷歌的算法变动的目的是让用户的搜索体验更好，那么在算法中就需要具体地体现这一核心思想。谷歌在对某项规则进行算法落实之前，会将需要落实的算法所涉及的内容进行告知，这样网站的操作人员就有充足的时间了解网站需要做哪些方面的调整并付诸行动。

7.1.5 用户的具体情况也会影响排名结果

搜索用户自身的情况也会在很大程度上影响谷歌关键词的排名结果，比如用户所处的地理位置、使用的浏览器语言、过往的搜索记录、Chrome的相关搜索设置等，都会在不同程度上影响谷歌搜索引擎最终呈现的搜索结果。

国内很多外贸从业人员在上网时，因为科学工具的上网线路不太稳定，有时候难免要切换其他国家或者地区的线路。而一旦切换线路，使用IP地址就会发生变化，搜索结果就会完全不一样。这种在相同关键词下展现出不同排名结果的情况我们简称为谷歌的个性化搜索。切换IP线路搜索某个关键词的行为会被谷歌搜索引擎所记录，在未来的搜索结果中，谷歌会根据这些庞杂的个人搜索行为，呈现出千人千面的排名结果。

当然，我们也可以命令谷歌不要执行个性化搜索，在myaccount.google.com上可以对系统进行设置，包括设置是否可将数据保存到自己的谷歌账号中。如果要停用谷歌搜索根据我们账号中的活动记录提供个性化搜索结果的服务，只需要关闭"网络与应用活动记录"功能即可。

7.2 谷歌 SEO 基础了解

如果我们想要谷歌搜索引擎在SERP（自然搜索排名结果）中给出一个好位置，那么首先要让谷歌知道我们的网站页面上有哪些内容，这些内容的整体结构是什么。这样谷歌的排名算法才能在搜索用户提交关键词的时候进行内容匹配，第一时间将合适的内容呈现在搜索用户面前。此外，谷歌也非常贴心地为我们准备了Google Search Console（也就是网站站长中心），来方便我们查看网站整体的运行情况。

7.2.1 帮助谷歌和用户了解网站页面内容

网站搭建完毕之后，有很多人会迫不及待地想投入网站内部优化的工作上。但是，不管是初学者还是有经验的谷歌SEO从业人员，在对网站优化之前，都要先看一遍谷歌官方对SEO方面的要求。

在自己的网站放开收录之前，不管是做了指向自己网站的外链还是在Google Search Console后台提交了站点地图，谷歌都不能正常抓取我们的网站。因为WordPress网站的"设置"中有一个"阅读"项目，里面有一个功能叫"对搜索引擎的可见性"。一般情况下，在完成对网站内容的优化之前，建议开启此功能，如图7.4所示。

图7.4　在WordPress后台设置网站内容对谷歌搜索引擎不可见

开启之后，搜索引擎是不会将我们的网站页面内容添加到其索引数据库中的，我们可以使用"site:"指令（注意：site后面的冒号必须是英文状态）进行验证，如图7.5所示。

图7.5　用"site:"指令查看网站的收录情况

如果这时候查看某个网页的源代码，我们就会在该页面的<head>部分找到noindex标记，如图7.6所示。

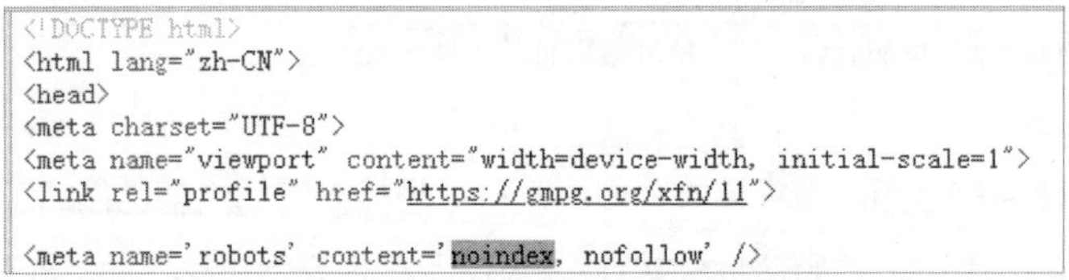

```
<!DOCTYPE html>
<html lang="zh-CN">
<head>
<meta charset="UTF-8">
<meta name="viewport" content="width=device-width, initial-scale=1">
<link rel="profile" href="https://gmpg.org/xfn/11">

<meta name='robots' content='noindex, nofollow' />
```

图7.6　源代码中的noindex标记

但有些时候我们放开了网站的索引权限，在使用"site:"指令的时候也不一定能查询到自己网站的相关信息，原因如下。

（1）自己的网站和网络上的其他网站没有紧密关联（从侧面说明了外链的重要性，除了提升权重外，还能加快网页被谷歌抓取索引的速度）。

（2）网站建立时间太短，作为小网站，谷歌可能短时间内并没有关注到我们的网站，所以谷歌蜘蛛并没有来网站进行内容爬取。

（3）网站的设计导致谷歌蜘蛛难以有效抓取其中的内容。

（4）谷歌蜘蛛在尝试抓取网站内容的时候遇到问题，比如，我们对网站页面的固定链接进行了修改，导致谷歌蜘蛛在爬取之前的链接时得到的是404报错。

（5）Robots.txt文件阻止了谷歌蜘蛛爬取我们的网站。Robots.txt文件规定了允许搜索引擎抓取我们网站上的网页或者规定了抓取的范围，其目的是避免我们的网站收到过多的访问请求，但是它并不是一种阻止谷歌抓取某个网页的机制。

在放开索引权限和设置正确的Robots.txt文件之后，我们就需要通知谷歌蜘蛛来我们的网站上"做客"。除了在其他网站做外链以便谷歌蜘蛛知道我们的网站存在之外，最常见的办法就是在Google Search Console中验证我们对某个网站的所有权，然后提交自己网站的Sitemap。操作方法如下。

（1）进入Google Search Console后台（见图7.7），单击"立即使用"按钮，然后在新页面中输入自己的谷歌账号，如图7.8所示。

图7.7　Google Search Console后台

图7.8　选择资源类型

（2）在图7.8左侧输入自己的网页地址，然后单击"继续"按钮，进入如图7.9所示的页面。图7.8中左、右两侧的验证没有太大的差别，只不过右边的相对来说范围小一些，验证的方法多一些。

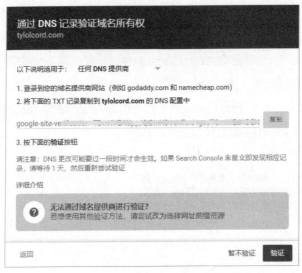

图7.9 "通过DNS记录验证域名所有权"页面

(3)将图7.9中的TXT记录复制下来,然后到自己的域名服务商网站登录自己的域名账号,再将TXT记录粘贴到域名的DNS配置中,如图7.10所示。

图7.10 在域名服务器中添加TXT解析记录

(4)返回Google Search Console后台,单击"验证"按钮即可。顺利的情况下会弹出如图7.11所示的页面。

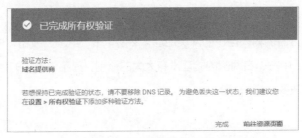

图7.11 域名所有权验证成功

当然，也可能会遇到如图7.12所示的报错页面。

图7.12　域名所有权验证失败的提示

验证失败可能是因为这条解析记录还没有完全体现出来，需要我们耐心等待。如果不想等待，那么可以选择其他方式验证。如使用网址前缀，就是在图7.8的右边输入域名，将验证文件下载到本地电脑，然后上传到自己网站的WordPress根目录文件夹中，这样的验证速度是最快的。

（5）在Google Search Console自己网站账号的后台，选择左边的"站点地图"功能，然后输入自己的站点地图URL，如图7.13所示。

图7.13　在Google Search Console后台添加站点地图

一般情况下，网站的站点地图URL是sitemap.xml，但若使用了Yoast SEO插件，该插件能够自动为我们生成站点地图，该站点地图的默认URL是domain.com/sitemap_index.xml，其细分成了数个类别，如post-sitemap.xml、page-sitemap.xml、category-sitemap.xml等。建议在Google Search Console中提交前两个类型，也就是文章（Post）和页面（Page）类型。

谷歌SEO的注意事项中有一点非常重要，那就是谷歌蜘蛛在抓取某个网页的时候，其抓取到的内容应该和普通用户看到的页面内容保持一致。除了恶意作弊的情况（有些人将关键词的字体颜色设置成和前端页面背景颜色一致，导致访客看不到文字内容，但是谷歌抓取网页内容时能够识别这些文字，这种做法会被谷歌的算法打击）外，其他一些因素也会导致谷歌抓取到的内容与用户看到的内容不一致。为了实现最佳的页面内容呈现和索引编制效果，我们需要让谷歌蜘蛛正常访问网站所使用的JavaScript、CSS

和图片文件。不能在robots.txt文件中禁止谷歌蜘蛛抓取这些资源，否则会直接影响到网站的自然搜索排名。

如果想验证自己的某个网站页面在用户面前和谷歌蜘蛛抓取方面是否保持一致，可以使用Google Search Console后台的网址检查工具进行检查。

在完成了站点地图的提交之后，接下来耐心等待谷歌蜘蛛来爬取网站内容即可。这个时间的长短并不能人为控制，但是我们在其他知名网站上搭建外链、更新文章或者创建新的页面内容，在某种程度上都会提高谷歌蜘蛛的爬取频率。

谷歌SEO的宗旨是输出对目标客户有价值的内容，所以我们的服务对象首先是我们的目标客户群体，而不是谷歌搜索引擎。很多的建站人员和谷歌优化人员在这一点上都会犯错，他们过分迷信技术所带来的力量，试图用技术性的方式将网站内容呈现给谷歌搜索引擎，缺少对页面内容优化的精力投入，导致用户的页面访问数据并不是很好，而这些访问数据是会直接反馈给谷歌搜索引擎的，最终导致技术性手段并不能获得好的自然搜索排名。

网站页面内容具备吸引力和实用性对用户体验来说是最重要的，所以，我们在输出内容时不能盲目地以个人主观感受为核心，而是应该站在目标客户的角度去思考问题。这个思想需要贯彻在我们建站和优化的整个过程中。

如果想不出目标客户急需解决的问题或者不知道应该输出哪方面的内容的时候，可以尝试用Answer the Public工具来寻找相关的选题。该工具提供35个维度的问题联想，分别是Questions（问题）、Prepositions（介词）、Comparisons（比较）、Alphabeticals（字母表）和Related（关联）。以关键词packaging machine为例，可以得到以下内容输出方案。

- where to buy packaging machine in Nigeria；
- how much is a sachet packaging machine；
- packaging machine for small business；
- packaging machine with nitrogen flushing；
- packaging machine manufacturers in USA。

有了这些选题之后，我们就可以有针对性地输出相关页面或者文章。在输出内容的过程中，我们还要注意一些细节。例如，文字内容应该简洁、易懂，单词的拼写和语法要准确，主题结构要清晰，用多个heading系列标签将内容分层等。

内容专业、权威也是非常重要的一个方面，即我们在创作内容的时候，不要试图用一个文章去说明很多项目、解决很多问题，不要追求大而全，而是要追求细而精。立足于一个小问题，将问题涉及的各个方面阐述完整，提出有价值的解决方案。

关于内容的呈现效果，我们一般指的是电脑端，但随着智能移动设备的不断深入，谷歌甚至出现了移动端内容效果不过关直接影响PC端排名的情况。为此，我们需要对移动端的内容效果投入更多的时间和精力，首先是选择移动端内容的呈现方式。目前主流的移动端内容呈现方式是自适应，除此之外，我们还可以选择动态提供内容和准备单独的移动端网址。

这三种移动端内容的呈现方式各有利弊，但无论选用哪一种，都必须注意以下几个要点。

（1）如果使用动态提供内容或拥有单独的移动端网站，那么当网页采用适合移动设备的格式时（或当网页拥有所用格式适合移动设备的对等网页时）要告知Google，这有助于Google在搜索结果中准确地向移动设备搜索用户提供内容。

（2）如果使用自适应模式，那么要使用meta name="viewport"标记来告诉浏览器如何调整内容。"<meta name="viewport" content="width=device-width, initial-scale=1" />"这段代码明确地告诉了浏览器内容呈现宽度以设备显示宽度为准，初始缩放比例为1：1。

（3）如果使用的是动态提供内容的方式，那么需要使用Vary HTTP标头，根据用户代理的指示进行更改。如果使用的是移动设备单独网址，那么可以通过向网页添加包含rel="canonical"和rel="alternate"元素的<link>标记，指明两个网址之间的关系。

（4）在所有设备上提供所有的网页功能。移动用户希望网址在移动设备上提供的内容和在其他设备上一样，如查看其他访客的留言等。除了文字内容，还要确保所有重要图片和视频都已经嵌入移动端版本，并且用户能够通过移动设备访问。

（5）对于谷歌搜索引擎，在所有版本的网页上提供所有结构化数据和其他元数据，如网页标题、元描述内容、link元素和其他的相关元标记内容。

总的来说，一个网站的页面内容如果想有好的谷歌自然搜索关键词排名，就必须同时满足目标客户群体和谷歌搜索引擎。如果两者发生冲突，建议优先考虑前者。在输出内容的时候，我们要做的是让两者更好地理解网页上的内容。

7.2.2　谷歌SEO基础工作指南

大部分建站新手在做完网站之后，都会迫不及待地投入谷歌SEO工作中，幻想着用自己的文案和其他内容提升关键词排名，以获取更多自然搜索流量和询盘。但在现实中，面对建好的网站，建站新手往往是有思路，但不知道如何执行。接下来我们就根据谷歌官方的网站优化指南来一起学习一下。

1. 站长工作指南

站长工作指南主要讲的是三种类型的网站：联合发布内容型网站、联属型网站和门页网站。

（1）联合发布内容型网站指的是从其他网站复制内容发布到自己的网站上。有些网站会围绕某些特定主题到其他网站上抄袭相关的内容，他们只做内容的搬运工，而不做内容的生产再制造，不添加任何自己独特的价值和观点。

这种联合发布内容型网站的本质是不新建或者创立原创的内容，虽然在想不出好内容的时候可以借鉴其他优秀网站的内容，但我们还是坚决抵制毫无底线地照搬照套原文内容。如果整个网站上都是抄袭的内容，那么很可能整个网站都会被限制参与自然搜索排名。

（2）联属型网站类似于国内的淘宝客，它们在自己的网站上添加一些在线售卖平台的产品信息，以吸引用户点击购买的方式获取一定的费用。例如，笔者做一个自行车测试评论网站，但自己并不售卖任何自行车，而是到amazon.com上找到品质较好的产品，然后将其链接和相关产品说明放在自己的网站上。如果自行车测评网站受到很多潜在用户的好评和信赖，其他用户通过点击网站上推荐的自行车售卖链接进行购买，那么笔者就能获得一定的佣金。

需要注意的是，单纯照搬产品描述等信息是不好的。谷歌需要你用更好的、更有说服力的文字和图片对链接产品进行包装，以促进目标客户购买行为的产生。

（3）门页网站（Doorway Site）指为了针对特定搜索提高网站排名而建立的网站或网页。谷歌搜索引擎不喜欢门页网站，原因在于其会导致搜索结果中出现多个类似网页，这些网页最终会将用户引导到同一个目标网页，和词汇霸屏有点类似。谷歌想为用户提供最有价值的内容，不希望被人为操纵着将结果引导至有限的单一的网站上。

2. 常规工作指南

常规工作指南包括帮助谷歌搜索引擎找到我们的网页，帮助谷歌搜索引擎了解我们的网页，以及帮助访客更好地使用我们的网页。

（1）帮助谷歌搜索引擎找到我们的网页，主要包括4个方面的操作。

①外部链接引导谷歌蜘蛛抓取我们的站点内容。按照谷歌官方的建议，这些外部

链接应该使用HTML中的<a href="需要引导到自己网站某个页面的url">锚文本</a>。注意，这个锚文本应该是和需要引导到的目标网页的内容相关的。如果采用的是图片形式，那么图片的alt属性文字也应该和目标页面的内容息息相关。图片的链接操作为：<a href="需要引导到自己网站某个页面的url"><img src="图片的地址" alt="和目标页面内容相关文字"> </a>。

②提供SiteMap文件。谷歌官方也建议我们同时再做一个SiteMap页面，以锚文本形式呈现页面内容（类似网站站点导航的聚合页面），并且将网页上的链接数量控制在一个合理的范围，即几千个以内。注意，是单一页面的链接数量，而不是整个网站总链接数量。不过，一般的小网站不太可能在一个页面上做几千个链接。

③确保网络服务器正确支持If-Modified-Since HTTP标头。If-Modified-Since HTTP标头指示浏览器首次从服务器下载资源的时间，有助于确定资源自上次访问以来是否已更改。如果特定资源的HTTP状态为304 Not Modified，则表示该文件没有更改，不需要再次下载。有了这个功能，网站所有者和访问者都可以节省资源，因为不必每次都检索文件。

④在网站根目录文件夹中添加robots.txt文件，通过防止抓取无限的内容区域（如搜索结果页等）来管理我们的谷歌蜘蛛抓取预算。当然，如果不想用robots.txt文件，那么也可以采用漫游器元标记及X-Robots-Tag的HTTP标头来解决该问题。

（2）帮助谷歌搜索引擎了解我们的网页。

当谷歌搜索引擎知道了我们的网站有内容方面的更新并且准备进行内容抓取时，我们要做的是帮助其更好地了解我们的网页内容，这部分内容就是谷歌SEO的精髓。比方说，从整体上来讲，我们需要创建一个实用性较强且信息丰富的网站，并且要能够清晰、准确地表述网页的内容。考虑到关键词的排名和流量的引进，我们还要站在潜在目标客户群体的角度思考他们会用哪些关键词查找对应的内容，这些对应的关键词是否已经在我们需要参与排名的网页上出现。

这些关键词的出现要遵循自然、合理的关键词词频。确保<title>、<meta description>、<h1>、图片的alt属性等内容包含关键词，并且关键词对当前页面内容的描述具有准确性。

为了使Google全面了解我们网站的内容，我们需要允许Google抓取可能会显著影响网页呈现效果的所有网站资源，如会影响Google了解网页的CSS和JavaScript文件。Google索引系统所呈现的网页样貌与用户看到的一样，包括图片、CSS和JavaScript文件。

3. 质量指南

谷歌的质量指南涵盖了常见的作弊形式和谷歌认为操作不合规的行为。对于一些没有明文列举的不合规行为，谷歌算法也会进行大力查处，确保有一个较为公平的内容排名竞争环境，从而呈现出高质量的谷歌搜索内容。

不合规的操作手法包括但不限于以下这些方面。

（1）自动生成的内容。最常见的就是复制粘贴，其次是内容抄袭后的关键词整体替换，还有的使用所谓的AI内容创建工具，输入关键词之后自动生成所谓的原创内容。

（2）外链作弊。任何企图操纵网页排名的链接行为都会被视作外链作弊行为，这种行为是会被谷歌搜索引擎直接处罚的。具体表现为花钱购买外链和包含外链的帖子，用其他商品或变相服务交换链接，两个不同网站之间的链接互换，使用外链构建器发布大量无效外链等。

（3）伪装真实内容。指分别向潜在目标客户群体和搜索引擎呈现不同的内容或者网址的做法。例如，向搜索引擎提供HTML文本形式的网页，但是向用户提供图片形式的网页等。

（4）欺骗性重定向。注意，这里的重定向和常规的重定向是有区别的。正常情况下，我们网站迁移或者多个网页合并成一个网页都会产生404错误报告，为了避免这种情况，我们会选择将这些页面做301重定向到全新的网址，这种操作是完全没问题的。但是有些重定向是为了欺骗搜索引擎，对用户和抓取工具分别显示完全不同的内容，这种做法就是欺骗性重定向。

（5）隐藏文字和链接。例如，文字的颜色和背景颜色相同，利用图片的绝对定位将图片覆盖在文字的上方，用CSS代码将文字显示在屏幕之外，字体大小设置为0px，用连字符或者标点符号来隐藏链接等。

除了上述行为之外，还有一些不是很常见的违规行为，如关键词堆砌、网页中带有恶意行为（网上诱骗、安装病毒、有害软件）、滥用结构化数据、向谷歌发送自动查询等。

7.2.3 Google Search Console体验

前文中我们讲过如何用自己的谷歌账号添加网站资源，其中一个步骤是验证我们对某个域名的所有权。如果选用全域名验证，就需要在域名服务器中添加一个TXT记录。

如果选用的是SiteGround服务器，将域名的NS记录指向了SiteGround，那么很可能在做Google Search Console站点所有权验证的时候经历无数次失败。因为SiteGround后台的Domain中有一个DNS Zone Editor，里面默认有三条TXT解析记录。这三条TXT解析记录会一直干扰Google Search Console对域名所有权的验证。

遇到这种情况，我们需要先删除这三条TXT解析记录，然后重新添加一条TXT记录，如图7.14所示。

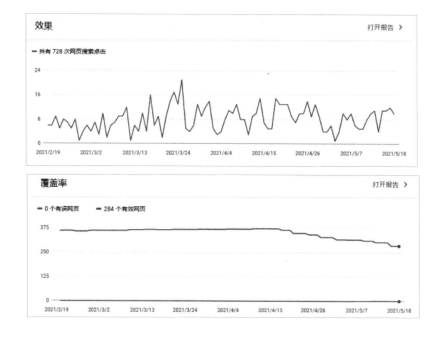

图7.14　在SiteGround后台新增TXT解析记录

这时候再回到Google Search Console的验证页面进行验证，基本就没有太大问题了，而且此时的解析速度会很快，解析完之后去验证基本就能生效。

进入Google Search Console后台，我们首先看到的是概述页面。在概述页面中，系统默认展示了四项数据，分别为效果、覆盖率、体验和增强功能，如图7.15所示。

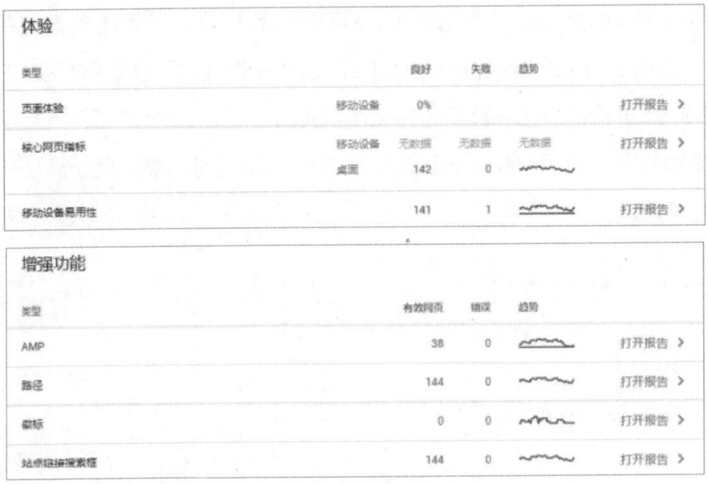

图7.15 概述页面中的数据

1. 效果

关于效果，系统提供了4个维度的统计数据，分别是总点击次数、总曝光次数、平均点击率和平均排名，这四个数据会因为我们设置的筛选条件不同而不同。此外，我们还可以将关键词查询、网页、国家/地区、设备和搜索结果呈现（AMP非富媒体搜索结果、AMP文字和Weblight结果）等5个项目作为数据统计的筛选条件。

（1）总点击次数很好理解，这里不做过多解释。

（2）总曝光次数和某些平台的曝光次数的统计方法不同，Google Search Console中给出的总展示次数或者叫总曝光次数是指用户在搜索结果中看到指向我们网站的链接的次数。对于图片和其他搜索结果类型（如网站上的视频），该值的计算方法会有所不同，具体取决于相应结果是否被滚动到了用户的视野范围。也就是说，只有当用户搜索之后，他的电脑屏幕上有指向我们网站的内容时才会被算作一次曝光。

（3）平均点击率就是总点击次数除以总曝光次数。简单来说就是我们的网站页面被用户看到一百次中有多少次被点击的可能，这和我们的页面标题与元描述内容有比较大的关系。

（4）平均排名指的是我们的网站在搜索结果中的平均排名。因为网页的关键词自然搜索排名是存在波动的，所以这里以最高排名为计算基础，综合统计多个关键词的最高排名情况，计算得出一个平均排名结果。这个数值越低，说明排名结果越好。

对于网址检查功能，此处介绍几个易犯的错误。前文中说过，使用Google Search Console之前需要先验证我们对网站的所有权，除了整体域名验证，还可以分类验证。分类验证也是很多人的首选方式，因为比较方便，直接上传验证文件到网站服务器的根目录即可。但是当我们提交验证资源的时候，到 Google Search Console 后台使用网址检查输入系统会出现报错提示。

出现这种情况是因为 Google Search Console 默认为两个完全不同的资源。所以当我们需要检查自己的某个网页是否被谷歌搜索引擎收录的时候，应该遵循提交站点资源时候的域名格式。

2. 覆盖率

覆盖率中有一个非常重要的参数，叫有效页面，有效页面代表着我们无须对它们进行任何操作，正常情况下它们都能参与谷歌自然搜索的关键词排名。一般情况下，我们要尽量做到：网站的 Post 数值 +Page 数值 = 有效网页的数值。

以某个网站为例，网站的 Post 页面数量为 283，Page 页面数量为 34，那么网站应该参与排名的总页面数量就是 283+34=317，而在 Google Search Console 的后台数据中，有效网页只有 284 个，站点覆盖率为 284÷317×100%=89.6%。换句话说就是，每创建 10 个页面就有 1 个未被收录到谷歌索引数据库中。

未被收录到谷歌索引数据库中的网页是非常可惜的，我们花费了大量的时间和精力去做优化，结果却无法参与到关键词的自然搜索排名中，等于之前的努力白费了。对于这种情况，我们要做的就是将已经被添加到索引数据库中的页面统计信息导出来，然后和自己网站地图上的页面信息进行比对，找出未被索引的页面，然后查看未被索引的原因。

如果你在查看自己网站页面索引覆盖率的时候，错误页面一项中有统计数值，那么这里的数字代表的就是由于某些原因无法被编入索引的页面数量。我们需要单击这个数字，然后在下面的列表中查看具体的错误原因，改进之后再提交 Google Search Console 进行收录。

3. 体验

谷歌会针对每个网址评估网页体验。目前来说，谷歌只使用移动端浏览器来评估网页体验（也就是说，谷歌只会面向移动设备用户进行评估，并且只有来自移动设备的搜索才会受到影响），评估的目的是帮助网站提升用户体验。

核心网页指标一般指的是网站页面的加载速度，也就是谷歌的 PageSpeed Insights 的测试结果。核心网页指标分为移动设备和桌面两个部分，下面以桌面端的核心网页指标为例进行讲解，如图 7.16 所示。

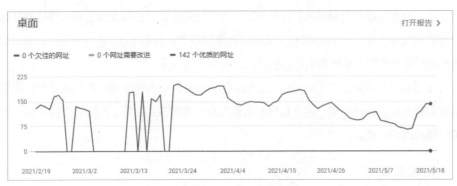

图7.16 PC端核心网页指标统计折线图

在桌面端统计数据中可以看到只有142个优质网址,对比我们网站的文章加上页面的总和317,差不多有55%的网站页面在桌面端测试不合格,或者说达不到谷歌评分中的良好等级。为了解决这个问题,我们需要将这些优质网址下载到自己的本地电脑中,再和总的网址列表进行比对,找出评分不好的页面进行速度优化。

移动设备易用性指的是我们网站页面的内容在移动端能被正常使用,这是自适应网站很容易忽视的一个地方。很多建站人员在做完PC端的网站内容之后忽略了移动端的显示情况,那么影响移动端易用性检测报告的因素有哪些呢?

①使用了不兼容的插件。

②未设置窗口。

③文字太小,无法阅读。

④可点击元素之间的距离太近。

⑤内容宽度超过了屏幕显示范围。

因此,在做完PC端的网站内容之后,要验证一下自己的网站页面在移动端是否适配。

4. 增强功能

Google Search Console中的增强功能共有4个内容版块,分别是AMP检测、路径、徽标和站点链接搜索框。GSC的增强功能主要针对的是谷歌在我们的网站页面上能够找到那些富媒体文件及其相关的内容,以及谷歌蜘蛛算法能够正常爬取这些内容的结果报告。

(1) AMP检测。谷歌推动AMP(Accelerated Mobile Pages,加速移动页面)这一开源项目为的就是确保网页以最佳速度在移动设备中运行。AMP能够立即加载的原因是AMP限制了HTML、CSS和JavaScript,从而可以更快地呈现移动页面。

谷歌官方为了照顾广大不懂代码的建站人员，特意推出了一款叫作AMP的插件，插件的使用方法也非常简单。安装完插件之后，系统会在原有的网站页面基础上自动生成新的页面，新页面的网站页面地址URL是在原有的页面基础上加一个"amp"。比方说某网站的首页是https://www.jackgoogleseo.com/，那么使用AMP插件之后生成的页面URL就是https://www.jackgoogleseo.com/amp。

新的AMP页面生成之后需要先进行测验，以验证页面是否符合AMP状态（虽然绝大部分由AMP插件生成的页面都没有问题），如图7.17所示。

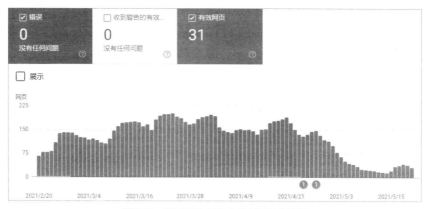

图7.17　网站页面AMP有效性验证统计图

回到Google Search Console增强功能中的AMP检测中，有效网页指的是我们利用AMP插件自动生成的网站页面（这些页面的内容和正常的页面内容是完全一致的），因为一些原因禁用了AMP插件，并提交了删除索引请求，所以会看到图7.17中网站AMP有效网页数量在近期呈现下降趋势。

（2）Google Search Console的增强功能中还有其他项目，如路径、徽标、站点链接搜索框。这些内容主要统计的是富媒体搜索结果，而统计这些结果的依据主要是结构化数据，也就是Schema。

手动操作指的是谷歌对我们的网站页面执行了可能导致网页在谷歌自然搜索结果中排名发生变化的相关操作。当谷歌的审核人员判定网站中的一些网页不符合谷歌的网站页面质量指南的时候，谷歌便会对该网站执行手动操作。绝大部分手动操作都是针对企图操纵索引结果的行为的，手动操作检测报告中的大多数问题都会导致网页或者网站在搜索结果中的排名下降，而谷歌不会做出任何可见的提示。如果手动操作检测报告有问题，解决方案如下。

①展开报告中的手动操作说明面板以了解详情。

②查看哪些网页受到了影响。

③查看问题的类型和简短说明，然后访问"了解详情"链接以查看详细信息和问题解决方法。

④解决所有受影响网页中的问题。仅解决部分网页中的问题并不会让网站的部分内容重新显示在搜索结果中。如果网站受到多个手动操作的处罚，需阅读有关详情并解决所有问题。

⑤确保Google能够访问我们的网页，可以使用网址检查工具测试可访问性。

⑥当对所有网页修正了报告中列出的所有问题之后，就在该报告中选择提交审核请求。在重新审核请求中说明所做的修正，理想的请求要符合以下三点：准确阐释网站上存在的质量问题；描述为修正问题所采取的措施；记录在采取措施后获得的效果。

⑦勿重复提交请求。重新审核可能需要几天或一周时间才能完成，谷歌会通过电子邮件将进度告知我们。所以，在谷歌对处理请求做出最终决定之前，请勿重新提交请求。

7.3 谷歌 SEO 进阶

谷歌SEO高阶教程既包括Title、Meta Description、Keywords这三者的优化调整，还包括高质量原创内容输出、内容搜索质量提升、外链构建等。本节内容侧重的是基础性项目的实操讲解、原创内容的不同呈现方式及结构化数据（Schema）在谷歌搜索优化过程中的具体应用。

7.3.1 更改搜索结果的呈现方式（一）

关于如何更改网站在谷歌搜索引擎及其他谷歌产品和服务中的显示效果，谷歌官方给出了说明文档。

标题和摘要（以下称为元描述）是SERP（搜索引擎结果页面）三要素中比较重要的两个，另外一个是URL。为了充分展现每个网站页面的相关内容，谷歌自动化生成了网页标题和元描述。注意，这里是生成而不是创造，也就是说，生成的结果是由提供或者抓取的内容决定的，这也是我们做谷歌SEO的根本。

1. 标题

标题对于谷歌 SEO 来说非常重要，但是很多人会将页面标题与页面内容标题混淆，这是两个完全不同的概念。从代码角度来讲，页面标题用 <title></title> 标记符号进行声明，而页面内容标题一般用 <h1></h1> 标记符号进行声明。

页面标题的文字不会出现在正常显示的网站前端网页内容上，因为它的代码出现在 HTML 代码中的 <head></head> 部分，也就是我们常说的头部信息。而页面内容标题会出现在网站前端网页内容上，因为它的代码出现在 HTML 代码中的 <body></body> 部分。当然，如果 <body> 部分的代码中没有 <h1>～<h6>，也没有太大问题。在 HTML 规则中，这部分不是必须存在的项目。

标题部分的文字除了因为其关键词的存在能够匹配用户的搜索关键词外，高质量的文案输出也能提高某个页面被点击查看的概率。

（1）为网站的每一个独立页面都指定一个独一无二的页面标题。注意，某些情况下并不能为网站上的每一个页面都设置独一无二的标题。例如，网站中有一个 Blog 页面，网站上总共有 50 篇文章，如果规定了 Blog 页面最多能显示 10 篇文章，这时候系统就会自动创建出 Blog2、Blog3、Blog4、Blog5 这 4 个博客文章聚合页面，每个页面有完全不同的 10 篇文章。在 WordPress 后台的页面系统中，我们找不到这 4 个页面，所以也无法用 Yoast SEO 等优化工具对每个页面标题进行改写。除了类似的特殊情况外，其他自主创建的页面我们都应该为其创建一个独一无二的标题文字内容。

（2）标题文字具有描述性且简明扼要的风格。在做网站的时候，我们一般创建首页后会将其命名为 Home，将页面命名为 About Us。在谷歌看来，这样的命名方法并不是很恰当。以链条行业做得很不错的网站 fbchain.com 为例，它的首页标题不是 Home，而是 Industrial chains and leaf chain for materials handling | FB Chain。另外，关于标题的长度，虽然谷歌没有做出明确限定，但是过长的标题是会被隐藏的，如图 7.18 所示。

图 7.18 标题因字数过长而被省略号替代

（3）避免关键词堆砌。这一点非常重要，关键词是谷歌搜索结果排名的一个很重要的参考因素，我们只需要做好匹配即可，尽量不要在页面标题中使用多个类似的关键词。

（4）避免重复或者出现样板标题。有时候网站页面数量会很多，可能超过了两位数，为每一个页面撰写完全不同的标题，还需要考虑在标题中插入关键词及避免关键词堆砌等情况。

（5）页面标题中可以存在品牌，但建议品牌词出现在标题开头或者结尾。例如，某网站直接以FB Chain作为其品牌词，令其出现在了标题的起始处，并且用冒号间隔，如图7.19所示。当然，它也有出现在标题尾部的情况，如图7.20所示。

图7.19　品牌名在标题中的出现位置1

图7.20　品牌词在标题中出现的位置2

（6）关于禁止搜索引擎抓取网页的问题。前面提到过robots.txt文件，它的作用是阻止谷歌抓取网页，但是并不能阻止网页被编入索引，如果你需要禁止网页被索引，那么需要在页头信息中添加noindex标签。例如，我们在别的网站页面上添加了外链，通过这个外链谷歌蜘蛛能够发现我们的网页。虽然我们的robots.txt文件设置的是disallow，但很有可能仍会被编入谷歌索引。而编入索引之后就需要有标题文字，但谷歌蜘蛛的访问是被禁止的，所以很可能这时候出现在索引中的标题文字就是外链的锚文本文字。

2. 元描述

和绝大部分页面标题可以由人为代码指定不同，元描述部分的内容在人为代码指定的情况下有时候并不一定能够展现。很多时候我们会发现，谷歌会根据页面内容自动创建SERP中的元描述文字，而不是使用页面\<head\>中的\<meta name="description"\>的标记信息。

元描述的出现是为了强调与用户的具体搜索最相关的网页内容，这也就意味着，对于同一个网页，系统可能会因为搜索不同而显示不同的元描述信息。

值得注意的是，元描述并不完全等同于页面摘要，只不过我们为了方便说明将页面摘要简单理解成元描述。谷歌建议我们使用两种不同的方法来创建页面的内容摘要：富媒体搜索结果和元描述标记。前者需要使用结构化数据，后者需要使用<meta description>标签。

既然谷歌搜索引擎会自动抓取我们网页的相关文字来作为摘要信息，那么就可能存在抓取的文字内容并不是我们想表达的核心思想的情况。为了解决这个问题，我们需要使用nosnippet指令。

nosnippet指令的作用是，指定不在搜索结果中显示该网页的文本摘要或者是预览。如果有静态的缩略图，而且能实现较好的用户体验，那么系统就应该显示这类缩略图。nosnippet适用于网页搜索、谷歌图片和谷歌探索。

如果想要限定元描述部分的文字长度，可以用max-snippet:[number]来指定元描述文字的显示数量。指令中的number就是指定的元描述的单词数。需要注意的是，这里的max-snippet限制可能无法对中文字数正常起作用。

还有一种特殊情况，就是当我们不知道谷歌搜索引擎会抓取网站页面中的哪一段文字作为元描述，而且我们不希望网站页面中的某些文字出现在元描述中时，就需要使用data-nosnippet指令来进行阻止。

我们在做谷歌SEO的过程中，实际上很少会用到snippet指令。一般情况下，我们使用<meta name="description">标签来生成元描述内容。因为与谷歌自动抓取内容相比，我们自身提供的元描述信息更加准确和有针对性。谷歌认为这种类似宣传标语一样的元描述能让用户确信当前的页面正是他们要找寻的答案。

谷歌对元描述文字的数量没有限制，理论上来说写多少都可以。但是因为显示设备宽度的问题，超出预设宽度的部分是会用省略号替代的。这就意味着，我们要想在元描述中添加关键词并且匹配用户的搜索意图，关键词就不能出现在太靠后的位置，否则用户是看不见的。

谷歌对元描述内容没有作出硬性规定，只要如实、准确地表述当前页面的主体内容即可。但是为了更好地展现SERP的结果，我们需要为每个网页都添加元描述内容，而且最好是每个页面都有完全不同的元描述内容，并且元描述的内容在很大程度上是要遵循页面标题的，因为本质上元描述就是对页面标题的补充。

7.3.2 更改搜索结果的呈现方式（二）

高明的网站设计师如同优秀的讲故事大王，他们能用丰富多彩的形式将要表达的内容呈现给目标客户。但在实际的网站搭建过程中，并不是每一个网站设计师都具有高超的表达水平。谷歌官方提供了一个非常好用的工具——Google Web Stories，来帮助我们将枯燥的文字和图片制作成精彩的页面，从而提升用户的网站页面体验感。

Google Web Stories由谷歌的AMP研发部门提供技术支持，目标用户除了可以在我们的网站上查看之外，还可以在谷歌搜索、谷歌图片及手机上的Google Discover来体验它。这种沉浸式的全屏故事体验形式，让我们可以在内容中穿插视频、图形等形式，达到共享品牌故事的目的。即Google Web Stories可将视频、音频、图片、动画和文字融为一体，营造出动态的消费体验。制作一个网络故事需要经历以下5个步骤。

（1）创建网络故事。

（2）确保网络故事是有效的AMP。

（3）验证元数据。

（4）检查网络故事是否被编入索引。

（5）遵循网络故事内容政策。

主流网络故事的创建方法有两种：一种是用网络故事编辑器（有点类似于Elementor编辑器的操作）；另外一种是使用AMP。AMP官网上有专门的一个页面供我们构建自己的网络故事。

网络故事编辑器有多种选择，如Web Stories（WordPress的一款插件）、MakeStories、Newsroom AI，这里以Web Stories这款插件为例进行讲解。

1. 安装Web Stories插件

在WordPress后台找到Web Stories，单击"现在安装"按钮（见图7.21），根据提示安装后激活并启用插件。

图7.21　在WordPress后台安装Web Stories插件

2. 创建新的Web Stories

在WordPress后台的功能菜单中选择"Stories"→"Explore Templates"命令，在弹出的页面中单击"Create New Story"按钮，如图7.22所示。

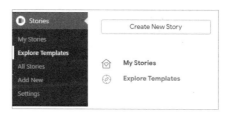

图7.22　创建一个新的Web Stories

此时，页面就会跳转到Web Stories插件的内容编辑页面，页面左上角有5个小模块，分别是WordPress网站的媒体库文件（包括图片和视频）、第三方媒体库、文字调整、内容形状设置和页面样板。右边是具体元素的设置选项、文件的状态、Web Stories的检查项目列表。

下面我们用Web Stories自带的第三方模板做一个简易的演示，读者可以根据自己的实际情况设置完全不同的Web Story。

以Web Stories中的FASHIN ON THE GO模板为例，单击左侧的对应模板，该模板就会自动添加到Web Stories插件的内容待编辑区域，然后我们依次将剩下的3个页面添加进来。如果想调整这4张页面模板的顺序，那么直接拖动缩略图调整顺序即可。如果想对模板内容进行更改，就需要到右边的内容编辑项目中进行相关操作，首先是调整对齐方式，如图7.23所示。

图7.23　Web Stories 的内容对齐方式

（1）Size & Position中有5个参数，X和Y对应的是内容区块点位，也就是内容在平面上的X和Y方向轴上的偏移位置。W和H是内容的宽度与高度。这两个参数后面有一个锁图标，代表同比例放大和缩小。如果想自定义宽度和高度，那么单击之后就会解除同比例调整的限制。最后是偏转角度设置，可以设置为负数，如图7.24所示。

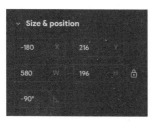

图7.24　Web Stories插件对内容偏移位置的相关设置

（2）Saved colors和Saved styles这两个项目是为了让我们更快更好地设计Web Story而设计的，前者是保存某个经常需要使用的颜色，后者是保存某个内容元素的样式，这两者都是非必须操作选项。

（3）Text项目中可操作的项目比较多，如字体类型、字体粗细、字体大小、行间距（可以调整到小数点后2位）、单词间距、文本的水平对齐方式、加粗、斜体、下划线、文字颜色、不透明度等，如图7.25所示。

 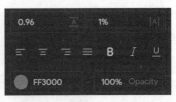

图7.25 文字样式设置

（4）Text Box指的是整个文字内容，None就是不添加背景颜色，Fill是背景颜色填充，Highlight是背景颜色高亮填充。Padding是内距，指的是整个文本内容的水平和垂直方向上的内部距离。不过不能单独调整4个方向上的任意一个数值，只能成对调整。

（5）Layer只有一个参数，就是Opacity，指的是内容的透明度，数值越低颜色越淡，看起来越透明。Border是外边框线，可以设置为0，这样就不会显示了。如果设置了具体数字，还可以设置对应的外边框线颜色，以及外边框线颜色的不透明度。

（6）Corner radius指的是角的圆润程度，取值区间是0~100，数值越大，边框线的4个边角越圆润。如果没有设置边框线，那么在Corner Radius中无论怎么调整都不会有结果。

（7）Animation指的是动作特效，系统给出了很多不同的动作特效，我们甚至可以更改动作的速度，这一点和Elementor编辑器很像，不过Elementor的动态效果是预显示在编辑器上的，而Web Stories插件显示在动作效果待选取项目上（因为区块大小的问题，个别动态效果可能会展示不全）。

（8）Link则比较简单了，就是链接地址。考虑到Web Story主要运用于移动设备上，也就是说显示器屏幕没有PC端那么大，所以单个页面上不建议出现多个链接地址，以免在点击时误触多个链接项目，发生页面跳转错误。

（9）最后的Layers相当于Elementor编辑器中的Z-index，或者说相当于Photoshop中的图层。按住鼠标左键拖动以调整排序，最上面的图层排在最前面，最底下的图层自然就被上面的图层遮挡了。

在了解了Design部分之后，我们再来看看Document部分。

（1）Status and Visibility指的是Web Story的状态与可见性。Web Stories插件给出了3种状态，分别是Draft（草稿）、Public（公共可见）和Private（私人可见）。选择草稿状态的话，就只有自己看得到；选择公共可见的话，每个人都能看得到；如果是私人可见，那么仅对网站管理员和编辑人员可见。

（2）Publishing指的是出版信息，包括出版时间和Web Story的作者信息。此外还有两个必填项目，分别是Poster Image（也就是海报图片）和Publisher Logo（可以简单理解为出版商的Logo）。

（3）Story Description指的是Web Story的文字描述，这个文字描述和直接做在模板图片上的文字是有区别的。这里的文字描述（或者说故事描述）的作用是在谷歌搜索结果中覆盖面更广，有更好的搜索结果匹配性，而后者则是简单的文字内容描述。

（4）Permalink是永久链接，也就是别人看到这个Web Story时浏览器上显示的URL地址。这和我们建站时的网站页面的固定链接是一样的意思。

（5）Page Advancement用于设置在展现Web Story的时候，页面内容是自动播放还是需要手动播放。在Duration中我们可以设置页面切换时的间隔时间，单位是秒。

Checklist部分会直接告诉我们哪些页面上还需要添加什么内容、缺少哪些东西。我们可以简单地理解为，这是一个待完成事项，每完成一个需要操作的步骤，Checklist中就会消除对应的项目。当所有的Checklist项目都做完之后，单击编辑版块右上角的"Publish"按钮，完成发布即可。这样我们就完成了整个Web Story的编辑发布过程。

3. AMP测试

做完了Web Story之后，我们需要对所做的内容进行AMP测试。

在图7.26所示的地址栏中输入刚刚创建的Web Story页面地址URL，然后开始测试。当看到图7.27所示的检测结果时，说明上面的所有操作都是正确的。

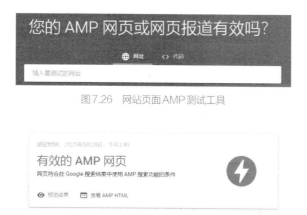

图7.26　网站页面AMP测试工具

图7.27　Web Story检测结果

要让Web Story显示在谷歌搜索结果中，我们就需要在Web Stories页面的头部代码中提供必要的元数据。

一般来说，AMP对Web Story所要求的元数据有4个字段，分别是Publisherlogo-src（发布者的logo）、Poster-Portrait-src（海报图片）、Title（故事标题）和Publisher（发布者的信息）。

AMP检测合格之后，我们需要将Web Story提交给谷歌搜索引擎，以便谷歌搜索引擎将Web Story纳入其索引数据库。为此，我们需要在Google Search Console后台的网址检测中输入Web Story的页面URL，如果检测结果是未索引状态，就应该提交索引，并且在自己的站点地图上添加页面URL。

另外，每一个Web Story页面都必须是规范网页，所以每个Web Story的页头代码中都必须要有rel=canonical，如<link rel="canonical" href="https://www.example.com/URL/to/webstory.html">。如果Web Story涉及多个语言版本，我们还需要设置Hreflang标签，以方便谷歌搜索引擎知道哪个页面对应的是哪种语言。

7.3.3 结构化数据的工作原理和作用

结构化数据是一种提供网页相关信息的标准化方法，有助于像谷歌这样的搜索引擎更好地了解网站页面内容。既然它是一种提供网页相关信息的标准化方法，简单来说就是信息的"行为规范"，就肯定不能是直接影响SERP排名结果的因素，也不能直接帮助我们提高谷歌SEO排名，但它对谷歌SEO的工作有以下几点帮助。

1. 获得富媒体内容

SERP三要素（URL、标题、元描述）基本是以常规的文本形态出现的，除了匹配的关键词显示为黑色、加粗样式外，并没有什么特殊的外在表现。而富媒体内容就不一样了，有5星评分、内容搜索框等，脱离了普通文字形式的束缚，以多样化的表现形式展现在SERP中。内容搜索框的出现可以让搜索用户不用到具体的网站上搜索需要的内容，而是可以直接在SERP上进行搜索。

2. 获得进入知识图表的机会

谷歌的知识图表是一个基于知识及知识之间关系的实体。注意，这里说的是知识图表，而不是知识面板。知识面板是知识图表最直接的表现形式，用来提供更高的权威性。

一般来说，知识图表对于用户和谷歌SEO工作都是有帮助的，搜索用户可以因此获得更多的相关搜索结果，从而从一个点上拓展到很多关联点。而对于谷歌SEO工作来说，这种专业性的内容特别容易吸引流量，而且集群式的关联内容能够很好地提升页面访问数据,包括停留时间、访问深度等。

3. 支持语义搜索

很多时候搜索用户并不能很好地表达他们需要查询的内容或者目的,所以提交给谷歌查询的关键词就会显得没有那么强烈的目标指向性。例如,外国记者要写一篇关于中国水稻之父袁隆平的文章,但是他不知道袁隆平的生卒年月,那么他可能会用"Age of Chinese rice experts"(中国水稻专家年龄)作为关键词进行搜索,出现的搜索结果如图7.28所示。

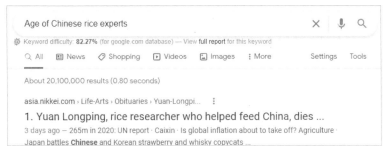

图7.28 谷歌搜索引擎支持语义搜索的案例

这位记者提交的搜索关键词中并没有袁隆平的任何明确信息,但是SERP中的"Yuan Longping"已经非常明确地对应了他想要的搜索结果。谷歌知道"Chinese rice experts"对应的就是"Yuan Longping",这就叫语义搜索的适配。

4. 支持E-A-T属性

E-A-T是专业、权威和可信赖的简称,这三种属性贯穿了谷歌SEO工作的始终。因为网站使用了Schema来规范相关的网页信息,如文章类型、作者信息等,谷歌通过这些被标识的信息就可以很轻松地评估网站的E-A-T效果。

既然结构化数据能够运用到谷歌SEO过程中,并且能带来这么多的好处,那么我们就先来了解一下结构化数据的格式。现阶段谷歌支持三种格式的结构化数据,分别是JSON-LD、微数据和RDFa。

(1)JSON-LD是使用范围最广、接受度最高,也是最受谷歌推荐的格式。它的代码镶嵌在网页标头或者正文的<script>标签中,该标记不与搜索用户的可见文本交错显示,使得嵌套数据项更易于表达。此外,谷歌可以读取通过JavaScript代码或者内容管理系统中的插件等动态注入网页内容的JSON-LD数据。

(2)微数据是一种开放社区的HTML,用于在HTML内容中嵌套结构化数据。与

RDFa一样，它会使用HTML标记属性为我们想以结构化数据形式显示的属性进行命名。它通常出现在网页正文中，但是也可以用在标头中。

（3）RDFa是HTML 5的一种拓展功能，通过引入与我们想向谷歌搜索引擎描述的用户可见内容对应的HTML标记属性来支持关联的数据。RDFa通常出现在HTML网页的标头和主体部分中。

因为结构化数据偏技术性，所以现在很少有人以纯静态的形式在页面中使用结构化数据结构代码，这部分技术性内容往往被相关的工具或插件替代，如Yoast SEO、Rank Math等。

最后讲一下结构化数据的常规指南，正确使用结构化数据对获得更好的谷歌SERP排名有着非常重要的意义。

（1）内容时效性。网站页面上的信息特别是新闻类信息，如果无法反映最新的情况，谷歌就不会将其显示为富媒体搜索结果，即使我们在后台添加了schema标记。

（2）使用结构化数据标签标记的内容，一定是搜索用户肉眼能看到的，否则将被谷歌视为作弊行为，从而受到处罚。

（3）不要标记无关紧要的内容或者误导性内容，比如说虚假的客户评价，或者所标记的内容与网站页面的主体内容毫不相关。

（4）不要用结构化数据来进行信息欺诈，如冒充任何专业权威或者是对应的官方组织，也不要虚报网站的所有者身份。

（5）在使用结构化数据的时候，涉及的所有必填属性一定要填写完整，非必填项目不做严格要求，非必填项目并不会直接影响SERP的富媒体结果。如果缺失了必填属性，那么该项目肯定不会在SERP中以富媒体搜索结果的形态出现。

（6）将图片指定为结构化数据属性的时候，需要确保图片确实属于相应的类型。

第 8 章
外贸独立网站的关键词研究

08 Chapter

> **本章要点**
>
> 关键词对于外贸业务相关人员来说并不陌生,但是谷歌 SEO 理念下的关键词和其他外贸业务平台的关键词还是有很大差别的,特别是在谷歌搜索引擎不断更新升级其 NLP(自然语言处理)和排名算法的前提下,关键词的研究变得更加系统、复杂,而不是将几个单词添加到标题或者文章中那么简单。
>
> 通过对本章的学习,我们能够掌握以下几个知识点。
>
> - 关键词的来源。
> - 外贸独立网站 Core Keywords 的确定。
> - 关键词词库的准备与使用方法。
> - Ahrefs、SEMrush 和 SpyFu 等关键词研究工具的使用方法。

8.1 关键词研究

研究关键词之前首先要搞清楚到哪里去找关键词，不同的关键词来源能够给出不同的关键词结果，所以我们要做的就是在之前分析客户的基础上结合他们的需求找出我们的 Core Keywords（核心关键词），然后进行关键词发散和扩展。

8.1.1 关键词的来源

关键词是影响谷歌 SEO 排名的一个重要因素，它最大的作用就是匹配搜索行为的结果。下面列举一些工作中会经常使用的关键词挖掘工具。

1. SEMrush 工具

SEMrush（见图 8.1）是目前市面上比较受欢迎的两大谷歌 SEO 数据统计分析工具之一。作为与 Ahrefs 比肩的谷歌 SEO 分析工具，SEMrush 在关键词方面的深入力度要比 Ahrefs 更强一些，Ahrefs 更擅长在链接分析方面发力。SEMrush 将关键词研究分成了 5 大版块，分别是关键词概览、关键词魔术工具、关键词关联、关键词排名跟踪和自然搜索流量分析。此外，SEMrush 目前还支持每天 10 次的免费搜索分析。

图 8.1　SEMrush

2. SpyFu 工具

SpyFu 工具也是一款非常出色的谷歌 SEO 数据统计分析工具，关键词分析方面的能力并不比 Ahrefs 差，而且它的关键词扩展性分析要比 Ahrefs 稍微强一点。很多人认为 Ahrefs 功能更强大，可能就是因为它的宣传营销工作做得更出色。SEMrush、Ahrefs 和 SpyFu 在相同领域各有独到之处。

SpyFu工具提供了Keyword Overview（关键词概览）、Related Keywords（相关关键词）、Advertiser History（广告投放史）、Ranking History（关键词排名历史）、Bulk Upload（批量上传）、SERP Analysis（搜索结果分析）、Google Ads Advisor等数据统计分析功能。

3. Ahrefs工具

Ahrefs工具（见图8.2）将关键词研究分成7个部分，分别是Phrase match（短语匹配）、Having same terms（拥有相同词汇）、Also rank for（其他参与排名的项目）、Also talk about（其他被谈论的项目）、Search suggestions（搜索建议）、Newly discovered（新的发现）、Questions（相关问题）。Ahrefs与前两者最大的区别在于它将关键词的SERP结果分门别类地进行了数据统计，看起来更贴近实际结果。

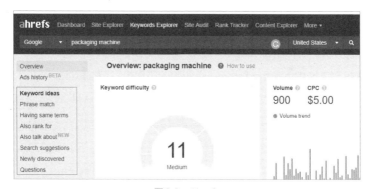

图8.2　Ahrefs

Ahrefs工具不仅可以用"Keywords Explorer"功能来研究关键词，还能够通过外链分析来研究关键词，这就是其强大之处。

4. 谷歌搜索下拉列表框

谷歌搜索下拉列表框的提词功能也非常强大，不过最好在Chrome的无痕模式下操作，否则用户日常的搜索习惯会影响提词结果。在无痕模式下搜索关键词"packaging machine"，将会出现相关的关键词，如图8.3所示。

图8.3　无痕模式下的提词结果

而如果在日常搜索模式下搜索关键词"packaging machine",下拉列表框中的关键词就完全不一样了,如图8.4所示。

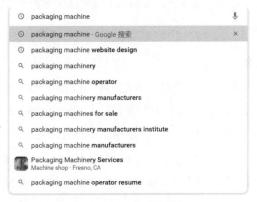

图8.4　正常模式下的提词结果

5. Keyword Sheeter工具

Keyword Sheeter工具（见图8.5）免费的工作机制和谷歌搜索下拉列表框是一样的,只不过它是自动将搜索词汇填入谷歌搜索框中,然后不断地拓展相关词汇,省去了大量的重复性劳动,能够节省我们很多的时间和精力。但是它也有一个很大的问题,就是生成的关键词列表中并没有对关键词的具体情况进行统计分析。我们无从知晓每个词汇有多少自然搜索流量、相关的点击付费情况,以及不同国家和地区之间的关键词的表现情况。

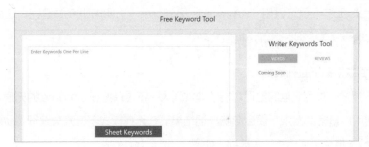

图8.5　Keyword Sheeter工具

如果想知道这些关键词的搜索流量和相关的点击付费情况,通过Keyword Sheeter工具的付费功能也可实现。

6. KWFinder工具

KWFinder具有其他工具所具有的许多特性,但与大多数其他工具不同,它非常直观,界面如图8.6所示。

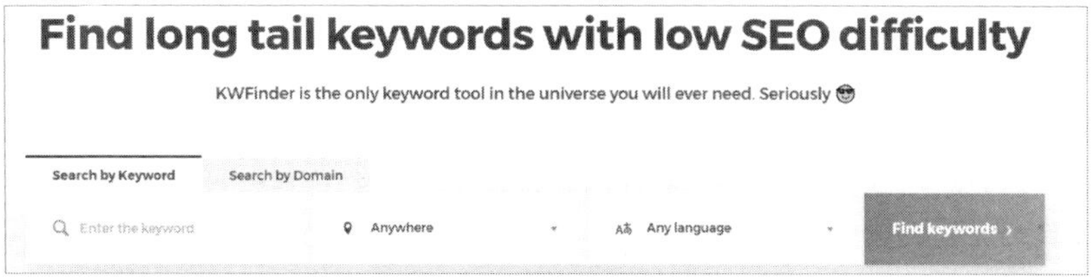

图8.6 KWFinder工具界面

KWFinder关键词工具的强项在于能够为我们找到具有较低SEO难度的长尾关键词,这一点特别适合初创期间的外贸独立站。但KWFinder的价格偏高,而且对关键词的查询数量还做了限制,24小时内只允许查询100个词汇。使用时需要综合考虑。

7. Keywords Everywhere

Keywords Everywhere曾经在业内非常受欢迎,与上述关键词分析工具不同的是,它可以直接以谷歌插件的形式被安装在Chrome浏览器上,实时地展现关键词的相关统计分析数据。而且它的付费方式也和前面那些不同,它不是采用包月付费,而是采用点卡的形式。

而且这个工具和Ahrefs一样,能够提供多渠道的关键词统计分析数据,包括但不限于谷歌、YouTube、Amazon、Bing等。比较遗憾的是,该工具没有开发中文版本,目前只提供英语版本。这和SEMrush的中文版本服务差得太远了,这也是SEMrush能够在谷歌SEO市场上获得较多中文用户称赞的根本原因。

8.1.2 Core Keywords

Core Keywords可以简单地理解成"核心关键词",也就是说,我们网站页面的所有优化工作都和该关键词紧密相关,一些拓展的相关关键词和附属关键词也基本是由Core Keywords衍生而来的。但是要注意,不是说Core Keywords越短越好,而是要根据网站的建设目的和优化方向进行选择。

在使用各种关键词分析工具之前,需要好好思考这些问题:做这个网站是为了什么?目标客户群体是哪一类人?针对这类目标客户需要如何执行AIDA(引起注意——激发兴趣——引发欲望——促进购买)营销策略?如果后期要投放谷歌付费广告,那么应该选择什么样的关键词?

回答完这些问题，我们会发现自己的建站思路和谷歌SEO的目标变得更加清晰了。这时我们就可以选择专属于自己的Core Keywords了。

2021年5月，谷歌在其召开的I/O会议上宣布了新的语言模型：Google MUM（Multitask United Model，多任务联合模型）。MUM是继BERT（一种双向语言模型）之后谷歌在NLP（Natural Language Processing，自然语言处理）方面的一次重大突破。

MUM本质上是一个多任务统一处理模型，它的出现为的就是让谷歌的搜索用户能够以较少的查询快速获得他们想要的答案，对复杂的搜索任务提供专业级别的解决方案。

MUM能够简化搜索用户的各种复杂查询任务，还能够对搜索请求给出不同语言版本的答案。在以往的搜索行为中，我们想查询包装机械类信息的时候，使用packaging machine和使用"包装机械"作为关键词进行搜索，所得出的最终结果有非常大的差距。

以MUM为代表的新一代自然语言处理模型，在具体的工作机制上已经不再是简单的词汇关联处理，转而向整个页面内容中的信息媒介，包括但不限于图片、视频、音频等进行更宽泛的深度学习和判断。所以，我们的谷歌SEO工作应该立足于内容的提供，而不是抓住一个关键词不放，拼命地去算它们的词频、出现的位置及和上下文语句的关系。我们应该从客户的页面体验出发，想出更好地适配客户搜索目标的内容供给方案。

8.1.3 自定义关键词词库

关键词就像子弹一样，瞄准目标客户群体的需求进行投放。既然是子弹，就不可能只有一发，所以我们需要为我们的"子弹"创建一个"弹药库"，也就是自定义的关键词词库。自定义关键词词库需要将不同关键词分门别类。

1. 信息类关键词

信息类关键词（Informational）的作用就是简单说明某一个特定主题或者内容。我们还是以包装机械为例，输入关键词"what is packaging machine"，搜索结果如图8.7所示。

排在首页首位的就是维基百科的词条说明，它的内容中涉及许多包装工艺：制造、清洁、填充、密封、组合、标签、过度打捆、码垛等。

有的人会说这种纯粹是名词解释类的信息类关键词，基本上没什么用，并不能凸显潜在目标客户的搜索意图，也不能为网站的流量转化做什么贡献。但事实上真是这样吗？不一定，信息类关键词做得好的话，可能会被谷歌搜索引擎用作特色摘要或者知识面板进行展现，被用作特色摘要的机会相对来说更大一些。

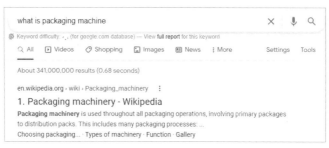

图 8.7　关键词"what is packaging machine"的查询结果

再者，信息类关键词本身也不处在目标客户群体产生商业采购行为的搜索末端，它起到的作用就是流量引进。虽然这部分流量相对来说并不是特别精准，也不是我们真正想要的目标客户群体，但只要让客户停下来看到它所呈现的信息就可以了，剩下的工作交给其他类型的关键词。

2. 导航关键词

导航关键词（Navigational）有一个特性，就是搜索用户的目标指向性很强，而且谷歌搜索引擎能够很清楚地知道提供什么类型的内容能够让该搜索用户满意，从而跳转到他们需要的网站页面上。

最常见的导航关键词就是品牌词，例如，当搜索用户使用"vikingmasek packaging machine"作为关键词进行搜索时，谷歌搜索引擎就会知道，该搜索用户要找的就是 Viking Masek 这家公司的官网，或者是该品牌的包装机械产品页面，如图 8.8 所示。

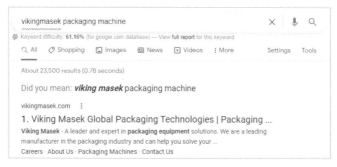

图 8.8　关键词"vikingmasek packaging machine"的搜索结果

这类关键词的目的指向性非常强，特别适合用来投放谷歌广告。一般最常出现在外贸独立站的About Us页面和Resources页面。关于这类词汇，建议在建站初期就进行布局，不要指望初期会有多亮眼的表现，等网站的综合排名或者公司的品牌知名度有了较好的提升之后，这些导航词汇就会发挥出巨大的作用。

3. 商业调研关键词

搜索用户使用商业调研（Commercial Investigation）关键词的初衷是满足一定商业需求，背后很可能是采购行为的前期调研。

那么，这类关键词有什么样的特点便于我们进行识别和分类呢？通常情况下，这类关键词会带有一个修饰词，如best、top、the cheapest等，构成的关键词如best packaging machine manufacturer、top 5 packaging machine suppliers、the cheapest coffee packaging machine等。

这类关键词很容易被忽视，它们更多地会在行业类的门户网站上出现。例如，我们使用"best packaging machine manufacturer"作为关键词进行搜索，得到的搜索结果如图8.9所示。

图8.9所示的两个网站都是包装机械行业内知名的门户网站，也是我们比较推荐的适合做外链的网站类型之一，本身带有官方或者半官方的可信任光环。与导航类关键词不同，商业调研关键词没有那么强烈的目标指向性，却拥有更好的搜索商业价值。

图8.9 关键词"best packaging machine manufacturer"的搜索结果

此外，这一类型的词汇较常出现在博客页面，而不是产品页面。例如，将自己的网站与行业知名品牌"相提并论"，将"Top 5 packaging machine supplier"作为标题中的关键词，然后在博客内容中提到现实中行业内其他4个知名的大品牌，并将自己的品牌作为剩下的那个，这样做的好处在于，搜索用户本身对行业内知名品牌是有一定认知的，加上这篇文章4/5的篇幅讲的是很知名的品牌，这会在搜索用户心中预设一层信任基底，当他们再看到我们的品牌时就不会觉得突兀。

4．交易类关键词

交易类关键词（Transactional Keywords）的作用是表达购买的意愿，并且这个购买意愿往往会落实到具体的购买行为中，如buy packaging machine、purchase packaging machine。

buy和purchase这种词汇非常清晰地表达了搜索用户的行为指向性，就是要完成购买行为的最后一步。但是一般情况下，交易类关键词是出现在疑问句中的。这时候就需要提到5W1H理论了。

5W1H指的是Where、Why、When、Who、What及How，以这些词汇打头的疑问句往往也是目标客户群体施行最终的采购决策行为之前，自我解决采购疑虑的主要问题。问题的侧重性表现在具体的细节上，例如，When is the discount season of packaging machine industry？（包装机行业一般在什么时候打折？）

有人可能会说，不如根据Ahrefs或者SEMrush等工具直接查询关键词流量和CPC（按点击付费）等商业投放价值来得简单明了。

第一个逻辑错误在于，类似于Ahrefs或者SEMrush等工具，它们有各自的统计分析方法，先不说这些工具对某个相同关键词都会给出不同的统计数据，即便给出的统计数据一样，与现实中的真实数据也有很大的差别，只能作为参考不能作为依赖。

第二个逻辑错误在于，违背了目标客户群体的采购行为过程。消费或者采购行为不是无缘无故出现在脑海中然后执行购买的行为，特别是对于我们做B2B的批发网站来说更是如此，越是涉及交易金额大的商业采购，其购买行为一定是越复杂的，中间会经历无数次的反复比较。

所以，要想做好网站的谷歌优化工作，就需要从根本上转变思维，从目标客户群体的采购流程着手，不要紧盯着关键词的搜索流量。

8.2　关键词研究工具

单靠人力去挖掘和分析关键词，取得的最终效果可能并不会很理想，所以在研究关键词时，我们应该充分借助优秀的工具来提升工作效率。本节重点介绍谷歌SEO市场上三款优秀的研究工具：Ahrefs、SEMrush和SpyFu。三者的研究方向和侧重点各有不同，对照着使用能够更全面地了解本行业的关键词及竞争对手所使用的关键词的情况。

8.2.1 使用Ahrefs研究关键词

Ahrefs是一款非常出色的谷歌SEO数据查询分析工具，其因为强大且全面的关键词和网站外链数据分析能力，成为谷歌SEO从业人员的选择之一。

1. Ahrefs的部分功能简介

登录Ahrefs的账号，将会打开操作界面，图8.10所示为操作界面的菜单栏。

图8.10　Ahrefs的主菜单导航栏

（1）Dashboard（仪表盘）。Dashboard是一个供我们创建网站分析项目的地方，我们可以单击"Dashboard"中的"New Project"按钮创建一个新项目。这些新项目可以是关于我们自己的，也可以是关于竞争对手的网站数据分析。创建完之后，Dashboard界面会出现如图8.11所示的图表。

图8.11　Ahrefs的仪表盘界面

图表中会显示某个网站的Domain Rating（网站权重值）、Referring domains（域名引用数量）、Backlinks（外链数量）、Organic traffic（自然搜索流量）和Organic keywords（自然排名关键词）。通过这种直观的图标形式，我们能更加轻松地了解到自己的网站或者竞争对手的网站的变动情况，无须重复查询相关数据的变动，从而可以节省大量时间和精力。

（2）Site Explorer（站点管理器），如图8.12所示。

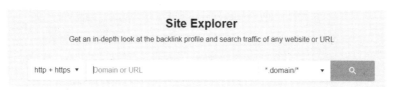

图8.12 Ahrefs的站点管理器界面

在图8.12中的地址栏中输入我们想要查询分析的网站域名，就可以看到该网站的相关数据。这里我们用www.fbchain.com（英国的一家链条公司）做案例，得到的分析数据如图8.13所示。

图8.13 Ahrefs工具对fbchain这个网站的分析结果

- Ahrefs Rank：指网站在Ahrefs工具统计中的排名，fbchain这个网站排2834476位。
- UR：网站首页的权重评分。
- DR：网站整体的权重评分。
- Backlinks：网站所做外链的全部数量。
- Referring domain：网站在多少个外链源网站上做了外链。
- Organic keywords：网站的自然搜索排名关键词数量。
- Organic traffic：基于自然搜索排名关键词所得到的自然搜索流量。
- Traffic value：这些自然搜索排名关键词所带来的流量，全部换算成付费点击来引入的话需要支付的费用。

在Site Explorer主菜单页面的左侧，我们还能看到该网站的相关功能分析，如图8.14所示。Ahrefs将Site Explorer的相关功能分析分为5大版块，分别是Backlink profile（外链分析）、Organic search（自然搜索排名分析）、Pages（网站页面分析）、Outgoing links（出站链接分析）和Paid search（付费搜索分析）。

（3）Keywords Explorer（关键词管理器）。fbchain.com是一家做链条的公司，接下来我们以roller chain为关键词来看一下Ahrefs工具的Keywords Explorer（见图8.15）中有哪些数据统计分析功能。

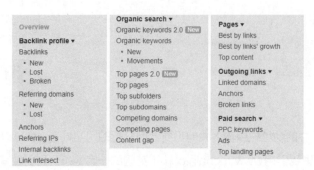

图 8.14　Ahrefs 的功能菜单

在管理器中,我们可以查看某个关键词在不同平台上的统计分析数据。一般情况下,我们会选择"Google",右边"United States"用于设定关键词统计分析区域。

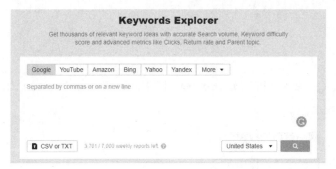

图 8.15　Ahrefs 关键词分析界面

如果我们的主要市场是澳大利亚,那么单击"United States"的三角形下拉按钮即可,在弹出的下拉列表中选择"Australia"。本次案例我们设置的关键词为"roller chain",数据来源为 Google 搜索引擎,数据来源区域为 United States。单击右下角的搜索按钮后,会生成如图 8.16 所示的分析数据。

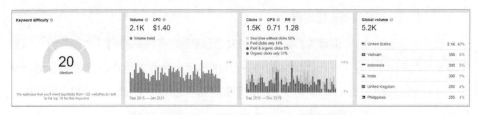

图 8.16　Ahrefs 对关键词 roller chain 的分析结果

- Keyword difficulty:关键词的优化排名难度。关键词优化难易值是 Ahrefs 根据该关键词排名前十的网站外链数量进行加权计算得到的一个参考值。这个值的区间是0～100，也就是说，roller chain这个关键词的排名难度相对来说不算很大，有较大的操作空间。

- Volume：关键词在当前统计区域的每月自然搜索流量，此处是2.1K。注意，这个搜索流量是一个Ahrefs自身的统计值，并不权威，仅供参考。
- CPC：投放含有该关键词的谷歌广告，单次点击最少需要的花费，此处为1.4美元。
- Clicks：该地区每月对关键词roller chain的自然搜索点击次数。
- CPS：点击转化率。我们注意到，在Volume是2.1K①，那么这个关键词的CPS就是1.5K÷2.1K=71.43%，说明这个关键词的点击转化率还是比较高的。
- RR：搜索该关键词的用户在一个月内多次点击搜索该关键词的次数，次数越高，说明该关键词热度越高，越值得我们投入更多时间和精力优化该关键词的自然搜索排名。
- Global volume：该关键词在全球范围内总的自然搜索流量（这也是Ahrefs的统计值，不具有权威性，仅供参考）。Ahrefs还为我们提供了该关键词的全球主要搜索区域排名，这样我们就能大体知道哪些国家或者地区对该关键词关注度较高，某种程度上可以成为我们在市场选择和定位方面的参考依据。

在新版本的Ahrefs工具中，系统新增了一个叫Parent topic（父级话题）的分析功能，如图8.17所示。

图8.17 Parent topic分析功能

通过Parent topic功能，我们能够找出roller chain这个关键词获得最多自然搜索流量的页面或者文章。通过这个页面和文章我们可以更深入地了解什么样的内容和页面结构更容易获得目标客户群体的青睐。在学习和理解Parent topic之后，我们还可以构建出更具内容价值和富有吸引力的页面，从而获得更多的自然搜索流量。

2. 创建关键词数据库

在了解了Ahrefs工具的主要功能之后，我们就要着手创建关键词数据库，并使用

---

① 这里的K及下文的M是数量级单位，1K=1000，1M=1000000。

Ahrefs工具完善我们的关键词数据库内容了。

（1）创建Excel表格，并设置表名为"词组匹配关键词词库"。

（2）将Ahrefs工具"Keywords Explorer"菜单下的Phrase Match关键词整理到步骤（1）创建的表格中，如图8.18所示。

图8.18　创建关键词数据库

单击图8.18右侧的"Export"图标可以将Ahrefs工具整理出的数据导出到我们的计算机中。单击导出的数据表格，会弹出如图8.19所示的提示界面。

我们在"Number of rows"选项组中选择第二个选项，即"All 6143"，这样我们就可以将当前核心关键词（此例关键词是"roller chain"）的所有词组匹配关键词导出到自己的计算机上了。

图8.19　将Ahrefs整理的数据导出到本地计算机上

（3）对下载好的数据表格进行进一步处理，我们可以得到如图8.20所示的表格。

#	Keyword	Difficulty	Volume	CPC	Clicks	CPS	Return Rate	Global volume	Organic Clicks Only	Paid Clicks Only	Paid & Organic Clicks	Searches Without Clicks
1	roller chain	20	2100	1.4	1521	0.71	1.28	5200	31%	14%	5%	50%
2	roller chain sizes	15	900	1.3	789	0.9	1.54	1100	48%	9%	3%	40%
3	roller chain size chart	12	250	1.4	228	0.85	1.2	450	51%	6%	4%	39%
4	roller chain sprockets	10	200	1.2	239	1.13	1.44	350	43%	18%	9%	30%
5	roller chain tensioner	2	200	1.1	132	0.74	1.06	200	37%	0%	5%	58%
6	how to measure roller chain	1	150	0.9	164	1.26	1.24	150				
7	usa roller chain	2	150	1.6	175	1.14	1.47	150	80%	0%	7%	13%
8	#50 roller chain	0	150		251	1.74	1.17	150				
9	40 roller chain	0	150	1.1	180	1.21	1.12	150	38%	10%	10%	42%
10	#41 roller chain	0	150		157	0.94	1.29	150				
11	# 40 roller chain	0	150	1.2				150				
12	roller chain sprockets suppliers	11	100	1.6	114	0.97	1.15	150	47%	3%	13%	37%

图8.20　对下载好的关键词数据进行整理

表格中的数据项目如下。

- Keyword：核心关键词 roller chain 的匹配关键词词组。
- Diffculty：对应关键词词组的优化难度（特指外链搭建难度）。
- Volume：该关键词词组在美国每个月能获得的总流量。
- CPC：单次付费点击需要支付的金额。
- Clicks：该关键词词组每个月能获得的自然搜索点击次数。
- CPS：该关键词词组的展现转化率，假设 CPS 是 0.71，那么 100 次的展现会有 71 次点击。
- Return Rate：一个自然人在一个月时间内重复搜索该关键词词组的次数。
- Global volume：该关键词词组在全球范围内的总自然搜索流量。
- Organic Clicks Only：在所有的点击查看行为中，点击自然搜索优化排名结果（简称 SERP）的占比。
- Paid Clicks Only：在所有的点击查看行为中，点击付费广告进行查看的占比。
- Paid & Organics Clicks：某类潜在客户既会点击 SERP 结果也会点击谷歌广告查看，这类潜在客户所产生的点击行为占总点击量的比例。
- Searches Without Clicks：搜索了该关键词但是未产生点击行为的占比。

在上述 12 个项目中，我们要特别关注 CPC 指标，因为 CPC 是单次点击需要花费的谷歌广告投放费用，从某种程度来说，CPC 数值越高，该关键词所产生的回报率越高。

有了 CPC 做参考之后，我们第二个要考虑的指标就是 Volume。因为光有转化率还不行，我们还要考虑流量这个基础盘面。一些关键词特别是大词和热词，不可避免会存在转化率较低的情况，但是在可观的巨额流量的支撑下它们还是能够有较好表现的。

第三个要考虑的指标是 CPS。有人会选择 CPS 数值较高的关键词词组，但 CPS 值较高的关键词词组有时并不是最好的选择。CPS 数值高，说明当前内容已经能较好地满足潜在客户的搜索需求，而我们的小网站可能因为各方面原因，即使内容非常有价值，也不可能一下子获得首页的自然搜索排名。那么 CPS 数值一般的关键词词组，其当前的 SERP 结果中并没有非常符合潜在客户搜索需求的，或者说这些内容并不能解决潜在客户的问题。我们就可以根据 CPS 数值一般的关键词词组来创建更好的有价值的内容，这样我们的网站页面就能更加快速地脱颖而出，获得 SERP 首页的排名。

最后一个重要的参数是 Return Rate，这个数值高可能存在两种可能。第一种是潜在客户对当前的搜索结果（也包括广告）不是很满意，所以需要多次搜索以寻找需要的内容。第二种可能是潜在客户群体本身对这个关键词词组的需求性很大，所以在一个月内进行了多次搜索。

有了上述4个重要参数之后，我们用Excel表格中的排序功能对导出的关键词词组进行排序，然后对表格中的关键词进行有次序的选择和使用。

8.2.2 使用SEMrush工具研究关键词

SEMrush是一款非常出色的数据统计分析工具，特别是在关键词研究方面，比Ahrefs工具还要好用一些。

1. Keyword Overview

在SEMrush后台我们找到Keyword Overview功能，如图8.21所示。

图8.21　SEMrush的关键词检测入口

我们还以关键词"packaging machine"为例进行操作，当输入关键词之后，SEMrush就会给出对应的统计分析数据，如图8.22所示。

图8.22　SEMrush对关键词packaging machine的统计分析结果

（1）Volume代表的是该关键词在美国的月平均搜索流量（如果需要查看其他国家的数据，只需切换至对应地区即可）。

（2）Keyword Difficulty指的是该关键词的谷歌SEO难度，该值仅供参考，并没有特别大的指导意义，特别是不同的统计分析工具给出的结果会有很大的差异。

（3）Global Volume指的是该关键词的全球搜索流量，SEMrush还较为贴心地给

第 8 章 外贸独立网站的关键词研究

出了不同国家的搜索流量排名。从图8.22中我们可以看出印度排名第一，每个月平均有33.1K的搜索流量，美国位居第二，每个月平均有2.9K的搜索流量，其他几个搜索流量较多的国家分别是马来西亚、巴基斯坦、英国和澳大利亚。

（4）Results指的是该关键词的自然搜索结果流量，SEMrush显示的结果是161M。

（5）CPC显示，该关键词如果投放广告，每次点击需要付2.93美元，相对来说这个价位虽不算高，但也算不上便宜，考虑到行业特性，该关键词的费用还在可接受范围。

（6）Com.指的是广告的竞争程度，区间为0～1.00，数值越高，代表竞争力度越大，从另一个角度来说，这个词也算是比较有广告投放价值的。

（7）Trend指的是该关键词前12个月自然搜索流量的变动趋势，图中显示后6个月有稳步回升的态势。

2. Keyword Variations

SEMrush工具对Keyword Variations的统计结果（仍以packaging machine为例）如图8.23所示。

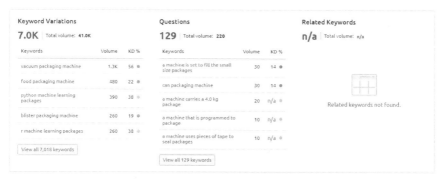

图8.23　SEMrush的Keyword Variations统计数据

（1）Keyword variations指的是关键词变体，可以简单理解成不完全匹配的关键词，如vacuum packaging machine和packaging machinery。SEMrush给出了7K的统计数据，事实上绝大部分数据我们都用不到。

（2）Questions指的是包含packaging machine或者其变体关键词的问题，这些问题比关键词变体更具实用性，我们可以将这些问题做成Blog页面，参与关键词的排名竞争。

3. keyword Magic Tool

SEMrush 提供的 Keyword Magic Tool 功能如图 8.24 所示。

图 8.24　SEMrush 的 Keyword Magic Tool 功能

之所以有很多人说 SEMrush 给出的关键词分析结果不精准，往往是因为没有在图 8.24 所示的操作界面中对分类因素做出正确的选择。Broad Match 指的是广泛匹配，Phrase Match 指的是短语匹配，Exact Match 指的是精准匹配。另外，SEMrush 新增了一个根据关键词难易度进行数据筛选的功能，根据关键词优化难易度，SEMrush 提供了 Very Hard、Hard、Difficult、Possible、Easy 和 Very Easy 六个级别。特别是 Easy 和 Very Easy 这两个级别，我们能够从中找出一些流量不错但稍微冷门的关键词。

Include keywords 和 Exclude keywords 是两个相反的选项，前者是包含某个关键词，后者是排除含有某个词汇的关键词。如果我们想在搜索结果中同时看到多个自己需要的关键词，就在每个需要包含的关键词后面以英文状态的逗号隔开，或者直接用回车键隔开关键词。如果要获得关键词的精准匹配，就需要用方括号将关键词括起来。

Advanced filters 是高级条件过滤器，如果图 8.24 中的这些关键词筛选功能还不能满足我们的需求，我们就可以在 Advanced filters 功能中进行更进一步的操作，如图 8.25 所示。

图 8.25　对 SEMrush 工具进行高级条件过滤的设置

Word count 指的是我们需要看到的关键词的单词个数，如果我们想看到的关键词不能太长，那么可以将关键词单词数量设置为大于等于 2 且小于等于 5，即在 Word count 中设置 "from" 为 2，"to" 为 5。Competitive Density 指的是关键词的竞争激烈度，小网站刚上线时建议先选择难度值较低的关键词。SERP Features 指的是自然搜索排名结果中的内容类型，包括知识面板、评价和图片包等。Results in SERP 是自然搜索排名结果的选取范围，可以是 from 1 to 10，也可以是 from 10 to 20 。

4. 广泛匹配

我们来看一下SEMrush对核心关键词进行广泛匹配的结果，如图8.26所示。

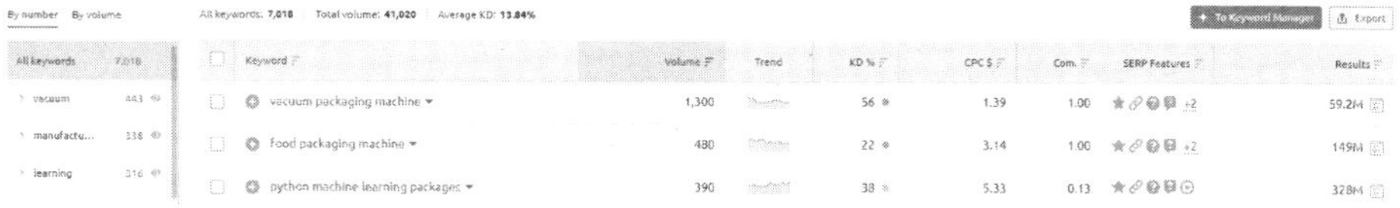

图8.26　关键词广泛匹配的结果

图8.26所示为核心关键词"packaging machine"的广泛匹配结果列表，为了更好地说明SEMrush的关键词统计分析功能，此处我们没有对关键词的筛选条件进行设置。

页面左侧有两个选项卡，第一个是By number，以vacuum为例，关键词"packaging machine"的广泛匹配结果是7018个，包含"vacuum"的有443个，说明真空包装机在整个packaging machine中的搜索需求很高。第二个是By volume，指的是包含某个关键词的广泛匹配关键词所能带来的自然搜索流量。

在广泛匹配关键词统计列表中，单击对应关键词后面的三角形图标，还能看到该关键词的相关流量情况。注意，这里volume的统计值是对应我们一开始设定的核心关键词"packaging machine"的统计地址的。如图8.26所示，vacuum packaging machine的volume是1300，实际上该关键词在全球的月平均自然搜索流量是4000。

Trend指的是该关键词短期搜索流量的变动情况，该趋势仅供参考，要避免挑选那些表现很不稳定的关键词。

KD%、CPC和Com.这三个参数分别是关键词难度、单次点击付费情况和广告投放竞争强度。

SERP Features指的是广告自然搜索结果的多样性，有评分、站内链接、FAQ、people also ask等。不过这些需要我们在自己的网站上用schema设置结构化数据，否则是显示不出来的。

Keyword Manager是自建列表管理选项，我们查询过的关键词"packaging machine""vacuum packaging machine"等都可以添加到关键词列表中，有点类似于自建关键词词库以备后用。

Position Tracking指的是关键词的排名位置变动跟踪情况。

5. 查看竞争对手网站的数据

SEMrush也能和其他统计分析工具一样，供我们查看同行业竞争对手网站的相关数据，以vikingmasek.com这个包装机行业网站来说，相关统计数据如图8.27所示。

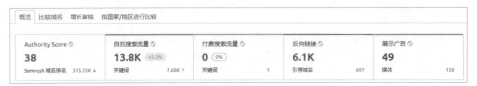

图8.27 SEMrush对竞争对手网站的分析结果概览

在“自然搜索流量”一栏中，SEMrush给出的结果是13.8K（全球每月自然点击流量），而这些流量是靠7.68K个关键词共同完成的，并且本月的流量同比上个月上涨了5.3%。为此我们很有必要去看看这个竞争对手的网站为什么这么出色，以及它究竟靠哪些关键词吸引了这么多的流量，如图8.28所示。

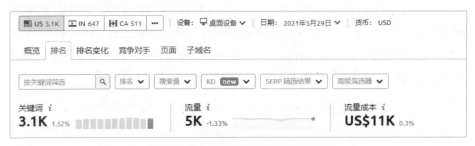

图8.28 竞争对手网站关键词和流量概览

图8.28显示，占据关键词流量大头的是美国区域，其次是印度和加拿大。其中，在美国的自然搜索结果排名中，vikingmasek.com获得了3.1K个关键词，同比增长了1.52%。靠着这些关键词，该网站每个月能够在美国区域获得5K的自然搜索流量，占比达到了36.23%（5K÷13.8K×100%）。

我们再来看看该网站上的哪些关键词获得了排名，以及这些关键词有多少搜索量，获得流量的这些关键词来自什么页面，如图8.29所示。

自然搜索排名 1 - 100 (3,134)

关键词	排名	位差	流量(%)	搜索量	KD%	CPC (USD)	URL
viking masek	1 → 1	0	9.51	590	39	2.45	vikingmasek.com/
packing machine	3 → 3	0	5.26	2,900	37	2.46	vikingmasek.com/packaging-machines
packing machine	6 → 6	0	2.92	2,900	37	2.46	vikingmasek.com/packaging-machines/first-time-buyers
coffee packaging	4 → 4	0	2.68	1,900	31	1.33	vikingmasek.com/packaging-machine-resources/packa... ging
map packaging	1 → 1	0	2.46	260	28	2.62	vikingmasek.com/packaging-machine-resources/packa... r-it

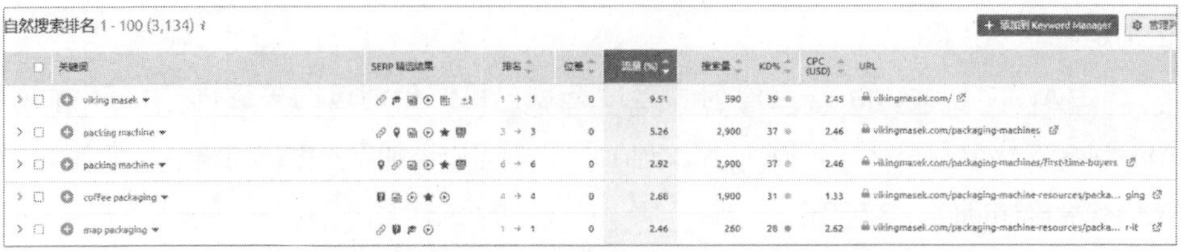

图8.29 竞争对手网站关键词统计分析数据（部分）

第一个关键词是viking masek，这个关键词就是该公司的品牌关键词，这种词汇占据了该网站在美国市场的总自然搜索流量的9.51%，说明该品牌在美国市场比较成熟，潜在客户知晓并接受该品牌作为packaging machine的代名词。

第二个和第三个关键词都是packing machine，为什么会同时出现两个呢？并不是SEMrush工具统计出现了错误，而是当搜索用户使用该关键词进行查询的时候，该网站的两个页面都因为质量过硬而获得了排名，一个页面是vikingmasek.com/packaging-machines，另外一个页面是vikingmasek.com/first-time-buyers。这两个页面在用户使用关键词"packing machine"进行查询的时候，在搜索结果中分别排在首页的第3位和第6位，两个页面的自然搜索流量累加占到了8%左右。

注意，当搜索用户搜索某个关键词的时候，并不是一个网站只能显示一次，实际上只要我们的网站内容足够优秀，就会出现多个页面同时出现在首页的情况。

第四个关键词是coffee packaging，在SEMrush的分析报告中，该关键词在SERP精选结果中，不存在图片包、视频轮播等内容，而且该关键词搜索量有1900，关键词优化难度只有31，看起来是一个很好操作的选择，但在使用Chrome的无痕模式搜索之后，如图8.30所示。

图8.30　关键词对应的相关搜索结果

这说明任何数据抓取分析工具在执行具体项目的时候都会存在一定偏差，不要轻易相信这些报告中的数据，条件允许的情况下，一定要自己实际操作一遍。

有了关于竞争对手的关键词数据之后，我们就可以把这些数据导出来了，在Excel表格中使用前面提到过的关键词4维度选择模型，从竞争对手的关键词中挑选我们可以使用的关键词。

8.2.3　使用SpyFu工具研究关键词

SpyFu也是一款非常不错的谷歌SEO数据分析工具，它综合了SEMrush和Ahrefs两大工具的研究方向，并打造出了一套自我的数据分析系统，特别是在使用界面上，它比前两者要更加清晰和方便，对于使用谷歌SEO的新手来说更加友好。

以包装机行业知名网站vikingmasek.com为例，SpyFu工具的分析结果如图8.31所示。

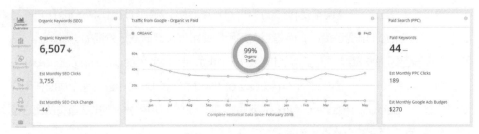

图8.31　SpyFu对竞争对手网站的分析结果

图8.31中从左到右有三部分数据，分别是自然排名关键词数量的变化、自然流量和付费流量的变动曲线及付费的关键词数量。6507代表的是当前统计时间下该网站参与排名的关键词数量，数字后面的向下箭头代表最近该网站参与排名的关键词数量有所下滑。单击6507这个数，SpyFu就会跳转到参与排名的关键词列表页面上，如图8.32所示。

图8.32　获得流量的关键词及其所在页面URL

默认情况下该列表是以关键词能够为网站带来的单击次数降序排列的，如第一个关键词map packaging（注意，map英文全称是Modified Atmosphere Packaging，意思是气体调节包装）每个月的自然搜索流量有1500，每个月能为该网站带来250次的搜索点击，难度值为62（难度优化区间是1～100），CPC单次点击需要消耗5.67美元，在所有的自然搜索流量中，桌面端带来的流量占比为87.6%。

单击图8.32右边的三个小点按钮，还能分别进入该网站参与排名的页面，查看该关键词的历史排名记录变动情况和SERP排名情况。

在付费关键词中，我们单击最上面的数字44，就能够看到这44个付费关键词，排序方式是根据付费关键词的流量降序排列的。以付费关键词"automated packaging systems"（自动包装系统）为例，该关键词每个月的自然搜索流量是3000，CPC价格是3.15美元，也就是说，每点击一次会扣费3.15美元，KD值是77，代表着该关键词优化难度是77，Desktop searches代表该付费关键词的流量有68.2%来自PC端。

单击右边的三个小点按钮后，在其中的"View Ad History"中还能看到对该关键词进行过广告投放的其他网站，以及它们的广告投放细节，如图8.33所示。

图8.33　Keyword Gainers and Losers的结果

图8.33所示为关键词的排名变动统计表，Improved Ranks指的是该网站所有关键词中排名有提升的数量，Newly Ranked Keywords指的是最新参与排名的关键词，Lost Ranks指的是之前有排名但是现在已经没有排名的关键词数量。

接下来我们看SpyFu工具的Keyword Research功能，在主搜框中提交关键词"packaging machine"之后，我们得到的数据反馈结果如图8.34所示。

首先是Monthly Volume，意思是该关键词每个月从美国能够带来630个自然搜索流量（参考值，并非真实数据，Ahrefs工具给出的结果是900）。

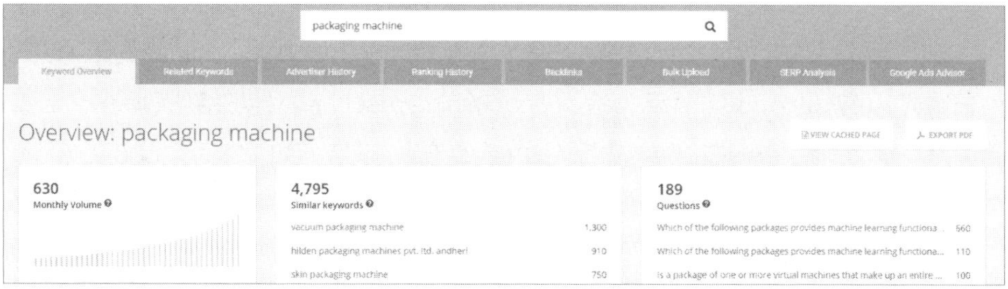

图8.34　SpyFu的Keyword Research功能

Similar Keywords指的是类似关键词，但是称它为相关关键词更合适。这里的相关关键词并不都适合我们在谷歌SEO操作中使用，如hilden packaging machines pvt. ltd. andheri,这是一家名为希尔登的包装机械公司的英文全称，对我们来说并没有太大意义。反倒是Also ranks for这个项目的数据更加实用，如图8.35所示。

在列表中我们能看到关键词"packaging machine"的很多变体词，如关键词"shrink wrap machine"（收缩包装机），它的谷歌自然搜索流量每个月就达到了3700，远远超过了"packaging machine"。

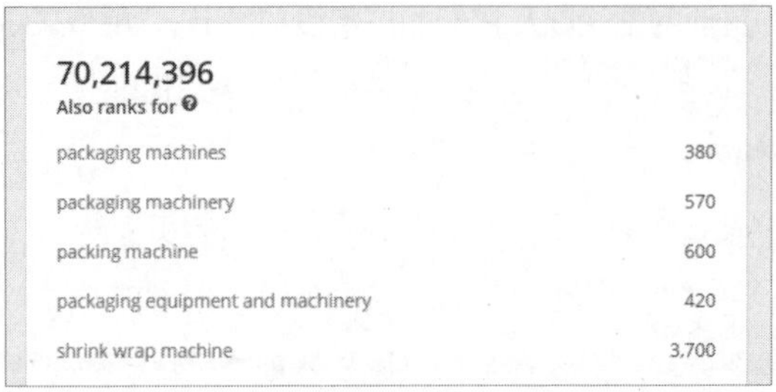

图8.35 Also ranks for 数据

在现实的谷歌广告投放中，竞争对手往往会选择不止投放一个关键词，所以SpyFu又贴心地为我们提供了Also buys ads for功能，如图8.36所示。

图8.36 SpyFu提供的Also buys ads for功能

图8.36所示为购买了我们的目标关键词"packaging machine"的广告商购买的其他关键词。也就是说，这些人认为除了"packaging machine"能够给他们带来广告流量询盘之外，其他关键词在谷歌广告投放时也会有流量和询盘，如关键词"food vacuum sealer"（真空食品封口机）和"packaging machines for sale"（待售包装机）等。

最后我们来看看SpyFu对关键词"packaging machines"的SERP分析，如图8.37所示。

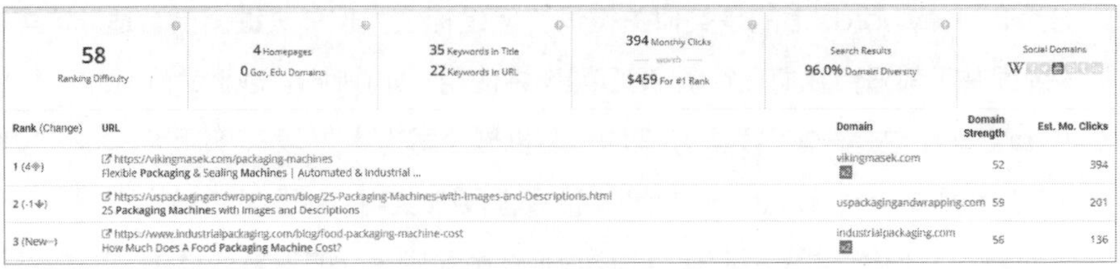

图8.37 SpyFu对关键词的SERP分析结果

（1）Ranking Difficulty（也就是排名难度得分）是58分，处于中等难度。该关键词排名难度参考了域名权重、页面优化因素（如标题中的关键词），以及edu和org等教育和政府类型网站的参与情况。

（2）4 Homepages、0 Gov和Edu Dom：在SERP排名结果中首页参与排名的数量及教育、政府类网站参与排名的域名数量。根据结果可知，在前50的SERP排名结果中，只有4个网站是用Homepage作为参与排名的页面的，其他大多是靠博客类型的页面或者产品类型的页面参与排名的。也就是说，我们不用在首页上拼命地对关键词做优化，而是要将时间和精力花在其他网站页面上，这样可能会有更好的结果。

（3）Keywords in Title和Keywords in URL：关键词出现在页面Title和URL中的次数，其中packaging machine这个关键词出现在Title中的次数是35，出现在URL中的次数是22。注意，这里指的是完整的关键词匹配才算一次出现，不包括变体形式的关键词匹配。我们平时在使用关键词的时候要注意取舍，尽可能在Title和URL中出现完整的关键词匹配。

（4）Monthly Clicks和Value for #1 Rank，简单来说就是packaging machine这个关键词如果排在首页首位，每个月能够获得394次点击流量，如果换算成付费谷歌广告流量，价值459美元。

（5）SERP排名结果的多样性，简单来讲就是前50个排名中到底有多少个不同的域名，根据统计结果可知，其中有4个网站获得了多次排名，比如我们的目标网站Vikingmasek.com，它有两个页面获得了首页排名，分别是代表产品页面的包装机械产品页面，以及内容是"自动化软包装机如何工作"的博客类页面。需要注意的是，SpyFu抓取时间和我们查询时间不一致，会导致排名抓取结果与实际情况略有差别。

（6）Social Domains：前50个SERP排名中有多少个是社交媒体类网站。

第 9 章
如何输出高质量的内容

09 Chapter

▶ 本章要点

在做谷歌 SEO 参与谷歌 SERP 的排名竞争时，会有一套对应的评判标准来决定哪些网站页面的内容较为优质，能较大范围地满足特定搜索用户的搜索需求。这份评判标准就是谷歌的《搜索质量评估指南》。通过对本章内容的学习，我们能够掌握以下几点内容。

- 谷歌《搜索质量评估指南》中的各项评估准则。
- 如何针对目标客户群体输出切实有效的高价值原创内容。
- 运用 Landing Page 为网站增加流量的方法。

9.1 正确理解谷歌《搜索质量评估指南》

谷歌的《搜索质量评估指南》的主体内容分为三个版块，分别是页面质量评估准则、移动端用户的搜索需求和搜索用户的搜索需求评级准则。最重要的是第一部分——页面质量评估准则，按照这个准则我们可以逐条检验自己网站的页面内容，对不足的项目进行修改和提升。

9.1.1 页面质量评估准则

既然是页面质量评估准则，就要有被评估的对象。在评估准则的开篇内容中，明确了被评估的对象就是页面质量（Page Quality，PQ）和需求满足（Needs Met，NM）。所以，我们的站内优化工作也应该聚焦在这两点上。

我们来看看页面质量评估，也就是PQ评级的目的是什么。

（1）确定页面是否完全或者在多大程度上符合我们的建站初心。

（2）对使用特殊手段创建的旨在伤害用户、欺骗用户和涉及黄赌毒等非法内容的网页进行内容剥离。

那么哪些页面或者内容在搜索质量评估准则中是被列为有用的呢？

- 分享某个主题的信息。
- 分享个人或者社交信息的网站。
- 分享图片、视频或者其他形式的媒体。
- 表达意见或者观点的网站。
- 娱乐性质的内容。
- 销售产品或者服务的网站。
- 允许用户发布问题供其他用户解答的网站。
- 允许用户共享文件或下载软件的网站。

除了上述页面内容类型外，还有一种比较宽泛的被称为YMYL的页面需要我们格外重视。MYML是Your Money Your Life的简称，指的是可能会影响一个人未来的幸福感、健康状况、财务状况和安全的页面或主题，如新闻时事类网站、法律类内容网站、财务类内容网站、购物类网站、有关治疗和安全的内容网站，以及一些与人生活中的重要方面相关或者可能会影响人的重大决策的内容网站。

谷歌会格外"优待"YMYL类型的页面，因为这种类型的页面往往是涉及用户的幸福、健康、财务稳定及安全等多个方面的。

谷歌对不同的页面类型会执行不同的搜索质量评估标准，谷歌为了更好地对页面内容的质量进行细化评判，将网页上的所有内容分为三个大的方向，分别是主要内容（Main Content，MC）、补充内容（Supplementary Content，SC）及广告/货币化内容（Advertisements/Monetization，Ads）。

（1）主要内容。主要内容指的是页面主题或者实现页面某个功能的主体部分，如文章内容、视频的播放等。具体的实现方式可以是文本、图像、视频、页面功能（如日历、房贷计算器等），也可以是用户上传到页面中的可以编辑的内容（最典型的就是相关页面评论）。表9.1所示为主要内容的页面类型与作用。

表9.1 主要内容的页面类型与作用

页面类型	作用
新闻网站主页	向用户通报最近发生的事或者重要的事件
新闻文章页面	传达有关事件或反映新闻主题的信息
产品详情页面	销售产品或提供有关产品的信息
视频页面	分享视频
货币转换器页面	以不同的货币计算等值金额
博客文章页面	分享电视节目中使用的音乐
搜索引擎主页	允许用户输入查询和搜索互联网
银行登录页面	允许用户在线登录银行

（2）补充内容。补充内容存在的目的是作为替补完成让访客在页面上获得良好体验的目标，如最常见的网页页面导航，它的存在不是为了表达某个网站有多少内容，而是通过导航栏的方式为用户提供跳转至更多的页面的服务。

我们做B2B外贸网站页面的时候，常常会在页面中添加Related Products或者Related News等内容。这些内容并不承载当前页面的主体内容，也不影响该页面的主题表达，但是会使不同页面之间相互链接。对于这些内容，我们就可以认为其是补充内容，甚至一些社交媒体的链接或者分享按钮，我们也可以将其视为补充内容，而不是主要内容。表9.2所示为补充内容的页面类型与作用。

表9.2 补充内容的页面类型与作用

页面类型	作用
新闻文章页面	传达有关事件或新闻主题的信息
产品页面	销售产品或提供有关产品的信息
视频页面	分享一个视频
博客文章页面	分享电视节目中使用的音乐

（3）广告类内容。并不是每个页面都会存在广告类的内容，广告类内容的主要作用是将页面货币化，换句话说就是实现交易的目的。一个页面中有没有广告类的内容并不会直接影响搜索质量评估得分的高低。表9.3所示为广告类内容的页面类型和作用。

表9.3 广告类内容的页面类型和作用

页面类型	作用
新闻文章页面	传达有关事件或新闻主题的信息
视频页面	分享一个视频
博客文章页面	分享电视节目中使用的音乐
产品页面	销售产品或提供有关产品的信息

一些B2C类型的在线销售网站页面上并不一定存在广告内容，但一些内容却实实在在扮演着广告内容的角色。如果不仔细区分，则很容易将这些补充内容划为广告内容，如添加到购物车或者立即购买等按钮。这种按钮为什么是广告内容，而不是补充内容呢？因为广告类内容是将页面内容货币化或者实现交易目的。

接下来我们从整个网站内容的角度出发，来看看搜索质量评估准则对整体性的一些评估因素的相关限定。

1. 对首页的限定

因为首页是一个网站的门户，是网站最重要的页面。一般情况下网站首页是很容易找到的，但涉及一些复杂情况时，如涉及子域名时，很容易发生错误。以谷歌为例：https://developers.google.com/search/docs/beginner/seo-starter-guide，这样一个网页链接的主页是google.com还是developers.google.com呢？正确答案是后者。

为什么页面质量评估工作要先从找到网站的主页开始呢？因为需要先找到网站是由谁在负责，以及由谁创建了网站页面上的内容（这两者会存在对象不一致的情况）。找到上述信息之后还要查找对象网站的声誉及相关的第三方评价，这对页面的整体质量评级非常重要，因为涉及EAT属性。

为了迎合搜索质量评估准则，我们在做外贸B2B独立站的时候，网站的主体信息一般会集中出现在 About Us 或者 Contact Us 页面上。需要注意的是，在进行网站主体信息审核的时候，即使整个网站的搭建和维护都是一个人在负责，谷歌也是以网站主体所表达的公司或者企业信息为准。

找到网站的主体信息之后，搜索指令评估准则还要求网站具备相关的主体联系信息。简单点说，就是网站主体负责人的联系方式，包括但不限于电子邮件、电话号码、实际的物理地址及联系表单等。

不同类型的网站需要提供的联系信息类型和数量是不同的，有些 MYML 类型的网站、在线销售的 B2C 类型的网站，严格意思上来说还应该具备在线购物的付款、兑换、退款退货政策和对应的处理渠道的信息。对于因为某些特殊原因不方便在网站上留下网站主体的联系信息的情况，谷歌在搜索质量评估准则中明确规定，相关从事评估工作的人员需要从其他渠道（如社媒 Facebook、Twitter、Linkedin 等平台）搜寻对应的信息。

2. 网站声誉评估

谷歌对网站声誉的判断是基于真实用户的体验及网站主题专家的意见（这里的网站主题指的是某个行业或者服务领域，而不是建站的主题）展开的。考虑到网站的主体也是现实中真正存在的公司或者组织等，所以声誉判断既适用于网站，也适用于网站所代表的公司或其他实体组织。

考虑到声誉的调查活动涉及很多途径，比方说某个大型论坛（如知乎）上会有人对××公司做出评价，所以搜索质量评估人员也会参考外部声誉的"证明"。鉴于此，有些站长会在很多类似知乎的网站上给自己提高声誉。但这种方式并不推荐。

当自己网站的内容在美化自己的声誉时，与外部环境中的"负面"声誉存在冲突，执行搜索质量评估准则的人员更多地会采信后者。

虽然声誉评估对网站排名存在一定影响，但影响力并不是非常明显，因为准则中明确规定，相关评估人员的工作重点是对网站的页面质量进行评估，网站声誉等只是辅助判断的参考因素。

3. 整体页面质量的评级

质量评级的第一步就是了解网站页面的真正目的，如果网站页面上没有任何对搜索用户有利的内容，该网页都将获得最低等级的评分，而且不会进入进一步评估的工作流程。除此之外，不同质量的页面将被划分为低、中、高和最高四个等级。

那么在具体的页面质量评估工作中，有哪些因素是重要的呢？

（1）页面的目的（也就是我们创建页面内容的时候想要传递的主题、想达成的效果）。

（2）专业知识、权威性和可信赖度（谷歌搜索质量评估准则一直反复强调这个核心要点，足以体现其重要性）。

（3）主要内容质量和数量：页面评级应该基于任务URL的Landing Page（也就是我们俗称的着陆页）。

（4）网站的创建者及主要内容创建者的信息（相当于是给网站和主体内容验明正身）。

（5）网站声誉或者主要内容创建者的声誉（考察主体内容输出对象的名声好不好，值不值得信任）。

那么怎样的页面会被认为是高质量的呢？简单点说就是设置了对搜索用户有益的目的，并且在具体的内容部署工作中较好地体现了这个目的。一般情况下，能够被搜索质量评估准则判定为高质量的网站页面具备以下特点。

- 专业知识、权威性和可信度处于较高水平，也就是EAT高评分。
- 主要内容质量高且令人满意，包括描述性到位的、有用的页面标题。
- 网站上清楚地显示网站主体及网站负责人（可以简单理解成站长）的相关信息。
- 网站有正面声誉，网站主要内容的创建者同时拥有较好的正面声誉。

获得较高的搜索质量评分，有些人喜欢做内容的"搬运工"，其实这是不可取的一种行为。哪怕搬运的内容来自权威论坛或者专业性较高的内容网站，哪怕对相关内容进行了关键词替换或者段落顺序更改，谷歌算法也完全有能力知道搬运的内容或者再加工的内容是抄袭的。一旦被判断为抄袭内容，那么搜索质量评估准则会将网站页面直接评定为最低等级。

除了谷歌算法自动判定某个网页的内容是否存在抄袭嫌疑外，谷歌人工也会对页面内容是否涉嫌抄袭做出判定。

综上所述，搜索质量评估准则的重点还是网站页面的内容，而不是页面的视觉效果。

9.1.2 了解移动端用户的需求

前面讲的搜索质量评级准则部分倾向于PC端的优化工作，而移动端还涉及一些语音内容识别搜索、实际地理定位等多重因素。考虑到智能设备（本书主要指智能手机，不包括智能平板等电子设备）普及率越来越高，移动设备的智能化程度越来越高，谷歌官方专门在搜索质量评估准则中开辟了很大的篇幅来详细规范网站页面在移动端的质量评估工作。

谷歌SEO工作中永远有一对组合，即需求与供给。这对组合在智能移动设备端的复杂性要远远高于PC端。考虑到智能移动设备的自然搜索活动涉及人机会话、地理定位等因素，故需要在极其有限的设备显示宽度上展示搜索用户需要的搜索内容就成了一种新的优化挑战。

特别是移动智能设备受限于设备显示宽度，在输入关键词的时候经常会出现不必要的麻烦，如输入法容易出错，手写输入时文字识别错误，在已输入内容中插入新关键词以做增补。这些问题的存在会让很大一部分搜索用户转而使用语音搜索，但问题在于每个人的发音都不一样，导致搜索的时候不一定能很好地匹配搜索用户的需要。所以谷歌在搜索质量评估准则的第二部分强调，移动智能手机应该让任务变得简单，即便是对于使用小屏幕设备的移动用户。

1. 搜索意图的类型

首先需要了解用户的搜索意图，只有正确理解用户的搜索意图，才能给出正确匹配的查询结果。用户的搜索意图可以分为多个类型，主要有以下4种类型。

（1）了解性查询，这种查询类型的搜索意图就是想了解某个事物。

（2）行为性查询，这种查询类型的搜索意图比前者要更强一些，主要是为了完成某个目标。

（3）网站名称查询，这种查询类型的搜索意图比较强烈，搜索用户事先知道自己要找的目标对象，甚至之前可能已经执行过相同的Website Query动作。

（4）寻找特定的业务或者组织。

2. 搜索内容的评估

了解了智能移动设备搜索意图的类型之后，我们再来看看搜索内容的显示。我们可以简单理解成移动端的SERP结果，但是和PC端的SERP结果有一些不同。以关键词"清华"为例，在PC端我们看到的SERP排名结果一般如图9.1所示。

图9.1　关键词"清华"在PC端的显示结果

而在移动端搜索的时候，出现的结果则如图9.2所示。

图9.2　关键词"清华"在移动端的显示结果

图9.2所示的结果属于SERP中的一个特殊分类，叫SCRB，可以简单称为特殊内容结果块。它们在智能移动搜索结果中排名第一，但并不是一直排名第一。SCRB的存在是为了向对应的搜索用户直接显示谷歌搜索引擎算法认为的某个最可能需要的结果。如图9.2所示，不仅给出了清华大学的地址，还给出了对应的联系电话，甚至还显示了谷歌地图供用户进行路线查询，如果想进一步了解清华大学的信息，用户还可以直接点击对应的网站按钮进行深入访问。

在使用不同型号的手机、不同的操作系统和不同的浏览器搜索时，获得的搜索结果也会完全不一样。考虑到我们执行的标准或者说针对的是谷歌SEO大框架，所以浏览器以Chrome为唯一研究对象，不涉及Safari、Firefox等浏览器。那么，搜索质量评估人员在具体的移动端显示内容评估方面会遇到哪些问题？

- 有时候搜索结果中会提醒是打开浏览器中的页面还是打开手机上的某个程序。比方说YouTube可以设置将所有的页面内容以自动打开的方式进行视频播放。
- 搜索结果中有时也会提醒选择访问移动端页面还是PC端页面。因为有时候移动选项会将搜索用户引导到移动主页，而不是任务中的特定URL页面。
- 不同的文件类型会造成打开速度的延迟，如果手机没有安装对应的办公软件，还会导致不能打开相关的文件类型，如PPT、PDF等。

- 在某些网站的内容布局上，PC端内容块与内容块的间距可能是Margin或者Padding，参数单位是px，在移动端显示的时候执行的是同一套代码标准，会导致内容偏移。

针对这些情况，我们在设置页面内容的时候不要将网站页面上的视频转移到某视频网站上播放。因为跳转到某视频网站端播放，搜索用户不一定会再回到网站页面上，除非该视频网站关于我们的内容足够多、足够精彩，否则该搜索用户一定会跳失。

但我们可以在我们的网站页面上插入某视频网站中的视频，也可以在某视频网站的账号上多发布一些与自己产品或服务相关的视频内容，不管是对网站排名还是对流量都非常有效果。

对于同一个页面，移动端与PC端会显示出不同的效果，可以修改Margin和Padding的参数单位，即将px改成百分比。

总的来说，根据谷歌搜索质量评估准则的相关规定，在针对外贸独立站移动端页面进行优化时最重要的前提还是了解目标客户的搜索需求，搞清楚搜索类型，并且充分考虑具体的外部环境因素，如地理位置、语言交互等。在具体的页面内容方面，尽可能简洁、高效，因为移动端不适合长篇大论，故应尽量将内容精练。

9.2 针对目标客户群体输出高价值内容

网站要想获得好的自然搜索排名，不仅要内容言之有物，最关键的是要让目标受众感知到这份内容的价值。

9.2.1 如何正确书写网站页面的标题

网站页面的标题在很大程度上能够较为精准地反映其所在页面的核心内容，在谷歌SEO过程中，要对网站的页面标题进行优化。

1. 对页面内容有整体的认知

很多人在写网站博客页面的内容或者单纯地创建网站页面的时候，往往会遇到这样一个问题。就是开始的页面内容设想与最终呈现的页面内容之间存在很大差别，简单点说就是跑题了，这在谷歌 SEO 中是大忌。谷歌算法中的 TF-IDF，用于评估单词与文档集合中的文档相关性。

TF-IDF 分为两个部分，TF 统计的是某个单词在文档中出现的次数，IDF 统计的是该单词在一组文档中出现的文档频率。两者的积决定了关键词与文档之间联系的紧密性。

对于标题与页面正文不符的情况，行之有效的解决方法主要有两种。

第一种方法是先根据列出来的标题，列好正文的框架，将我们的思想限定在内容框架中，这样就能很好地避免正文内容跑题的情况。前提是正文框架要紧密结合页面或者文章标题。

第二种办法是先不列标题，只想一个大致的方向，然后结合这个大致的文章主题输出内容，不用刻意束缚自己的行文思想，等正文内容成型之后再对内容进行修改，删除一些联系不紧密的内容，增补一些与主题相关的内容，最后结合整体的内容输出一个合适的标题。

2. 在标题中运用词库中的关键词

从某种程度理解，我们可以将整个标题都理解成关键词。因为越来越多的搜索用户在查找他们需要的内容时，不再简单地输入一两个词汇，因为他们知道一两个关键词所得到的 SERP 结果与他们想要的内容差别较大。所以他们往往会用短句或者完整的句子去寻找自己想要的内容。

那么在标题中添加关键词时应该注意什么呢？

（1）关键词在标题中出现的位置并不会影响 SERP 的排名结果，反倒是将关键词放在标题的前部或者后部，可能会导致整个标题阅读起来拗口，对应的页面排名也会受到直接影响。

（2）标题的长度并没有字数限制。但谷歌浏览器在最终执行某个搜索目标的 SERP 结果时，由于显示器宽度不同，会导致过长的页面标题不可能完全显示出来，只能以省略号代替未能展示的部分。但这只是显示结果的处理手段，而不是对标题长度的限定。

当然，我们最好能用简练的词汇表达出相同的意思。这样既能解决关键词在标题中位置的问题，又能解决标题过长不能正常显示的问题。

3. 关键词堆砌是非常不明智的行为

很多人试图在标题中添加多个相关关键词，以获取更多的搜索结果匹配机会。比如，某个页面或者文章的核心关键词是"packaging machine"，那么有些人往往会在标题中插入"packing machine""packaging machinery"等关键词,中间用间隔符隔开。

事实上这样的操作是不被谷歌SEO算法认可的,对于呼应页面主体内容来说,其中的任何一个关键词都已经足够,完全没必要添加很多相同词义的关键词。因为它们的存在反而占据了本应该与核心关键词搭配的其他文字的位置,这就造成了不能很好地反映页面内容的后果。

4. 自定义网站页面标题

如果在创建页面之初设定了页面标题,是不是在后期就没办法进行调整了?答案是否定的。强大的WordPress有很多种办法可以帮我们解决上述问题。其中以下两种方法用得较多。

(1)利用"页面"或者文章列表中的"快速编辑"功能进行更改,如图9.3所示。

标题修改之前

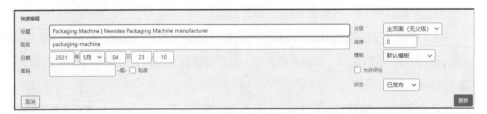

标题修改之后

图9.3 快速修改网站页面标题方法

注意,在利用"快速编辑"功能完成标题的修改操作之后,一定要单击右下角的"更新"按钮,否则之前的操作会没用。另外,标题的修改不会影响别名或者说该页面的URL地址后缀,因为别名或者说URL地址后缀在我们单击"发布"按钮的时候就已经生成了。

(2)利用谷歌SEO插件(如Yoast SEO插件)进行修改,如图9.4所示。

图9.4　利用Yoast SEO插件修改页面标题

系统预设的SEO标题的构成方式是标题+页面+分隔线+网站标题，这样显得太长了，我们可以将后面三个都删除或者四个一起删除，然后输入自己需要的页面标题（系统预设的标题形成方式可以在Yoast SEO的基础设置中进行调整）。

标题作为SERP三大要素之一，在谷歌排名算法中是比较重要的一个影响因素。正确地以页面或者文章内容为目标导向输出富有吸引力的标题对排名来说至关重要，不仅仅是考验网站优化人员的文笔功底，也考验他们对谷歌优化相关理念的掌握程度。

9.2.2　如何正确书写网站页面的元描述

作为SERP三大要素之一，页面元描述在谷歌SEO过程中也起着相当重要的作用。元描述部分的内容并不直接影响某个网站页面的SERP排名结果，但是出色的元描述能够吸引目标客户群体在SERP中寻找目标的时候进行点击。这种触发点击的信号对谷歌搜索引擎来说是积极正向的，点击的动作从某种程度上可以理解为目标客户喜欢我们提供的结果，谷歌算法会因此将我们的页面内容提升到更高的SERP位置。

页面标题是依靠关键词匹配进行排名，而页面元描述的核心作用是对某个页面的内容进行概述，有点类似文章摘要。元描述中的关键词也会参与目标搜索的匹配，但重要性远远低于页面标题。所以元描述只要如实、准确地反映页面内容即可，无须添加过多的关键词。

1. 元描述的长度

谷歌对元描述的长度并没有做过多限制，甚至我们不写元描述都没有关系，但其实元描述文字最好限定在一定字符之内。

这和标题字数的"限制"原因是一样的。不同的显示设备，长度和宽度不同，浏览器为了更好地在SERP结果中展示相关信息，自然要对过长的元描述内容进行限定。

谷歌搜索引擎在显示某个页面的元描述内容时，并不会百分之百执行我们在页头部分的代码中所提交的文字。而且超长部分一律以省略号替代,如果非要用数字来对元描述能显示的部分进行限定,那么这个长度应该是155～160个字符(包括标点符号和空格)。

2. 主动语句更富吸引力

在描述同一件事情的时候,主动语句与被动语句传递出的效果是截然不同的。

元描述最大的作用就是以文字形式让目标客户对页面内容产生兴趣和点击查看的欲望,这种情况下,主动语句比被动语句更容易实现目标,因为主动语句会让目标客户更有代入感。

3. 在元描述中添加当前页面需要进行排名的关键词

虽然谷歌搜索引擎并不一定会百分之百地将我们设置的文字内容作为元描述进行呈现,但很多时候谷歌搜索引擎会自动抓取我们网站页面或者文章的第一段文字作为该页面的元描述,这种现象在B2B产品页面中比较常见。在SERP中,我们经常看到元描述中的相关关键词会被加粗加黑显示(在Chrome的无痕模式下,关键词以红色显示)。

注意,这里说的是相关关键词,不一定需要完全匹配的关键词。

还有一点需要注意,一个页面不是只能有一个参与排名的关键词,谷歌对某个页面具有的参与排名的关键词数量并没有限制,理论上我们可以让某一个网站页面具备成百上千个参与排名的关键词。如www.moz.com,该页面上参与排名的关键词大多和核心关键词有紧密关联,如图9.5所示。

#	Traffic ↓	Value	Keywords	RD	Page URL						
1	39,051 10%	$422,500	2,060 ▲	11,915	moz.com/beginners-guide-to-seo ▼						
Keyword						Position	Volume	KD	CPC	Traffic	Results	Update
seo						3 □2	301,000	95	11.00	14,888	668,000,000	14 Jun
search engine optimization						1 □2	38,000	95	13.00	4,691	179,000,000	15 Jun
seo optimization						1	7,800	95	14.00	2,686	221,000,000	3 h
seo marketing						1	11,000	94	20.00	1,063	578,000,000	14 Jun
seo guide						1	1,200	93	8.00	797	285,000,000	9 Jun
what is seo						5	35,000	96	7.00	746	738,000,000	15 h
how to do seo						1	3,300	90	7.00	537	586,000,000	16 h
learn seo						3	3,800	80	9.00	430	268,000,000	14 Jun
seo for beginners						1	600	87	6.00	350	32,900,000	9 Jun
how to seo						1	1,500	93	7.00	329	733,000,000	12 Jun

Next 10 Next 100 Hide All Export

图9.5 同一个页面可以具有多个参与排名的关键词(此数据来自Ahrefs)

该网站页面的核心关键词是SEO，参与排名的关键词有2060个，所有这些关键词都是围绕SEO展开的，也就是说，只要我们的页面质量和页面体验足够好，那么围绕核心关键词展开的相关关键词和长尾关键词都参与到自然搜索排名中。例如，核心关键词"packaging machine"慢慢做起来之后，诸如"packaging machine factory""packaging machine manufacturer""VFFS packaging machine"等关键词也是有可能在同一个网站页面中参与自然搜索排名并且在SERP结果中出现的。

4. 元描述应该忠实于页面主体内容

有人会认为在元描述中穿插大量相关关键词和长尾关键词，会导致原本正常的元描述变得晦涩难懂。所以，无论添加多少关键词，元描述的内容都应该忠实于页面主体内容。

谷歌对于任何试图诱骗引导目标用户进行点击的行为都是零容忍。如果是单纯的引导性的行为，如将被动语态改成主动语态，这种做法是没有问题的。但是如果标题与内容不符，就是欺骗的手段，如标题和元描述中的文字都是关于立式包装机的保养方法的，而页面内容却与此毫无关系，那么这就是典型的欺骗。

不合格的元描述不仅不能忠实于网站页面内容，而且有可能触发谷歌优化的某些处罚条件，反而不如不写元描述内容，所以，在实在没有办法的时候就不要写元描述了，因为谷歌搜索引擎会自动抓取我们网站页面内容的一部分作为元描述，因为这部分文字出自页面主体内容，所以不可能存在不忠实于页面主体内容的情况。

5. 自定义网站页面的元描述（以Yoast SEO插件为例）

在WordPress后台的"所有页面"中找到需要修改元描述内容的页面（见图9.6），选择该页面后，在页面底部可以看到图9.7所示的内容，在文本框中输入元描述内容即可。

图9.6　使用Yoast SEO插件编辑网站页面的元描述

图9.7　Yoast SEO插件中填写元描述的位置

注意一点，Yoast SEO 插件针对的是英文网站，如果我们做的是中文网站，那么该插件的 SEO 分析往往会报错，如关键词未出现在元描述中，但是关键词确定是在元描述中的。为什么会出现这种情况呢？

因为在以英文输出内容的情况下，单词与单词之间存在间隔，但是汉语完全不需要，连起来写的结果就是 Yoast SEO 插件不能识别关键词。为了解决这个问题，我们需要在元描述中的关键词的左右各空一格（标题中的这个报错问题也是相同的解决方案）。

当我们在 Yoast SEO 插件中的元描述文本框中输入相关文字之后，底下会出现一个颜色条，这个颜色条的作用是提醒我们注意元描述内容的长度。正常情况下应该以绿色显示，如果是橙色的，说明输入的元描述内容太少；如果是深红色的，就说明元描述内容太多。但在中文状态下，即使颜色条是绿色的，也有可能内容过长。

当然，我们也可以在 Yoast SEO 中实时预览元描述内容在移动端和 PC 端的显示效果，如图 9.8 和图 9.9 所示。

图 9.8　移动端的效果预览

图 9.9　PC 端的效果预览

元描述的存在让 SERP 排名相对靠后的网站页面有更多争取排名靠前的机会，虽然这种机会相对来说并不是那么明显。在具体的操作过程中，不能因为谷歌不一定百分之百展现我们提交的元描述内容而随意敷衍，要坚持输出忠实于页面主体内容的元描述。但前提是我们的页面主体内容要足够出色，否则输出的元描述也不可能带来任何实质性的好处。

9.2.3　图片alt属性与heading标签

1. 图片alt属性

影响谷歌SEO排名的因素有很多,除了页面标题和元描述之外,图片的alt属性和页面段落的heading标签也非常重要。在外贸独立站中我们不可避免地要上传一些图片来辅助表达相关信息,最常见的就是Products页面中的产品图片,同款产品不同型号的图片会比较相近,谷歌搜索引擎虽然能够在一定程度上了解图片的大致内容,但是和纯文字所表达的含义相比,图片的内容要复杂得多。为了让谷歌搜索引擎更好地理解图片的内容,于是就有了图片的alt属性。

在HTML代码中,图片的代码一般是这样出现的<img src=" "alt=" ">。其中,<img>是不对称标记符号,后面无须跟</img>,src后面跟的是某个图片的存储位置。alt后面的引号部分的内容就是图片的描述性文字。有时我们还会在img标签中加入title标签,它的效果是当鼠标悬停在该图片上的时候会显示title标签的文字信息。

title和alt有什么区别呢？alt属性是图片内容的等价描述,当因为某些问题（如网络信号差）无法正常加载图片时,原本应该出现某张图片的地方会出现一个破损图片的小图标,该小图标的附近会显示一行字,这行字的内容就来自alt属性。也就是说,非完全加载图片情况下以alt属性的内容替代图片。

而title属性的作用是为图片提供额外的说明信息,可以用在HTML中除了base、basefont、head、html、meta、param、script和title之外的所有标签中。因为title属性是作为补充说明存在的,所以它就有了一个比较好的作用,就是对待跳转的链接进行说明。简单点说,就是为链接添加描述性文字。

如图9.10所示的网站图片,该图片的alt属性是"SAUVAGE 香薰",正常情况下看不到alt的属性文字。当我们将鼠标指针移动到该图片上时,因为代码中并没有title属性（见图9.11）,所以不显示任何title文字。为了让读者对title的功能有更直观的了解,我们使用Chrome浏览器的开发者模式添加了一段title代码,如图9.12所示。

图9.10　案例网站图片示例

```
<img src="https://www.dior.com/couture/var/dior/storage/images/horizon/home_er-item-ocd-pop-store-2/23325442-18-chi-HK/ocd-pop-store-2_1440_1200.jpg"
alt="SAUVAGE 香薰" style="position: absolute; width: 100%; top: 0px; left: 0px;">
```

图9.11　案例网站示例图片的代码

```
<img src="https://www.dior.com/couture/var/dior/storage/images/horizon/home_er-item-ocd-pop-store-2/23325442-18-chi-HK/ocd-pop-store-2_1440_1200.jpg"
alt="SAUVAGE 香氛" title="这是一个使用chrome浏览器开发者模式下，自定义的title内容" style="position: absolute; width: 100%; top: 0px; left: 0px;">
```

图9.12　为图片添加title代码

这时候将鼠标指针移动到该图片上时，就会出现title中的文字描述了，如图9.13所示。

图9.13　图片旁显示title中的文字

在网站后台上传图片一般有两种方式。第一种是在WordPress后台的媒体库中直接上传本地计算机上的图片，第二种是用Elementor编辑器的图像小工具进行上传。当然，它也是先将本地计算机上的图片上传到WordPress的媒体库后再进行调用的。

按照"添加新文件"→"选择文件"的顺序（见图9.14），将本地计算机中已经处理好的图片上传到WordPress网站后台，媒体库中该图片右边有一个"编辑"按钮，单击它之后会进入如图9.15所示的页面，在该页面中我们可以添加替代文本、说明文字和描述。

图9.14　在WordPress后台添加图片

图9.15　为图片添加替代文本、说明文字和描述内容

替代文本就是alt属性，在谷歌SEO中，这个替代文本比说明文字和描述文字更加重要。

2. heading标签

HTML 5中规定了heading标签一共分为6个等级，即<h1>~<h6>。不同等级的heading标签所代表的意义及具体的表现形式是完全不同的。

以<h1></h1>标签为例，这是一组成对存在的HTML标记代码。一般情况下，在谷歌SEO操作过程中，我们会将<h1></h1>中所包含的内容与<title></title>中所包含的内容设置成一致的。注意：一个网站页面有且仅有一个<title></title>标签，而<h1></h1>标签可以存在多个，但是不建议这样操作。

heading标签的使用有点像写议论文，要准备论点、论据进行论证。这个论点就相当于<h1></h1>标签中的内容，有了论点之后就要以相关的论据来进行论证。为了说清楚论点，我们可能会有三个论据。

既然三个论据是为了共同论证某个大的论点，在整体的逻辑上这三者处于同一个层级，我们在使用heading的时候就应该为这三个论据共同使用<h2></h2>标签。但是在某个论据中，如果我们还想用更具体的小观点来论证，这时就可以使用<h3></h3>标签了。最终我们的文章就会变成下面这样。

```
<h1> 这是文章的核心内容标题 </h1>
<h2> 这是相关的论据一 </h2>
    <h3> 这是相关论点一的补充 1</h3>
    <h3> 这是相关论点一的补充 2</h3>
    <h3> 这是相关论据一的补充 3</h3>
<h2> 这是相关的论据二 </h2>
……
<h2> 这是相关的论据三 </h2>
```

在默认状态下，从<h1>到<h6>，不同等级的heading文字在网站前端表现出的大小是不一致的，且从大到小进行排列。但是在同一篇文章中，不管是<h2>还是<h3>，都应该是作为正文存在的，理论上来说是不应该有字体大小之分的。所以我们可以用代码或者页面编辑器进行修改。

以Elementor编辑器为例，如果要调整heading的大小，则需要在heading的"样式"中进行修改，如图9.16和图9.17所示。

图9.16 为标题设置不同的Heading等级

图9.17 利用CSS样式设置标题的文字大小

在"HTML标签"中我们可以任意设置需要的heading等级,还可以将标题内容设置为<div>、<span>和<p>标签,这三者分别代表的是块内容、行内元素无固定格式和段落文字内容。选择完之后在"样式"中对"尺寸"进行修改,单位可以是px、em、rem和vw。"重量"即字体的粗细。

如果想突出文章中的部分段落或重要文字,可以选择加粗的形式来显示目标文字。在HTML中为文字进行加粗有多种方法,但是不同的操作传递出的代码信息是有区别的。以<strong>和<bold>为例,两者在前端的表现是一致的,但是<strong>所表达的意思是这部分内容比较重要,需要着重强调;而<bold>这个标签仅表示文本加粗,没有对其所包含的文本信息进行强调的意思。简单点说就是,<bold>是为了加粗而加粗,而<strong>是为了标示重点内容而加粗。

与此类似的还有一组标签,即<em>和<i>。两者在网站前端的表现形式都是让文字倾斜,但意义却完全不同。<em>是基于内容的样式,而<i>是基于物理特性的样式。em是emphasized的缩写,这个单词本身就有强调的意思,而<i>表示的是无意义的倾斜,仅仅是改变视觉效果。对于文字的倾斜效果,不建议用标签进行设置,在CSS中用代码进行处理效果会更好。

如果想对同一个heading中的不同单词或者不同字符设置不同的文字大小和颜色,Elementor页面编辑器支持以内联CSS代码的形式进行操作,如图9.18所示。

图9.18 利用CSS代码直接修改字体的大小和样式

对于"this"这个单词，我们用了代码<span style="color:red";>来对其颜色进行修改；而对于"P"这个字母，我们用了代码<span style="color:blue;font-size:50px";>来设置其颜色和单字母大小。这样就可以在Elementor编辑器的样式功能中改动相关CSS选项的参数，修改不同单词的文字效果。

在使用heading的过程中，一般很少会用到<h4>～<h6>等级的标签，一般情况下使用到<h3>或者<h4>层级就足够说明中心思想了。要注意一点，不要将不同层级的heading混用。

在heading中，我们也可以使用关键词，但是和其他运行关键词的项目一样，不要出现关键词堆砌的情况。

关于检查网站页面内容中heading设置有一个小技巧，该技巧更加适合在文章页面中使用。Elementor页面编辑器中有一个小部件叫"内容目录"，当我们拖动该小部件到网站页面上的时候，就会自动显示该页面的heading各层级的内容，如图9.19所示。

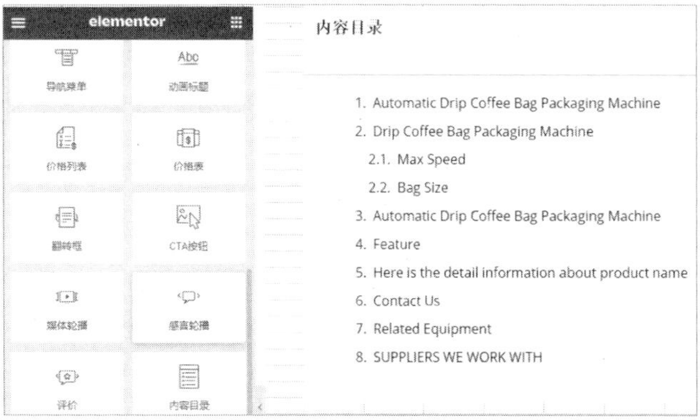

图9.19 页面中Heading各层级的内容

通过图9.19右侧的heading层级结构，我们能很清楚地看到该页面的主要内容框架，然后可以根据需要进行增添或者删除操作。如果我们不想要页面上出现这个内容，那么在调整完页面内容之后再删掉该部分内容即可。

9.2.4　正确理解TF-IDF的算法和作用

TF-IDF是一种数值综合统计度量，用来评估单词与文档集合中的文档相关程度。由TF和IDF两个部分共同组成，其中TF指的是词频，也就是某个词汇在整篇文档中出现的频率；后者IDF指的是逆文档频率，也就是出现相同词汇文档的值的对数，数值越接近于0，说明这个词汇越常见，在很多文档中都存在。

TF-IDF是当今最流行的术语加权方案之一，在信息检索、文本挖掘和用户建模的搜索中经常用作加权因子，在数据库中经常被用作基于文本检索的内容推荐系统。谷歌搜索引擎工作机制也一样，都是根据搜索用户提供的某个关键词或者句子在索引数据库中查找相关的资料，经过排名算法的计算，给出对应的SERP结果。所以正确理解TF-IDF的算法和作用对于我们有效开展谷歌SEO工作有着重要意义。

当然，谷歌搜索引擎不可能低级到只使用最基础版本的TF-IDF算法，在算法不断迭代更新之后，已有更复杂更全面的基于TF-IDF算法思想基础的加权方案的变体，可以对文档的相关性进行评分和排名，成功地应用于各种内容主题和相关信息检索分类领域。

（1）TF词频。TF简单点讲就是某个关键词在页面或者文章中出现的频率。假设我们写了一篇名为"How to maintain the coffee bean packing machine"（如何维护咖啡豆包装机）的文章，假定关键词为"coffee bean packing machine"，整篇文章的词汇总量为1500个单词，而"coffee bean packing machine"一共重复出现了6次，那么该关键词的TF为6/1500=0.004。

那么词频是高一点好还是低一点好？单从理论上来说是高一点好，因为TF的数值高，代表的是该关键词在整篇文章中出现的次数较多，和该篇文章的主体核心思想关联较为紧密。但这是一个相比较的状态，必须设定一个前提就是该篇文章没有刻意的填充堆砌关键词，以很自然的状态进行文章的撰写。

（2）IDF（逆向文档频率）。IDF算法要稍微复杂一些，所得出的值越大说明含有某关键词的文档在总文档中出现的频率越小，也就是说这篇文章或者页面更有可能获得好的SERP排名结果。

在理解了TF-IDF的计算对象和计算方法之后，那么怎么应用于SEO呢？

1. 组建相关关键词补充列表

很多时候我们会自主地进行原创内容输出，但是在内容输出的整个过程中，受到外界环境和自我认知等主客观因素影响，往往会出现内容用词方面的问题。

也就是说在输出原创文章的时候，因为主客观因素可能会影响某个主题思想表达过程中的内容全面性，那么我们就需要利用TF-IDF等工具来对这方面的缺失进行弥补。市面上有很多好用的TF-IDF检测工具，比方说SEObility提供的工具。

为了更好地说明，我们以关键词"packaging machine"对vikingmasek.com这个网站首页进行了查询，如图9.20所示。

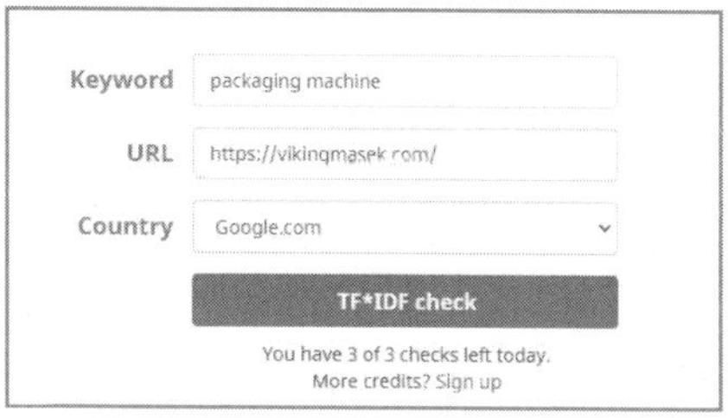

图9.20　SEObility检测工具的相关设置

在"Country"中选择的是不同的谷歌搜索引擎国别，因为使用不同后缀的谷歌搜索引擎所得到的最终结果是有一定差异的，有些时候SERP排名结果差异性还比较大。单击"TF-IDF check"按钮之后，会看到这样一个结果，如图9.21所示。

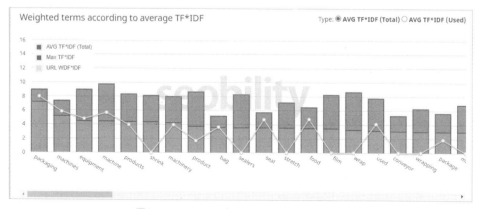

图9.21　SEObility关于TF-IDF的检测结果图表

图9.21中最底部是相关的关键词，诸如packaging、machines、equipment等，每个关键词对应的是一个柱状图，柱状图有上下两个部分，上面部分代表的是Max TF-IDF区间，下面部分代表的是AVG TF-IDF区间。

根据上图的折线结果，我们就可以清楚地知道该竞争对手网站首页围绕packaging machine这一核心关键词的相关关键词的具体TF-IDF表现情况如何，如packaging这个词汇目前得分是8，稍微超标了一点（平均值是7），shrink这个词汇目前得分是0，

严重偏低（平均值是4.2）

利用类似这种检测工具，对于上述列表中某些相关关键词并没有在我们现有文字或者页面中的就需要进行内容补充，对于已有的关键词，如果TF-IDF统计数据未达标或者已经超标的，就需要针对具体情况进行增补或者用其他相关关键词进行替换。

2. TF-IDF的数据是让我们对内容进行优化而不是人为的影响数据值本身

对于这一点，很多人在接触TF-IDF算法的时候考虑更多的是具体的参数指标，为了实现指标而去做对应的操作。最简单的方式就是直接删除或者增添对应的关键词，这对TF-IDF的统计结果影响是非常直接的。

但是，如果我们需要对相关的统计结果数据进行更改，那么对整体内容或者局部内容进行重新描写会是一种更好的解决方案。而且针对我们初期内容中缺失的部分，TF-IDF工具能够很好地进行提示，以便我们查漏补缺。

3. 如果现有的相关数据太差可以考虑替换内容输出的形式

页面的内容表达形式有很多种，不同的内容表达形式对最终的TF-IDF统计结果会造成比较大的影响，当前两步的相关操作还是不能够让我们在TF-IDF的统计数据中有一个较为满意的结果，不如重新以不同的内容形式进行主题内容的输出。

在对内容进行重新输出的时候，我们应该更加注重考虑这一次的新内容输出是不是目标客户群体正在积极寻求的信息和答案，在具体的可执行操作方面，是否能够落在实处。

考虑到文章或者页面并不是单一存在构成网站的全部，所以不同文章和页面之间应该也需要具备互通的渠道和媒介，比方说一些Call To Action的存在，能够让目标客户群体在进入某个页面的时候有兴趣查阅本网站更多其他页面内容。

9.3 正确发挥 Landing Page 的作用

Landing Page从来不是某一类网站页面的特指，只要是能吸引客户从其他网站到达我们网站的页面，都可以称作Landing Page。作为网站自然搜索流量的主要页面，Landing Page的设置非常关键，要求也比普通网站页面严格得多。

9.3.1 Landing Page指南

在网络营销中,Landing Page(登录页面)是单一的网页出现响应单击搜索引擎优化的搜索结果、营销推广、营销电子邮件或在线广告。登录页面通常会显示定向销售副本,这是广告、搜索结果或链接的逻辑扩展。访客在目标网页上执行的操作决定了广告客户的转化率。登录页面可以是微型网站的一部分,也可以是主网站中的单个页面。

Landing Page的内容指向性非常明确且单一化。它的作用是吸引特定用户。那么是不是内容单一、指向性强的网站页面就算是Landing Page?要回答这个问题,我们先来看看Landing Page和普通网站页面的联系和区别,如图9.22所示。

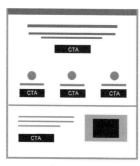
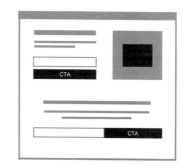

图9.22　普通页面和Landing Page的区别

普通页面有多个CTA(Call To Action),而Landing Page只有一个或少数几个CTA,这就意味着Landing Page页面的目的性更强。虽然有些网站页面内容单一、指向性也很强,但是缺乏与访客的互动关系,所以并不算Landing Page。就像我们的B2B网站,也有About Us、Our History等页面,但这些页面的内容呈现都很明确,只是单纯的内容输出,并没有与访客产生互动,所以不算真正意义上的Landing Page。

1. 优秀的Landing Page的特点

(1)具备特定的CTA。一般的网站页面有多个目标诉求,可能是希望访客查看具体的产品信息,可能是希望访客查看我们的联系页面,也有可能是希望访客查看我们的专业性文章。这些页面中的CTA会多个并存,无形中降低了访客对某一项事物的专注度。

而Landing Page只存在一个CTA（特殊情况下可以设置2~3个，以具体情况而论，不能过分强调CTA数量而忽略Landing Page本身），只希望访客做一件事情，如让访客留下联系邮箱，或让访客下载我们的某个应用软件，抑或是让客户购买我们的某个产品等。

（2）针对特定目标人群。比如，在网上销售女鞋的店铺，它们做Landing Page的目标是号召客户购买女鞋。那么在设置Landing Page时就不应该出现男鞋，也不应该出现童鞋，而是要将目标对象精准地定位在女性这一客户群体上。考虑到女鞋的款式和种类有很多种，因此需要结合产品去设计Landing Page的内容。例如，高跟鞋适合的场景是职场，棉拖鞋适合场景是家居，而运动鞋更适合户外场景中的用户。

（3）拥有不错的Landing Page模板。邮箱信息获取类型的Landing Page的模板如图9.23所示。

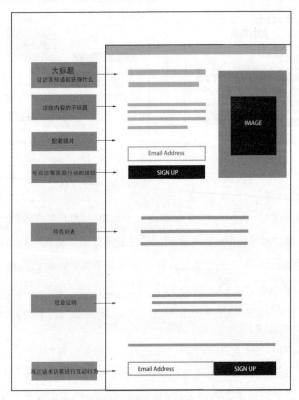

图9.23　邮箱信息获取型Landing Page模板

我们依次来分析一下这个优秀的邮箱注册型Landing Page中的内容。

①大标题，也就是该页面的核心内容，告诉访客从这个页面中他们能获得什么好

处。(在用Elementor编辑器设置内容版面时,可以将大标题设置成H1或者是H2。)

②子标题,对大标题进行详细说明,让访客更好地理解大标题表达的诉求。子标题需要在大标题的heading标签上降一级。如果大标题是<h1>,那么子标题就应该是<h2>;如果大标题是<h2>,那么子标题就应该是<h3>,依次类推。

③图片,用更加形象的图像来传递页面的主体信息,让访客一眼就能对CTA有个大致了解,在选用图片的时候尽可能用富有感染力的图片。很多人会选择产品的白底图,但这种白底图比产品的使用场景图效果要差很多,缺乏用户的使用场景联想和用户带入功能。此外,还要注意图片中其他辅助内容喧宾夺主的问题,很多图片第一眼看上去视觉效果很炫酷,但不能充分的引导潜在目标客户进行下一步操作,这对于CTA来说是一个很差的行为引导。

④号召访客采取行动的按钮,上面的标题、文字描述和图片的作用就是引导客户单击这个按钮。如果目标客户在此环节没有进行我们预设的操作,那么肯定是上述三个内容中的某个出现了问题。可能是大标题不够有吸引力,也可能是小标题的利益引导不够明确,甚至可能是使用了白底产品图,传递的内容乏味、号召力不足,不足以打动目标客户。

⑤特色列表,如果客户看到了这里,那么只能说明一个问题,就是大标题、描述文字还有配图不足以打动客户进行上面的CTA,所以我们要新增特色列表来进一步打动客户。这种逐条陈列的特色列表对内容传达更加形象、直观,事实上特色列表就是对第一部分内容更细致化的提炼及对目标客户可能获得利益点的具象化体现。

⑥社会证明,要想社会证明发挥最好的效果,最好的办法是让有一定影响力的人提供相关的证明言论,并加上他们的头像和姓名。我们也可以邀请平时关系较好的客户来为我们写一些相关的证明言论。

⑦再次请求访客进行互动行为,这个互动行为和第一个CTA应该是完全一样的,也就是要符合Landing Page目标唯一性这个大原则。这也是目标用户在当前Landing Page能够看到的最后一个信息,如果此时还不能令该目标客户提交邮箱地址,那么只能证明,前面的所有内容对该目标客户都不起作用,或者说页面对他来说缺乏足够的吸引力,需要进一步调整。

2. 销售类型的Landing Page

销售类型的Landing Page的模板如图9.24所示。

(1)明确受益结果。这部分内容和前文中分析的案例有所区别,因为我们说过做

Landing Page 目的性要专一，邮箱资料获取的前提是访客提交了他们的邮箱地址之后可以获得对应的福利，这个福利可以是研究报告，也可以是享受折扣等，目标客户更容易将自己的联系信息发送给我们。

而销售类型的 Landing Page 并不能快速转化这个交易过程，所以 Headline 就是要明确地告诉访客，在这个页面采取对应的 CTA 行动之后能够获得怎样的收益，而且这个收益要非常简单明确，如 How to use Twitter improve your business more than 128%。

（2）将其受益结果具象化。Headline 的文字描述，应该有针对性地描述上述标题中如何利用 Twitter 这种社媒让客户的生意增长 128%，内容应该有条理且要让访客信赖。

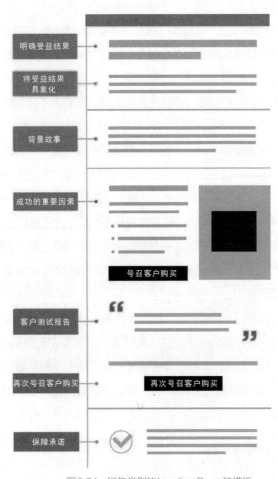

图 9.24　销售类型的 Landing Page 的模板

（3）背景故事。因为在线销售和金钱挂钩，转化并不容易，所以我们需要撰写真实的案例,来加深访客对采用Twitter社媒提升128%商业成果的信任度。

(4)成功的重要因素。因为已经写了一个真实的案例,访客可能已经相信,但是这个"相信"是较为短暂的,所以我们需要在这一步强调上述成功的背后存在什么样的重要因素。例如,Twitter社群成员高度精准,Twitter文案的投放时间非常恰当,Twitter的图片非常有创意,等等。

(5)号召访客购买。因为有上面4个步骤的引导,所以我们需要在这个地方进行一次CTA召唤,让访客尝试购买我们的产品或者服务。

(6)客户测试报告。这个有点像邮箱信息获取模板中的Social Proof,也是利用关联第三方的证明来消除客户心中的疑虑,为我们的产品或服务提供切实可靠且真实存在的使用证明。

(7)再次号召客户购买。和第五点的号召购买是完全一致的,只不过这里的号召购买不再需要配图进行思维影响了。

(8)保障承诺。因为在线购买涉及金钱交易,客户的疑虑可能存在于售后的权益保证方面。所以我们要在这里进行相关的文字描述以打消客户最后一点疑虑。当然,我们也可以在售后保障中加一定的条件限制,如30天的有效期等。

在了解了以上两种Landing Page的内容构成和设计思路之后,我们就要考虑如何对Landing Page进行A/B测试了。

A/B测试不仅是设置Landing Page时常见的一种办法,也经常被用于整个外贸独立站的页面内容设计和优化工作中。

对Landing Page进行A/B测试,目的就是找出当前设计中吸引力较低、转化率较低的内容,然后进行修改或者替换,从而增强Landing Page的转化能力。注意:Landing Page的A/B测试不是简单的细节修改,而是大范围的内容替换和补充。

那么,要想知道当前Landing Page上的哪些内容做得好、哪些内容做得不好,可以使用Hotjar工具。这个工具能够识别访客在我们页面上停留和关注的重点,重点关注的地方在热力图中会被高亮显示,如果没有在热力区域显示,说明版块内容不合格,缺乏访客的关注,不能引起潜在客户的兴趣。

那么有了Hotjar这个工具就可以高枕无忧了吗?显然不是。如果只用1~2天时间去看热力图,就会因为范本测试量的数据结果不够有代表性而存在误判可能。建议这个测试的结果是两个星期,修改后的Landing Page内容也建议执行相同的观察时间。

Landing Page作为一个较为特殊的网站页面,不可能孤立存在,它必须很好地融合于整个外贸独立网站的页面中。所以,我们还需要考虑Landing Page和其他网站内部其他页面之间的交互行为。

9.3.2 删除 Landing Page 的主导航功能

我们反复强调，Landing Page 的目标必须单一，它的作用就是尽可能地将引入的客户转化。基于这一点核心诉求，我们就不能在 Landing Page 中添加可能会导致访客跳失的内容，如网站头部的主导航菜单。网站上的每个页面中都存在主导航菜单，而 Landing Page 也属于网站中的一个页面，如果不想有主导航菜单怎么办呢？

针对这个问题，我们可以使用页面编辑器 Elementor Pro 自定义一个页头，页头中可以同时放 Logo、主导航功能和站内搜索功能。创建完该模板之后进行保存，保存时不要选择全站部署，而是有条件地选择部署。这样我们就可以自定义 Landing Page 的页头不出现主导航菜单功能了。还有一种方法是直接在 Landing Page 中将"页面布局"设置成"Elementor 画布"，如图 9.25 所示。

图 9.25　设置页面布局

完成对页面布局的设置后，Landing Page 就不存在页头和页脚部分的内容了。也就是说不会存在该页面流量跳转到本站点内其他页面的情况了，除非该访客关闭当前 Landing Page，否则该访客会一直在当前页面上。

也许有人会这样的疑问，Landing Page 不是不能独立存在吗？没有页头和页脚的导航，怎么访问查看网站的其他页面？

注意，这里说的是不应该出现页头、页脚等容易导致分散目标客户关注点的项目，如果我们想将 Landing Page 和网站中其他的页面联通，那么做个锚文本或者按钮链接就可以了。重点在于我们期望当前Landing Page实现什么样的目标，如果我们只是单纯地想获得目标客户的邮箱账号，那么只要客户在当前Landing Page提交联系表单就可以了。如果增设了页眉的菜单导航，就有可能影响Landing Page的效果，所以在具体的优化过程中，我们一定要以目标为工作的指引。

9.3.3 严格区分流量的不同针对对象以创建Landing Page内容

前文中介绍的Landing Page模板，有针对邮箱信息收集的，有针对在线交易的。之所以类型不同，完全是因为我们的诉求不同。所以，不要认为一个网站上同时存在多个Landing Page，每个页面的诉求不同是不合理的现象。恰恰相反，为了更好地提升页面的转化率，多个Landing Page同时存在是完全有必要的。

例如，某个工厂从事的是包装机的生产和销售业务，那么其客户就一定是海外包装机批发商吗？显然不是。在其客户群体中，有咖啡粉或咖啡豆的原料生产商，有食品生产工厂，有化妆品生产企业等。很显然，这些客户在搜寻他们需要的产品和服务的过程中，采取的采购决策和购买行为是有非常大的区别的。

由此可见，严格区分流量（或者说目标客户群体），以有针对性的内容结构输出形式来创建不同的Landing Page才是正确的操作。否则，以形式固定的内容根本无法吸引多类型的客户。

9.3.4 利用锚文本打通Landing Page与普通页面

这一点是基于删除Landing Page的主导航功能来说的，因为我们删除了Landing Page中的主导航菜单功能，所以从理论上来讲，当前页面就缺少了内链，造成了一个站内跳转的"死胡同"，这对谷歌SEO来说很不利。

要解决这个问题，比较好的方法是使用锚文本链接（相比按钮，锚文本链接更为隐蔽）。例如，为Landing Page上的某个关键词添加站内页面超链接，从而方便访客中转到对应的普通网站页面上。因为HTML 5对添加了超链接的文本是会以不同颜色显示的，这就容易导致访客未进行转化就跳失了。所以我们可以使用CSS代码将已经添加了超链接的文字恢复成原来的样式。

这种方法只适用于我们不想让某个目标客户在完成当前Landing Page上的预设目标之前，跳转到网站其他页面进行查看的情况。如果我们的初始目标并不是这样的，那么直接用按钮导航也没什么影响。

当然，HTML超文本标记语言也支持多种链接跳转形式，如通过单击一张图片实现页面之间的跳转。甚至我们可以用图片热区功能，实现单击同一张图片的不同位置而跳转到不同页面的效果。例如，我们可以在Landing Page中添加一张产品展示图片，图片上有三种型号的包装机械，然后通过相关的代码设置，单击不同的图片区域就能打开对应产品所在的页面。

第 10 章
添加高质量的网站外链

10
Chapter

▶ 本章要点

　　添加网站外链是谷歌 SEO 工作中的一个重要组成部分，与站内优化工作一样，在提升网站页面排名方面有着举足轻重的地位。正确认识外贸独立站的外链构建工作，识别不一样的外链构建类型，以及寻找适合自己网站的外链构建方式是本章的主要内容。

　　通过对本章内容的学习，我们能够掌握以下几个要点。

- 外链对外贸独立站的意义和作用。
- 不同类型外链之间的区别及对网站权重的影响。
- 适合自己的外链构建方式。
- "摩天大楼"型外链的本质。
- 外链拓展辅助工具的使用方法。

10.1 正确认识网站外链的意义

网站外链也称为网站的反向链接（Backlink），指的是外部网站指向自己网站的超链接，具体的形式多种多样，如常见的锚文本、图片外链和视频外链等。外链的作用就是实现不同站点或者域名之间的相互跳转。但是谷歌搜索引擎在设置排名算法之初就考虑到了不同域名之间存在不同权重的情况，所以外链除了能实现跳转之外，还被赋予了更多其他含义。

外链的作用类似"信任背书"。我们可以简单地说甲网站做了一条指向乙网站的链接，相当于甲网站给乙网站投了一次"信任票"。那么这个"信任票"是不是每个人都一样？显然不是。就像评价生活中的一件事，不同的社会群体所表达的意见的分量是不一样的。

在具体的谷歌SEO工作中，"内容为王，外链为皇"，内容的高价值和外链的高质量共同构建了谷歌SEO工作的两大块。

外链相当于"信任票"，我们可以简单地将这个"信任票"的分量理解成外链的权重值传导。假设A网页本身的权重值在0～1之间，该页面上有3条指向其他网站页面的外链，就相当于A页面的权重值被平均分为了3份，分别传递给了另外三个网站。

整个网络上有各种类型的网站和页面，彼此之间的链接构成了庞大的互联网体系，所以A网页将链接权重传递出去的情况就成了普遍情况，当然，A页面也有收到其他页面传递给它权重的可能性。这些权重值在无数个不同页面之间相互传导，历经了一次又一次迭代计算，才逐步凸显出一些重要网站和页面的高权重值。这也就是为什么我们搜某个关键词的时候，维基百科类型的页面会排在SERP靠前的位置。

假设有4个网页，分别是A、B、C、D。其中A网页有2条外链，分别指向B和D网页；B网页有3条外链，分别指向A、C、D网页；C网页仅有1条外链，指向A网页；D网页有2条外链，分别指向B、C网页。在初始网页权重均为0.3的情况下，经过上述一系列传导。

最终A、B、C、D页面的权重值从初始的0.3、0.3、0.3、0.3（和为1.2）变成了0.333、0.325、0.2583、0.283。

对于权重值不高的新网站页面，通过高权重值页面的外链传导，可以有效提升自身网站页面的权重值,从而在一定程度上有助于提升自己网站页面在SERP中的排名。这也是从事谷歌SEO的初级操作人员,热衷于到高权重网站购买外链的根本原因。

但仅外链权重这一单一影响因素,还不足以影响整个SERP排名的结果。特别是如今谷歌官方不断调整高价值内容页面的排名权重,外链的作用在逐步降低,所以不要太过于依赖外链,我们的任务还是应该给对应的目标搜索用户提供高价值的内容。

10.1.1　生而不平等的外链

一个搜索用户从其他渠道通过链接方式到达我们的页面,其中这个其他渠道的链接方式就是指外链。接下来我们看看不同的外部链接类型在具体的权重传导过程中的区别。

1. 来自热门页面的外部链接可以传递更多"信任值"

如图10.1所示,正常环境下的众多文档与案例网站页面(A、B、C、D)建立了一定的外链,页面A、B、C、D同属于一个域名,页面A和C之间存在内容关联,页面B和D之间也存在内容关联。

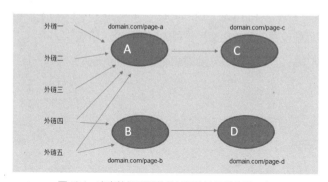

图10.1　来自热门页面的外部链接的权重传导示意

A页面有5条外链,B页面只有2条外链,基于相似内容相似搜索的论点,同一批搜索用户进入页面A的概率是进入页面B的概率的2.5倍,而假定搜索用户从页面A进入页面C和搜索用户从页面B进入页面D的概率相同,那么最终搜索用户到达目的页的概率就完全取决于第一阶段的外链数量。也就是说,同一批搜索用户最终到达页面C的人数是到达页面D的人数的2.5倍。

2. 页面主要内容中存在的链接比样板链接能够传递更多权重

样板链接通常指的是侧边栏、页眉、页脚部分中存在的链接,与页面主体内容中的链接相比，这类链接被单击的概率相对较低，也就是意味着它们所能够传递出去的链接权重值较低，如图10.2所示。

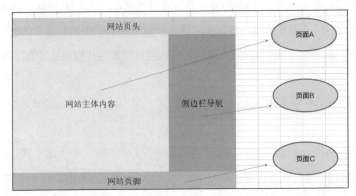

图10.2　页面不同位置的链接所能传递的链接权重值不同

还有一点，我们在做网站内容的时候，可能会遇到侧边栏内容太多的情况。这时我们可能会选择用折叠的形式来避免单屏内容无法完全显示的情况。这种做法本身没有太大问题，谷歌也会为隐藏的内容赋予充分的索引和加权，但是与正文中正常显示的内容相比，隐藏内容也会降低侧边栏链接被单击的概率，相对应的外链权重值也会有所下降。

3. 正文中靠前位置的链接比靠后位置的链接更有"价值"

在主要内容中，位置靠前的链接比底部的链接能够提供更高的外链权重，如图10.3所示。

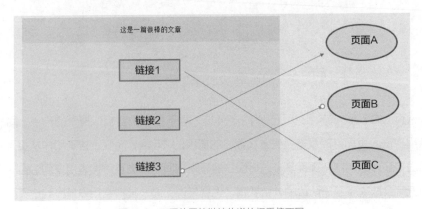

图10.3　不同位置的链接传递的权重值不同

对于一些文章，即使很有价值，也不一定每个人都能耐心阅读完。他们很可能在文章的初始部分认真阅读，到了文章中部和尾部的时候，就不会那么认真了。

在这种情况下，即使中部和尾部内容中有和顶部内容差不多的外链，也很少有搜索用户单击，这就造成了图10.3中链接1所指向的页面C的权重要高于链接2和链接3所指向的页面A和页面B。

搜索用户倾向于单击嵌入在内容中的第一个链接，然后内容中链接的被单击率会随着链接在一个片段中位置的下降而下降。所以，谷歌SEO人员要重点考虑页面内容中的第一个链接所处的位置。

4．内容相关性较高且权重较高的页面适合做外链

外链从来不是雪中送炭，而是锦上添花。所以，千万别指望在我们网站页面质量很差的时候通过外链的相关工作来获得较好的SERP排名。

面对特定的内容，人们往往会选择听取专业领域人士的看法。例如，A和B都是很权威的人物，但是他们分属于不同的领域，对于A领域的特定内容，A更具有发言权，对于B领域的特定内容，B的发言更值得信任。如果将这种情况理解成外链工作，那么这两者就代表着权重值都很高的两个热门网站，但是其中只有一个和我们当前的网站页面内容高度相关，如果这两个高权重网站都有链接指向我们，那么很明显，内容高度相关的这个网站为我们投的"信任票"的含金量更高。

10.1.2　外链源网站要具有良好"新鲜度"指标

无论是自己的网站页面内容，还是我们寻找的外链源网站页面内容，时间久了都会被谷歌算法淘汰。所以我们在做外链源网站选择这步时，就需要考虑目标页面的更新情况了。那么谷歌会根据哪些因素来判断某个页面是否"新鲜"呢？

（1）文档起始日期（这里的起始日期不是指我们发布页面或者文章内容的时间而是指谷歌搜索引擎发现或者首次索引文档的日期）。文档的"新鲜度"会在起始日期之后逐渐降低。

（2）文档内容的更新频率。定期更新文档内容明显要比发布后就不再更新的内容页面更受谷歌搜索引擎欢迎，但前提是我们的改动不要仅限于修改个别单词或者链接，而是对较大部分内容进行整体更改，否则谷歌会选择忽略我们的微小修改行为。

（3）核心内容的变更要比辅助内容变更容易受到谷歌搜索引擎关注。我们在搜索质量评估准则中提到过，一个页面主要可以分成三大类型内容，而核心内容一般都是指文章的正文部分。与侧边栏导航链接、页脚锚文本、页内广告和相关注释相比，正文内容的改动更加容易影响谷歌对页面"新鲜度"的判定。

（4）文件更新频率。很显然，频繁更新内容的网站页面比长时间不更新页面内容的页面更容易获得谷歌搜索引擎关于页面"新鲜度"的好评。此外，定期更新和不定期更新，即使在最终的页面内容更新程度上能够达到一致，但谷歌更青睐前者。所以我们在做网站内容维护的时候最好是有计划地进行，不要哪天心血来潮做了大面积改动，此后又长时间放任不管。

（5）新增页面的频率。新增页面频率高的网站获得的"新鲜度"较高，这也是很多B2B平台不断要求用户增加新产品的根本原因。但不要为了上新而上新，内容重复或者区别度较小的同质型内容并不能获得谷歌搜索引擎的青睐。

（6）外部链接的增长率。除了自己网站页面本身因素的变动之外，外链的复合增长率也成为谷歌搜索引擎评估网站页面"新鲜度"的一个因素。但要注意：对于外链数量的异常增加，谷歌搜索引擎可能会判定为人为操纵或者是不合理构建，从而给予处罚。

（7）外链源网站的"新鲜度"。在创建网站外链的时候，除了要考虑对方的域名权重和内容专业性相符的情况外，还需要关注对方页面内容的更新频率。如果对方的网站内容总是不变，那么谷歌给对方网站的"新鲜度"评估也会较差，从而在一定程度上很难发现我们做的指向自己网站的外链。

（8）网站增加的自然搜索流量和页面访问指标。从某种角度上讲，新鲜的内容会吸引用户到达网站对内容进行了解，结合第一点的文档起始日期因素考虑，谷歌不太可能会将旧内容排在靠前的SERP结果中，而自然访客一般都是单击首页内容进行查阅，访客如果看到的都是千篇一律或者过时的内容，肯定会很快关闭当前网站。

（9）网站内容巨变。网站内容巨变会对旧有链接产生不良影响，如果我们先前的网站内容是关于服饰，在一段时间之后我们慢慢地变成了数码科技，那么原先的关于服饰的外链就渐渐地成为我们的累赘。那些包含服饰关键词的锚文本链接不仅不能对数码科技的内容产生积极的推进作用，反而会在某种程度上拉后腿。

10.1.3　外链的数量应该呈现出稳步增长的态势

在Ahrefs工具中输入一个待检测网站，往往能够看到其近期的外链增长数量和增长曲线。一个正常良性发展的网站，它的外链数量不会在某一时刻突然激增，也不会在某一时刻呈现断崖式下跌。稳定且上涨的曲线应该成为我们外链的工作目标，即使在这个过程中,曲线会呈现锯齿状的高峰或低谷也没有太大的问题,只要总体走势较为平顺即可。

10.1.4 消失后的外链还可能存在一定的"影响力"

消失的外链我们一般称为Link Echos或者Link Ghosts,它是一种具体现象的描述。当某个被创建出来的外链消失之后,链接对SERP排名结果的影响还有可能继续存在,如图10.4所示。

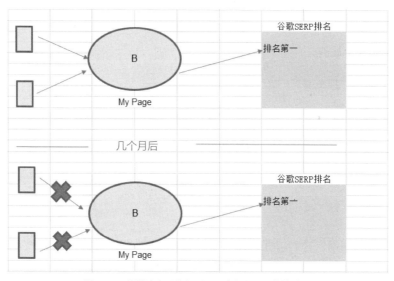

图10.4 外链消失后的权重影响会存在一个持续时间

以图10.4为例,起初My Page获得了两条来自其他网站的外链,这时候它获得了SERP排名首页首位的结果,在删除了这两条来自其他网站的外链之后,My Page页面的SERP排名结果还是处在首页首位上(该页面能够获得如此好的排名不可能仅仅靠两条外链就能达到的,很大程度上还是其自身的页面内容的功劳)。

这说明了一个问题,当某个页面获得了一个较为不错的SERP排名结果之后,谷歌会对其各方面能够影响SERP排名结果的因素进行了全面系统的整理,除了外链的存在与否,其自身页面也成了一个关键因素。

10.1.5 无法被谷歌抓取的JavaScript链接不能传递"信任票"

一般情况下,我们在做外链的时候使用的都是"<a href=" ">Link</a>"标记,但也有其他一些方式能够实现单击对应图片和文字达到超链接跳转的效果,比方说Onclick事件。在以往的谷歌SEO操作过程中,很多人热衷于使用JavaScript隐藏某些链接显示方式来达到他们的某些特殊需求。

但是随着谷歌整体功能的完善,越来越多的特殊操作能够被谷歌识别,在抓取和呈现JavaScript等方面有了显著的进步,绝大部分用JavaScript制作的链接都能够被正确识别并进行渲染展示,如图10.5所示。

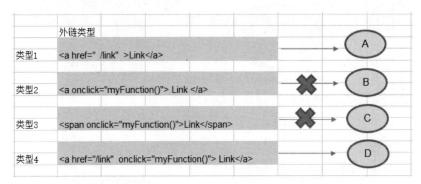

图10.5 无法被谷歌抓取的JavaScript链接不能传递权重

如图10.5所示,这4种超链接即外链并不能完全被谷歌识别。第一种和第四种外链构成形式没有问题,能够被谷歌正确识别并在页面前端正常地渲染其效果。但是第二种和第三种外链的构建方式显然不能够被谷歌正常地抓取和索引,所以如果我们想以相关的JavaScript技术来实现外链目标的话,需要避免上图中两种不正确的方式。

这就涉及了使用JavaScript的网页内容在被谷歌爬虫抓取的时候与常规的HTML网页之间存在差别。理论上当谷歌爬虫在抓取某个HTML网站页面的时候,先下载HTML的DOM文件,从源码中提取相关的链接,然后下载对应的CSS文件,随后将这些页面资源发送到谷歌的indexer(也就是谷歌的索引器)。

但是谷歌爬虫在抓取JavaScript的网站页面的时候,当它下载了HTML的DOM文件之后,因为JavaScript尚未下载执行所以在源码中找不到对应的链接,再去下载对应的CSS和JS文件,谷歌爬虫必须使用google web rendering service来解析、编译和执行JavaScript部分内容。

我们都知道JavaScript通常需要执行的是外部的动态内容,所以在使用google

web rendering service的时候会从外部的API、数据库等渠道获得对应的数据，此时谷歌索引器才能够执行后续的索引动作和相关内容。索引完毕之后谷歌才能发现网站页面上的相关链接并将其添加到内容待抓取队列中。

JavaScript在执行解析、编译和运行JavaScript文件时都比较耗时，并且在具体执行JavaScript内容渲染任务的时候也会遇到很多问题，甚至有些并不是代码方面的原因，有可能是浏览器版本等外界因素造成的问题，也有可能是Cookie、本地缓存等外界因素造成的渲染效果差异。此外，谷歌爬虫的抓取和渲染行为与真正的浏览器（Chrome、Firefox等）也存在着不同，它的目的是抓取有价值的资源，而后者是如实地反应某个网站页面的具体内容。这就造成了谷歌爬虫有时候会选择性的加载相关资源而不一定对全部资源都进行完整性加载。所以我们才说无法被谷歌抓取渲染的JavaScript链接不能够传递"信任票"。此外，还要及时删除有害的外链。

10.2 寻找合适的外链构建方式

外链的构建方式有很多种，但并不是每一种构建方式都适合我们的网站。外链源网站的选择作为外链构建工作的切入点阶段，在某种程度上决定了整个外链构建工作的成败。

10.2.1 外链源网站的选择原则

当我们完成了自己网站的优化工作，想用一些外链来提高网站页面被谷歌搜索引擎发现并索引的概率，并且利用高域名权重的外链源网站所提供的"信任票"来提升SERP排名的时候，我们就需要考虑这样一个问题——什么样的外链源网站是我们真正需要的，在选择的时候需要注意哪些事项。

谷歌搜索引擎本身鼓励各位网站站长或者管理员利用外链来联通不同网站，以便其能够抓取到更多"新鲜"的网页内容。

鉴于此，WordPress中的很多谷歌SEO插件（如Yoast SEO和Rank Math）都设置了添加外链到其他网站的项目，如图10.6所示。

> 分析结果
>
> ∧ 问题 (4)
>
> ● 出站链接：此页中没有出站链接。添加一些！

图10.6　Yoast SEO插件中建议添加外链的提示

那么在选择外链源网站的过程中需要遵守哪些原则呢？

1. 内容相关性原则

内容相关是外链建设工作需要考虑的第一因素，意思就是当我们试图创建外链的时候，寻找的外链源网站必须和我们的网站内容紧密相关。如果我们做的网站内容是关于包装机械的，那么外链源网站的内容就应该与机械或包装等相关。

当然，内容相关性原则也有特例。例如，某些大型综合性的网站内容覆盖非常广泛，其本身内容也比较有价值，网站的域名权重也比较高。但是这个网站上关于我们的产品或者行业的内容并不是特别多，遇到这种情况，还是可以在这样的综合性网站上做一些外链指向我们的网站的，主要有两点原因。

第一，综合性网站自然搜索流量较高，这些流量并没有特定的目标指向性，其中可能就有我们的潜在目标客户群体，即使我们所做的外链属性很可能是Nofollow（一般的大型综合性网站基本都是Nofollow属性），也有让目标客户群体了解到我们网站信息的可能性，前提是我们在该综合性网站上的内容足够有吸引力。

第二，可以加快被谷歌搜索引擎索引的速度。不同层级（或者说域名权重值不一样）的网站，谷歌对待它们的态度是不一样的，类似apple.com这种热门网站，谷歌可能一天去"溜达"好几次。而我们初创的小网站，谷歌可能"隔三差五"才来一次。如果我们在热门网站上做了外链，谷歌就能更快地侦测到，并将我们的网站地址添加到待爬取的项目列表中。

2. 网站类型多样性原则

理论上来说，我们根本无法控制别人的网站是否做外链指向我们，所以正常情况下，一个网站的整体外链除了我们自主选择的外链源网站类型外，还应该同时存在很多不受我们控制的网站类型。

注意，这里强调的是类型，而不是内容。例如，我们可以做一条外链指向苹果公司的网站，但现实中我们并不会这样做，因为我们的网站内容和苹果官网没有任何关系。基于这个论点，在不受我们控制的情况下这些网站所生成的外链，基本上它们的内容会和我们的内容相关性较高。

那么这里的网站类型指的是什么呢？一般来说，网站类型对应的是域名后缀，如代表教育类型的.edu，代表政府或者官方性质的.gov，代表非营利性组织的.org等。这些类型的网站天生域名权重就较高，一般人也不可能申请或者购买到这些域名。其他的网站类型还有.top、.info、.cc、.net等。

从理论上来说，所有的域名后缀没有任何差异，只是外观和自身含义不同，也没有规定什么样的域名后缀需要呈现什么样的内容。我们主动在不同类型的网站上查找与自身网站相似的内容，然后做一些外链指向自己的网站页面，从某种程度上来说是弥补外链源网站域名种类偏少的缺陷，毕竟和我们内容相近的大多是商业类型的网站，它们的域名后缀大部分是.com。

有了内容相关的不同类型网站上所做的外链，谷歌搜索引擎会判定我们的整体外链构建情况是自然生成的。有这么多的不同类型的网站对我们投了"信任票"，谷歌也会认为我们的网站内容比较不错，从而给我们的网站页面加一定权分值。

3. 外链载体的多样性原则

绝大部分人在添加外链的时候使用的是锚文本，因为操作简单且方便，不会受到外链源网站的干扰和限制。但除了锚文本这种简单的外链构建形式外，还有其他内容可以作为外链的载体。

（1）以图片作为超链接载体。我们在前文中提到过，要想使用超链接功能，那么我们可以在HTML中采用<a href>…</a>标签。常规状态下，使用锚文本就是在<a>和</a>中间输入对应的文字。而需要使用图片作为载体的话，就不是简单地输入文字了，而是必须使用<img>标签，代码如图10.7所示。

```
1  <a href="https://www.example1.com/">
2  <img src="https://www.example2.com/abc.jpg" alt="图片内容描述">
3  </a>
```

图10.7 以图片作为链接载体的代码

第一行代码中的"example1"指的是单击图片之后需要跳转到的目标页面URL；第二行代码中的"example2"指的是存储图片的网络地址URL，alt是图片的描述性文字（可以放一定的关键词）。

（2）以视频作为超链接的载体。这种方式在外链构建工作中非常罕见，因为原生的视频并不能作为链接存在。当我们在视频上单击时，只会暂停或者播放视频，而不会跳转到目标网站页面。考虑到YouTube作为较大的视频社媒平台，我们可以在YouTube

上传视频然后做对应的外链，步骤如下。

①加入YouTube合作伙伴计划。

②将自己的网站与谷歌账号相互关联。

③在视频中添加卡片以便链接到我们的网站（这一步最重要，需要小心操作。具体的操作流程可看官方说明文档）。

4. 避免刻意选择

从某种角度来说，我们使用Chrome浏览器时的一些访问行为和数据是可能被谷歌侦测并记录的，特别是当我们在Chrome浏览器上登录自己的谷歌账号的情况下，我们的相关搜索轨迹会被谷歌掌握。

反过来推论一下，谷歌首先不赞同人为干预生成外链，也就是说，别人主动做外链指向我们的网站页面是可以的，我们主动在某个外链源网站上做外链是不建议的，因为可能涉及利益交换等问题。

所以在构建外链的时候，一般建议使用其他的浏览器，如Firefox。如果非要用Chrome浏览器，也尽可能使用无痕浏览模式并且注销当前的谷歌账号，等外链构建工作完成之后再重新登录。

10.2.2　摩天大楼式外链的构建方法

摩天大楼式外链的构建方法是Brian Dean提出的一种有效建网站外链的方法，他利用这种方法在14天内将自然搜索流量提升了110%。使用摩天大楼式外链构建方法的关键是执行以下三个步骤。

（1）查找值得链接的内容。

（2）让事情变得更美好。

（3）找到并对合适的人进行接触沟通。

之所以称该方法为摩天大楼，是因为能够被链接的内容本身足够优秀和精彩，以至于在同类型内容中成为鹤立鸡群般的存在。当我们的潜在目标客户想要查找该类型的内容时，便能够第一时间找到我们的内容，因为它正如摩天大楼一般耸立在众多竞争对手的头上。

查找值得链接的内容，这意味着我们将要输出的某个网站页面，其内容需要有较高的价值，特别是对于我们的潜在目标客户来说。

我们在做内容输出的时候，自然是希望别人能够主动引用我们的内容或者以其他方式将外链指向我们的网站页面，而不是单纯地靠自己去众多外链源网站上构建属于自己的外链，因为单纯靠自己会耗费较多的时间、金钱、精力。

对于摩天大楼式的外链构建，第一步操作的关键是要找一个极佳的内容切入点，内容需要足够新颖且翔实，让目标客户能够从中得到实实在在的东西。

有了内容之后，我们就需要进行第二步操作——将内容以目标客户最乐意接受的方式呈现出来。高水准的网站优化人员在输出内容的时候，不仅仅会考虑文字本身的呈现效果，还会考虑目标客户在浏览该内容页面时思维的连贯性和视觉的接收程度。比如，将较长的句子改写成几个较短的句子，替换生僻、拗口的词汇，在某些具体的项目中搭配相关的说明图片。

考虑到我们为了创建高品质的内容，文章篇幅可能会较长，因此我们还要罗列文章的框架。当然，我们也可以直接用不同的字号、标题颜色、副标题和细分内容列表等，让目标客户对整体内容有一个更加清晰、直观的感觉。

当我们对一些比较复杂的内容进行进一步说明的时候，单靠文字还不足以解释清楚具体的操作步骤和工作原理，即使搭配了图片说明也显得较为苍白无力，这时候我们可以直接用视频来进行相关内容的输出。

第三步也是最重要的一步，就是找到我们内容的"信徒"。利用Ahrefs、Majestic SEO、Open Site Explorer等工具，我们能比较轻松地了解同行业竞争对手的相关外链情况，这些竞争对手的外链源网站中肯定有大量我们不熟悉的网站，它们背后所代表的内容传播力量不容小觑。以Brian Dean为例，他找到了160个适合的外链源网站，所以他给这160个网站的管理人员发送了沟通邮件，并得到了17个链接，成功率约为11%。

10.2.3　外链拓展辅助工具

构建外链的辅助工具一般分为两类，一类是查找竞争对手已做的外链和源网站，另一类是查找外链源网站或者相关内容网站管理人员的联系方式。因为两种工具的实现目标不同，具体的操作方式也有很大区别。

1. Ahrefs

Ahrefs作为整个谷歌SEO市场上优秀的统计分析工具，在网站的外链数据分析方面的表现自然也非常出色。以包装机械行业为例，当我们不知道该到哪里找外链源网站,又不想用谷歌高级搜索指令查找时,就可以直接用Ahrefs工具查看同行业竞争对手(www.vikingmasek.com)的外链数据,如图10.8所示。

图10.8 利用Ahrefs工具分析竞争对手的外链数据

在Site Explorer页面的文本框中输入竞争对手的域名,并单击右边的查找按钮;系统就会自动生成关于该网站的各方面的统计分析数据,如图10.9所示。

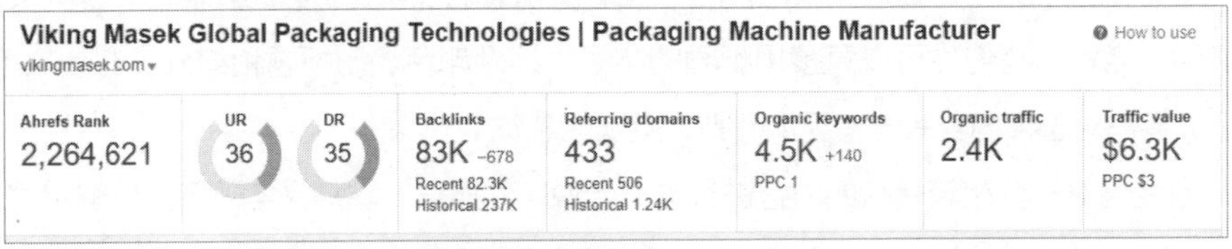

图10.9 竞争对手网站的数据

单击图10.9中的第4个数据(Backlinks),或者单击Ahrefs工具左边导航中的Backlinks,就可以跳转到该网站的外链数据统计页面,如图10.10所示。

图10.10 竞争对手的外链情况

第一条信息显示www.statnews.com网站上有一条外链指向了vikingmasek.com网站。该外链源网站的域名权重值是85(评分区间是0~99),外链所在页面的权重值是29(评分区间也是0~99)。"Referring domains"对应的数字指的是vikingmasek网站的页面一共被多少个外链源网站引用,换句话说就是,vikingmasek网站的管理人员在多少个不同的外链源网站上做了链接(假设所有的外链都是他们自己构建的)。单击"Referring domains"对应的统计数字"50",我们就能查看这些外链源网站的域名,以及这些外链源网站的域名权重评分、Ahrefs系统排名、日常搜索流量等,如图10.11所示。

第 10 章 添加高质量的网站外链

Domain	DR↓	Ahrefs rank	Referring domains (dofollow)	Linked domains (dofollow)	Organic traffic	Links to target	/ dofollow		First seen
constantcontact.com ▼	92	184		135,043	756,273	1 ▼	1	▬	11 Oct '20
businessinsider.com ▼	92	255	654,737	144,450	29,965,293	1 ▼	1	▬	25 Jun '21
businessinsider.com.au ▼	90	1,317	48,434	127,501	227,182	1 ▼	1	▬	2 Feb '20
businessinsider.fr ▼	90	1,345	104,864	35,991	277,915	2 ▼	2	▬	20 May '20
insider.com ▼	87	2,542	290,635	95,194	5,998,730	1 ▼	1	▬	7 Apr '20

图10.11　竞争对手的外链源网站列表

这些外链源网站可以作为我们的备选资源，当然，这里面也有很多并不是很适合我们的网站，有些可能是内容相关性较差，有些是网站管理人员暂不提供外链构建机会，等等。这些需要我们在后期操作中仔细甄别，加以利用。

考虑到竞争对手的这些外链中有很多Nofollow属性的，我们还需要对数据中的Nofollow属性的外链加以区分（虽然存在一定的Nofollow属性是一件好事，能够体现外链构建工作的自然性），相关的操作如图10.12所示。

图10.12　为外链数据设置筛选条件

重点设置图10.12中的"One link per domain"和"Dofollow"属性。如果有其他需求，那么还可以对"Traffic"这个参数进行设置，选定外链源网站的搜索流量保持在一个较高的范围。因为从某种程度上来说，流量多的网站其域名权重值也较高，它们所投出的"信任票"的价值也更高一些。

Ahrefs工具将竞争对手的外链情况分成了三种形态，分别是New backlinks（新建的）、Lost backlinks（已丢失的）、Broken backlinks（存在链接指向问题的）。相较而言，在New和Broken这两类外链源网站中查找机会更大一些。因为New代表的是新晋的机会，这些外链源网站可能是我们和建站对手之前未曾发现的，而Broken可能是因为建站对手网站页面的内容发生了变动，导致原本有效的外链出现了指向性错误，相当于给了我们一个捡漏机会。

为什么不首选Lost类型的外链呢？可能是竞争对手在外链源网站上做外链没有得到站长的同意，可能是双方达成的外链合作已到期，还有可能是外链源网站已经消失（可能性很小）。这些问题让我们在构建指向我们网站的外链时的难度变得很高，投入的时间和精力会比较多，不划算。

2. SEMrush

在SEMrush中的搜索框中输入竞争对手的网站域名，即可查询它的外链情况。此处我们输入包装机械行业的建站对手的网站域名mespack.com，外链数据分析结果如图10.13所示。数据显示该网站一共有11800条外链，单击"反向链接"下的数字"11.8K"即可查看具体数据。

图10.13　利用SEMrush分析竞争对手的外链情况

此外，SEMrush还给出了该竞争对手网站的外链源网站域名类别占比，其中商业和工业类网站占比为32%，互联网和电信类网站占比为16%，艺术和娱乐类网站占比为14%，新闻类网站占比为12%，计算机和数码类网站占比为11%。主要的锚文本为"mispack s.l.""visit site""link to homepage""mespack"，如图10.14所示。

单从锚文本来看，品牌关键词（也就是我们之前提到过的导航性质的关键词）出现的概率较大，从侧面说明了该竞争对手在品牌营销方面做的工作还不错，但锚文本中缺少产品关键词，如"packaging machine"和"packing machinery"等。我们在做外链构建工作的时候，还是要多使用产品名类的关键词，因为在网站初创阶段，品牌的效能还不可能被市场认可。

图10.14　外链源网站的类型和锚文本统计图表

SEMrush还有个比较实用的功能，就是"Link Building"，选择它之后我们会看到如图10.15所示的界面。

第 10 章　添加高质量的网站外链

图10.15　SEMrush的Link Building功能

在图10.15中输入我们的网站域名，然后单击"开始Link Building"按钮即可开始构建外部链接。SEMrush工具显然不会像付费链接构建器一样根据我们输入的域名就自动生成很多外链，而是会先给出建议，如图10.16所示。

图10.16　Link Building给出的外链源网站建议

Link Building功能为我们构建外链所做的工作总共分为以下三步。

（1）分析我们的网站内容并探索可行性的外链源网站，并将这些外链资源添加到对应的列表中。

（2）查找某个潜在外链源网站管理者的联系信息，并利用联系模板发送自定义的个性化沟通邮件。

（3）对成功构建的外链进行跟踪和监控，以确保该外链在将来某段时间保持有效状态，如果发生失效情况，还会给出相应的状态提醒。

需要注意的是，SEMrush利用Link Building工具所给出的外链源网站的质量并不是特别好，但好在它是一个不需要花费太多脑力的工具。

10.3　外链构建工作的实操讲解

本节我们将通过实操讲解的方式来说明网站外链构建工作应该如何开展，具体包括寻找正确的外链构建目标对象和常见的外链构建模式两个方面内容。

10.3.1 寻找正确的外链构建目标对象

从某种意义上来说，外链的构建工作有点像钓鱼，当我们试图用一些有价值且具有高度吸引力的内容来吸引外链源网站管理人员做外链指向我们的网站时，这些"独特"的内容就成了鱼饵，从而诱发对方创建外链指向我们的网站。

1. 输出有吸引力的页面内容

当我们试图创建一个内容以获取外链源网站管理人员青睐的时候，这些人中的很大一部分并不会如我们所愿来构建外链指向我们的网站。因为绝大部分人并不乐意给陌生的网站做外链，或者说我们的内容还不足以打动对方。

那么在常规的外链构建工作中，我们的网页内容具有哪些特点才能获得较高的外链构建成功率呢？

（1）内容应该具备较高的新鲜度，如2022年时不要再输出2021年的旧闻。

（2）内容要有趣生动，尽可能用生动、有趣的文字来表述以吸引对方。

（3）内容要富有争议或者是当前的热点话题。

（4）内容的相关佐证数据应该可视化，有条件的话最好用图表形式呈现。

（5）内容详细，文字充分，尽可能地将观点表达透彻。

除此之外，我们也可以借用一些工具来拓展思路，如Google Trends（谷歌趋势）和Buzzsumo，或是到相关的产品行业论坛上获取最新的话题。

2. 寻找合适的外链源网站

有了充满诱惑力的"诱饵"之后，我们就需要去找对应的"鱼儿"了，也就是有选择性地接触目标对象。比如，我们构建的是包装机械类型的网站外链，那么我们就不可能去接触鲜花零售类型的网站管理人员。寻找有针对性的网站管理人员的方法如下。

（1）利用谷歌关键词进行搜索。以包装机械为例，我们可以在谷歌搜索框中输入关键词"list of packaging machine bloggers"，结果如图10.17所示。

这里要重点关注一下第三个结果，该页面上罗列了80个关于包装方面的博客网站。这些博客网站不仅有包装机械类的，也有包装设计类的，对于我们来说是一个非常好的站点列表页面。

第 10 章 添加高质量的网站外链

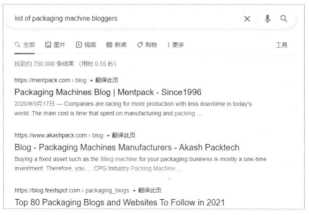

图10.17　关键词"list of packaging machine bloggers"的搜索结果

（2）利用谷歌高级搜索指令查询。从SERP结果中筛选自己想要的网站，谷歌高级搜索指令能够帮我们排除不相关的网站资源，避免浪费大量时间。

以纸杯蛋糕为例，我们可以用高级搜索指令"cupcake blogger inurl:resources"进行搜索，结果如图10.18所示。

在该高级搜索指令下，谷歌的SERP中共有943条内容。也就是说，绝大部分不符合要求的网站页面已经被高级搜索指令排除在外了。这里输入"resources"，是因为有关纸杯蛋糕的博文会在网站的resources类目下（包括news、blog等）。

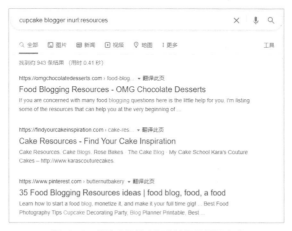

图10.18　谷歌高级搜索指令的显示结果（1）

如果我们还想进一步升级谷歌的高级搜索指令，那么可以尝试用"food blogger 'cupcakes' intitle:resources"进行搜索，相关结果如图10.19所示。

图10.19 谷歌高级搜索指令的显示结果（2）

这个结果的涵盖范围更广一些，主要是因为我们将前面的"inurl"替换成了"intitle"。此外这个高级搜索指令结合了两部分搜索目标：Intitle:resources告诉谷歌搜索引擎只在索引数据库中页面Title包含resources的项目中进行查找（如图10.19中的Food blogging Resources和Essential Resources）；而cupcakes加了引号，就是告诉谷歌搜索引擎这个词汇必须在页面中出现。如果某个页面的Title中有resources但没有cupcakes，那么这个页面就不应该出现在最终的结果中。

需要注意的是，不同的搜索引擎使用的高级搜索指令也会存在不同的结果，我们在执行关于自己行业的搜索指令时，要结合行业和产品的实际情况进行操作。

3. 联系外链源网站的管理人员

用搜索指令找到需要的外链源网站之后，我们就要主动地去接触这些外链源网站的管理人员了。这些管理人员的联系信息可能会出现在网站页面的页眉或页脚，也可能出现在About Us页面。但通常情况下我们可能只找到info或者sales这些没太大用处的邮箱，此时我们可以用邮箱查找工具进行挖掘。当然，我们也可以使用市面上比较常规的工具进行联系信息的挖掘，如Hunter。除此之外，我们还可以使用网站工具去查找管理人员的联系方式，如anymailfinder.com、zapier.com、tintup.com等。如果使用以上方法还不能挖掘出对应的外链源网站的管理人员的联系信息，那么我们不妨在社交媒体平台上找一找他们的踪影。找到外链源网站管理人员的联系信息后，如果想和他们沟通，那么建议以加好友的方式进行，更加直接高效。

4. 筛选外链源网站

有了外链源网站之后，我们就可以展开外链构建工作了。在经历了上述目标挖掘工作之后，我们会发现有太多的外链构建对象需要去联系，列表数据会让我们意识到这是一件非常庞大的工程。但是，不同的外链源网站之间是有不同层级的，所以我们接下来的工作就是对外链源网站进行筛选，优先选择域名权重值高、外链源网站自然搜索流量高、链接构建工作难度较低的对象。

关于域名权重值的高低，我们可以用Moz工具进行查看。Moz提供了浏览器插件，在每个SERP结果中显示PA值和DA值（PA、DA值是各个工具根据自己的评判标准给出的参考数值，不代表谷歌官方意见）。当然，我们也可以使用Ahrefs和SEMrush工具来查看外链源网站的域名权重值。

考虑到我们主动去找外链源网站的负责人员进行沟通，并不一定会能获得外链构建的机会，因此我们在主动和这些人进行沟通之前，有必要对构建外链的可能性进行思考。

思考的因素包括当前外链源网站是否有外链存在，这些存在的外链中是否有指向我们竞争对手的。如果上述两个问题的答案都是肯定的，那么还要思考这些已经存在的外链是以怎样的形式进行权重传导的，是锚文本、单一图片还是整篇文章。

除了上述因素外，外链源网站自身的情况也是外链构建难度评判的一个参考因素，如该网站内容的更新频率，如果我们发现最新的一个外链或者网站最新的内容（或者博客）是一两年前的，那么说明该网站的负责人近期都没有进入网站后台进行维护。就算我们联系到了他本人，那么也会以极大的失败概率结束这次沟通。对于这样的网站，提前放弃为好。

总之，寻找正确的外链构建目标对象是一个庞大的工作项目，找准我们的外链源网站，细致评估在该网站上构建外链的难易度，然后找到外链源网站负责人的联系方式，这三个环节需要花费较多的时间和精力。

但我们的工作重心还是应该放在坚持输出高质量的原创内容上，外链是作为辅助性的"工具"存在的，所以我们可以用碎片时间来完成外链构建工作，尽可能不要占用太多的日常工作时间。否则就会本末倒置，影响我们网站的SERP排名。

10.3.2　常见的外链构建模式

对于不同的产品特性、不同的网站类型，适合的网站外链构建模式也是完全不同的。通常来说，对于成熟的利基市场和具有强烈竞争的行业，我们需要付出更多的精力去构建网站外链；而一些新兴的产品和市场，我们需要付出的精力会相对少一些。

1. 客座博客（Guest blog）

这是国外非常流行的一种网站外链构建模式，它的工作模式是允许外链构建人员在其网站上以发布文章的形式构建指向自身网站的外链。这种模式的好处在于外链的形式多样化，而且单个页面往往只有一篇客座文章。因此在单个外链源网站的客座博客页面上，我们所构建的外链肯定是处于第一位置。也就是说，该页面上的外链权重传导得到了保证。

2. Broken Backlink

Broken Backlink用中文表达就是断开的外链。例如，某个外链源网站权重值非常高，而且它的某些页面上有我们竞争对手做的外链。但是因为一些未知因素，导致竞争对手先前构建的外链出现了问题，即单击对应链接无法正常跳转到竞争对手的网站页面上。

出现这种情况的原因可能是，竞争对手网站的页面URL或者说固定链接的形成格式发生了变化。例如，原本是以数字型进行规范，现在变成了以文章名进行规范，虽然页面的内容并没有发生任何变化，但是该竞争对手的网站页面URL发生了根本性变动，导致我们的浏览器在执行解析的时候找不到原本应该出现的页面地址和内容，所以就有可能出现404报错的现象。所以，我们要注意自己在日常的外链构建过程中不要出现该问题。那么对外链源网站上那些指向竞争对手网站页面的Broken Backlink，我们应该如何加以利用呢？

首先是要结合断链所处的网站页面内容进行思考，原来这条外部链接指向的目标页面内容可能是什么样的。假设我们找到了一条外链锚文本是VFFS machine（立式密封包装机），那么很显然，这条外链有可能指向立式包装机械的一个产品页面或者是有关VFFS machine的文章页面。

如果有可能，我们应该多花点时间和精力去研究该外链锚文本前后的文字内容及整篇文章的核心思想。毕竟绝大部分的客座博客内容和该博客内的外链所指向的目标页面内容是高度关联的。

基于上述思考，我们就知道应该输出什么样的替代性内容了。注意，这个替代性内容的质量必须要高，要让外链源网站的负责人清楚地感觉出我们的内容比竞争对手的要好很多，言之有物、数据翔实，并且时效性非常强。如果无法输出高质量的内容，那么网站负责人不一定会同意我们替换竞争对手的外链。

3. 检查自身网站的坏链并处理

我们除了自己主动构建外链之外，其他网站和个人也会做一些链接指向我们的某些网站页面。这其中有合规且内容相关度较高的，也有质量极差的。那么我们该去什么地方查看自己的网站背后有多少条其他网站做的指向我们的外链呢？对于那些和我们网站内容相关、域名权重又比较好的网站在未通知我们的情况下所创建的外链，如果出现了Broken Backlink的情况，我们又该怎么办呢？

Ahrefs和SEMrush两款工具都能为我们的网站页面查找出Broken Backlink，此外，还有一款很不错的工具，即Moz。Moz有一个功能叫Link Explorer，它可以根据我们提交的网站页面URL（注意，我们需要分析的是自己整个网站的Broken Backlink情况，所以需要提交的是域名，而不是具体的页面URL）来检测对应的链接情况，如图10.20所示。

图10.20　Moz工具提供的链接检测功能

输入完成之后，Moz会让我们先登录自己的账号，然后选择链接的状态代码，我们选择"4xx-Broken"，稍等片刻，就能看到Moz为我们查找出的所有404页面及涉及该页面的外链数量，如图10.21所示。

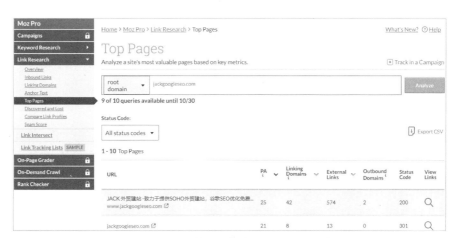

图10.21　Moz检测出的网站404页面报错详情

理论上来说，如果我们的网站不涉及重大改版或者变更固定链接模式，网站是不太可能有大面积的Broken Backlink问题出现的。而那些自己网站上的重要页面或者重要文章，在初始的页面URL定下来之后也不太可能会修改，所以使用第三种方法所能发现的再次构建外链的机会，相对于前两者来说会比较少。

　　但第三种方法的可操作性更强一些，因为这些添加外链指向我们网站页面的外链源网站负责人，可能对我们的网站或者文章内容比较认同，所以才会在我们知情或者不知情的情况下做了指向我们网站的外链。如果这些外链出了问题，那么我们只需要如实地告诉他们，然后在他们网站上原先做外链的地方修改一下外链的链接地址就可以了。

第 11 章 外贸网站的数据分析和管理

Chapter 11

▶ 本章要点

外贸网站的数据分析能够帮助我们全面、客观地了解外贸独立站各方面的表现情况，包括但不限于访客来源、访客渠道、访客使用的浏览设备、访客所处的地域、访客的年龄区段和性别等。所有这些数据都可以在谷歌官方的 Google Analytics 平台上得到直观的体现，所以全面掌握 Google Analytics 的功能和使用方法就显得非常有必要。

通过对本章内容的学习，我们能够了解并掌握以下几点内容。

- Google Analytics 后台各项功能及如何根据自己的实际情况设立目标和事件，并设置对应的数据筛选器来提取有效的网站访客数据。
- 将 Google Analytics 和谷歌的多渠道项目进行关联，开展谷歌广告的针对性二次投放。
- 谷歌二次广告再营销的操作流程。

11.1 Google Analytics 基础

本节的重点在于Google Analytics后台功能的简介，以及谷歌广告系列与转化跟踪的基本设置，包括在Google Analytics中设置不同的目标，以及用Google Analytics衡量谷歌广告系列。

11.1.1 Google Analytics 入门知识

与Google Search Console侧重于统计网站的整体收录、排名、健康状况等各方面情况相比，Google Analytics则侧重于统计并分析网站的访客流量的行为转化数据，用相关的统计分析数据来了解网站在数字营销活动中所遇到的问题、面临的现状，从而找出更好的提升手段。

Google Analytics通过相关的事件标签设置和数据统计，我们能够清楚地知道某个访客来自哪里、查看了网站的哪些页面、在具体页面上的停留时间和交互行为等。这些统计数据的存在不仅能让我们更加了解访客对我们网站的真实感受，还能进一步分析客户的在线行为，从而为我们提供更好的产品和服务推广的决策基础。总之，Google Analytics是一个收集数据并将其分析整理成使用报告的平台。

要想Google Analytics发挥它正常的数据统计分析功能，那么我们首先要做的就是创建一个Google Analytics账户，然后将一小段JavaScript跟踪代码添加到网站的每个页面上，当访客进入我们的网站页面后，这段代码就会收集该访客与网站页面的互动数据。

首先要找到Google Analytics提供给我们的网站跟踪代码，如果忘记了这段跟踪代码，那么首先在Google Analytics账户后台选择左下角的"管理"选项，然后在右边的"跟踪信息"中找到"跟踪代码"，最后复制，如图11.1所示。

在自己网站的WordPress后台选择"外观"→"主题编辑器"→"主题页眉（header.php）"，然后将图11.1中的代码进行复制，粘贴到图11.2中。注意，要粘贴在<head></head>之间，如图11.2所示的第21行之后。

第 11 章 外贸网站的数据分析和管理

图11.1 为网站添加Google Analytics分析跟踪代码

```
15  <html <?php language_attributes(); ?>>
16  <head>
17      <meta charset="<?php bloginfo( 'charset' ); ?>">
18      <?php $viewport_content = apply_filters( 'hello_elementor_viewport_content', 'width=device-width, initial-scale=1' ); ?>
19      <meta name="viewport" content="<?php echo esc_attr( $viewport_content ); ?>">
20      <link rel="profile" href="http://gmpg.org/xfn/11">
21      <?php wp_head(); ?>
22  </head>
23  <body <?php body_class(); ?>>
```

图11.2 将Google Analytics代码添加到网站上

需要注意的是，每一次网页内容重新加载，这段跟踪代码都会收集并发送关于当前用户的网站页面活动信息。Google Analytics会将这些活动归类为一个时间段，我们可以简单地称之为"会话"。

但有时候我们会用浏览器打开多个网站页面，在浏览其他页面内容时不再关注之前打开的页面内容。遇到这种情况，Google Analytics会将会话的时间限定为30分钟，如果这30分钟内会话无任何活动专题，那么即表示该会话结束，不再接收统计新数据。如果这个访客在第31分钟的时候又回到了之前打开的页面，那么此时所产生的数据不再计入先前的那个会话，而是被记录到重新启动的一个新会话中。

跟踪代码阶段性地将其所收集到的会话数据打包发送给Google Analytics，由Google Analytics进一步对数据进行分析统计和整理。在进行会话数据处理的时候，Google Analytics会根据特定标准来进行，以保证数据反馈的具象化和准确性。例如，针对同一个网站页面，在PC端浏览和在移动端浏览，Google Analytics会执行不同的整理标准。

跟踪代码在发送访问数据的时候，不会自动剔除网站管理人员及该网站所属公司人员的访问数据。如果不剔除这些数据，对我们深入分析访客的页面互动数据是非常不利的，特别是在网站前期还没有多少流量的时候，影响会更大。因此，我们需要使用Google Analytics中的数据过滤器来排除自己人的访问数据。

还有一点非常关键，Google Analytics处理完数据后会将其存储在数据库中，且数据无法修改。如果拿不准某些数据要不要排除，就暂时保留，否则没有二次复原数据的机会。

创建Google Analytics账户之后，我们需要设置一个含有过滤器的数据视图，以免自己网站人员的互动数据影响真实客户的统计数据。在第一次创建媒体资源的时候，Google Analytics会为我们自动生成一个未经过滤的数据视图，名字为"全部网站数据"，如图11.3所示。

图11.3 创建一个Google Analytics的新数据视图

该数据视图中的数据是未经更改的全部原始数据，将其重命名为"原始数据"。为了验证我们对Google Analytics账号所进行的各项设置，我们需要先设置一个用于测试的数据视图。以免因为某些项目的配置出错，导致网站互动数据的丢失。具体操作是在"数据视图"中单击"创建数据视图"按钮，并且将其命名为"测试数据视图"，如图11.4所示。

图11.4 创建新的数据视图

如果要过滤掉自动漫游器或者其他搜索引擎的爬虫程序流量，我们首先需要在测试数据视图中的"数据视图设置"中找到"漫游器过滤"功能，然后选中"排除来自已知漫游器和'蜘蛛'程序的所有命中"复选框，最后单击"保存"按钮，如图11.5所示。

第 11 章 外贸网站的数据分析和管理

图11.5 为数据视图设置漫游器过滤

如果想进一步排除自己的IP对网站互动数据的影响，我们就需要找到"过滤器"功能，设置"过滤器名称"为"排除自身数据"，过滤器类型为"预定义"，过滤方式为"排除"，排除对象为"来自指定IP地址的流量"，表达式为"包含"，然后在"IP地址"文本框中输入自己的IP值（此处以192.168.1.1代替）。考虑到我们会经常使用科学上网工具，此处应该填写自己使用的某个科学上网线路所对应的具体IP值。设置完成后单击"保存"按钮进行保存，如图11.6所示。

图11.6 创建一个新的访客数据过滤器

经过一段时间的观察，若我们发现测试数据视图中的数据表现符合我们对数据的预期，那么说明我们创建的数据视图已经成功，我们就可以利用这个测试数据视图来创建主数据视图。

需要注意的是，一个数据视图可以同时包含多个过滤条件，如我们在图11.6所示的主数据视图中添加一个过滤自身IP的条件。在实际的网站优化过程中，因为我们的网站目标客户可能是某个国家的，而不是另外一些国家或地区的，那么我们就可以在过滤器中新增一个过滤条件。

在一个数据视图中可以同时包含多个过滤器，但是在执行具体的过滤法则的时候，是有执行顺序的，即必须先通过上一个过滤条件才能继续执行下一个过滤条件。

11.1.2 Google Analytics后台功能简介

考虑到Google Analytics是一个数据分析工具,介绍其后台功能需要一个具有一定数据的网站数据视图作为分析主体。可以通过谷歌预先生成一个数据视图来供我们模拟操作。

第一步,单击图11.7中的"启动导览"按钮,系统会跳出一个弹窗,内容如图11.8所示。

图11.7 数据视图模拟操作功能

图11.8 访问谷歌演示账号的进入途径

第二步,单击图11.8中的"访问演示账号"链接,Google Analytics就会将模拟账号添加到我们的主账号下面,然后就会开启它的演示功能,每一步说明都会暂停,直到我们明白对应的功能项目,再单击"下一步"按钮继续操作,如图11.9所示。

图11.9 演示账号为每一步操作都进行了详细说明

第 11 章　外贸网站的数据分析和管理

1. 账号选择器

在图11.10中的左图单击账号选择器的下拉按钮就能看右图中的账号选择列表。右图用数字标出了该模拟演示账号的账号、媒体资源、数据视图三个层级关系。如果我们创建的项目太多不易找到，那么也可以使用账号管理器中的搜索功能进行账号关键词查找。

图11.10　账号选择器操作

2. 事项提醒器

单击图11.11中的铃铛图标就会出现图11.12所示的事项提醒框，里面会显示与我们的Google Analytics账号下的媒体资源和数据视图有关的提醒，包括但不限于未正确收集的数据或者需要优化的设置。

图11.11　事项显示器所在位置

图11.12　事项显示器的内容详情

3. 反馈、帮助和设置

图11.13中的问号图标是帮助功能，如果我们对Google Analytics的一些功能设置或者专业词汇不了解，就可以单击问号图标，这样就会显示对应的热门帮助资源。当然，我们也可以用关键词搜索具体的帮助项目。图11.13中问号图标旁边的三个小点是发送反馈功能，最后一个图标是我们的谷歌账号，一个谷歌账号下面可以创建100个Google Analytics账号，单击该图标之后可以随时切换账号。

图11.13　Google Analytics的反馈、帮助和设置功能

4. 自定义功能

自定义功能（见图11.14）可以让我们根据业务的具体需要来自定义数据报告，包括信息中心、自定义报告、已保存的报告、自定义提醒四个方面的内容。

图11.14　Google Analytics的自定义设置功能

5. 实时数据报告

实时数据包括实时数据概览、当前在线用户的地理位置、流量的具体来源、内容、事件及转化次数，如图11.15所示。通过实时数据报告，我们可以查看用户在网站上的实时行为细节，如图11.16所示。

图11.15　Google Analytics的实时数据报告功能

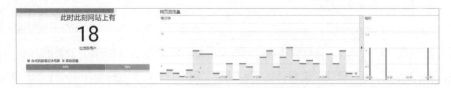

图11.16　网站在线人数的实时报告

6. 受众群体

受众群体包含的项目非常繁杂，包括数据概览、活跃用户、生命周期价值、同类群组分析、受众群体、兴趣、地理位置、行为、技术、移动、跨设备、自定义、基准化分析等，如图11.17所示。通过受众群体中的报告，我们可以了解用户的特征，如年龄、性别、互动程度、新老用户等。这一部分的数据分析在整个Google Analytics分析报告中的地位举足轻重，需要我们付出较多的时间和精力进行深入研究。

第 11 章 外贸网站的数据分析和管理

图11.17 Google Analytics 的受众群体分析功能部分

7．流量获取

流量获取分析功能（见图11.18）可以让我们清楚地知道我们网站上的这些访客是以什么样的渠道到达的。这些流量可能是依靠自然搜索的 SERP 结果进入的，也可能是通过我们投放的谷歌广告进入的，还可能是通过外链源网站上的外链跳转或者其他社交媒体平台上的链接跳转进入的。

图11.18 Google Analytics 的流量获取功能

8．访客行为分析

访客行为分析功能（见图11.19）在 Google Analytics 数据报告中也很重要，包括访客在我们网站上所查看的具体页面内容、访客打开某个网站页面所花费的时间、访客在网站上搜索了哪些内容（前提是我们的网站有搜索功能），以及访客是否与我们事先设定的事件或者项目产生了互动等。除此之外，还能记录访客的着陆页面及停止深入浏览并最终退出网站时的退出页面。

图11.19 Google Analytics 的访客行为分析功能

9. 转化

转化功能（见图11.20）的最大作用就是帮助我们跟踪业务目标设置的网站目标达成情况，其子功能包括目标设置、多渠道漏斗模型，如果我们的网站是2C类型的，那么还可以使用电子商务中的购物行为、付款行为、产品业绩、销售业绩、产品列表业绩等子功能。

图11.20　Google Analytics 的转化功能

10. 管理

管理部分包含了 Google Analytics 所有的分析设置，如用户权限、跟踪代码、数据视图和条件过滤器，如图11.21所示。在媒体资源中的产品关系项目中，还有 Google Ads 关联、Ad Sense 关联、Ad Exchange 关联等项目。当然，最重要的还是数据视图部分的功能，我们需要分析的网站相关数据都需要在数据视图中进行查看和操作。

图11.21　Google Analytics 的管理功能

进入 Google Analytics 后台，我们第一眼看到的就是数据视图的首页。第一个数据分析项目就是受众群体的概览。因为首页中的受众群体概览数据太笼统，所以我们单击选择左侧的"概览"选项，数据分析项目就会详细很多，如图11.22所示。

页面最上面是用户数的近期波动曲线，在波动曲线的右上角，我们可以根据自己的需求设定数据的统计时间段，如每小时、每日、每周、每月等，也可以自定义某个时间段的统计数据，只要单击右上角的日期范围进行操作即可。在波动曲线的下方，Google Analytics 为我们罗列了包括新用户数量、用户会话次数、平均每名用户的会话次数、网页浏览器、每次会话浏览的页面数量、平均会话时间和访客跳失率等数据。

如果我们要查看更加详细的受众特征，那么还可以查看用户数据下面的国家、地区、浏览器、操作系统及用户所使用的语言和各个语言使用人数的占比。关于受众特征指标，报告的默认设置是"语言"，如果我们有其他需求，那么可以选择"国家/地区"或者"城市"来查看需要的统计数据。这对于我们未来投放广告时选择区域也是有非常大的指导意义的。

图11.22　Google Analytics 对网站数据监控的概览

11. 细分选择器

在受众群体概览中，如果我们不想查看所有用户的数据，只想对更具体的某一类用户进行深入分析，那么我们应该使用用户细分选择器功能。细分选择器的功能如图11.23所示。

图11.23　Google Analytics 的用户细分选择器功能

12. 图表注释器

在用户数量的统计曲线图中，有时候我们会发现某个时间点流量激增，这可能是由于我们投放了谷歌广告。为在日后查看相关数据时对特殊波动有长久的印象，我们可以用图表注释器功能对这些特殊节点进行注释，如图11.24所示。

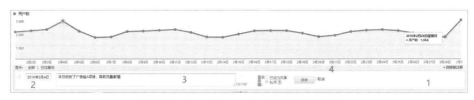

图11.24　Google Analytics 的图表注释器功能

11.1.3　谷歌广告系列与转化

大部分外贸独立站的负责人在经历漫长的优化工作后，会因为看不到网站的自然搜索流量有起色，而转头去开谷歌广告进行引流。

既然投了谷歌广告，我们就要用相关的数据进行统计分析，看看这些广告费用投得值不值及哪些地方的转化做得还不到位等，以完善一些细节问题。

在Google Analytics中，我们可以通过"广告系列标记"来跟踪营销广告。在进行谷歌广告投放的时候，我们可以在广告网址链接中添加一些代码，当某个目标用户单击了带有该跟踪代码的链接广告时，Google Analytics就会从链接中提取相关信息，并将该用户的单击浏览行为与我们设置的营销广告进行关联。这样我们就能知道是哪些用户通过我们投放的营销广告到达了我们的网站页面。

为了让我们更好地了解付费流量的来源，Google Analytics提供了5种广告系列标记。

1. 媒介标记

媒介标记体现的是客户具体通过什么渠道了解到我们投放的广告信息，从而进入我们网站页面的。例如，以邮件发送的电子邮件广告、社交渠道的社交广告等。根据广告投放渠道和媒介的不同，我们可以自定义流量进入媒介的名称。通常情况下，我们会将付费搜索广告命名为"单次点击费用"，社交网络广告命名为"社交"，电子邮件系列命名为"电子邮件"，也可根据自己的特殊需求和喜好进行命名。

2. 来源标记

来源和媒介很相似，媒介侧重的是具体的广告投放机制，即我们用什么样的方式将广告传达给目标客户的；而来源侧重的是用户来自哪里，如搜索广告投放的来源可能是Google、Bing或是Yahoo。

3. 广告系列标记

广告系列体现的是营销广告系列的名称，在投放谷歌广告的过程中，我们可能会投放多个不同的广告系列，而具体的投放渠道和来源可能相同。比如，投放两个类似的以包装机械产品为内容的谷歌搜索广告，在媒介上可能都显示为"每次点击费用"，在来源上可能都显示为"Google"。

如果不进一步区分，就会难以分辨访客流量究竟是通过哪一个广告进来的。有了广告系列标记之后，就能够在Google Analytics中清楚地知道这两个广告各自引进的流量情况，对我们及时调整广告投放策略有很大帮助。

4. 内容标记

在投放谷歌广告的时候，为了调整广告的ROI（投资回报率），我们也会对同一个广告进行A/B测试。上述三种标记类型在同一个谷歌广告上进行A/B测试，因为它们的投放机制、投放渠道、投放名称是完全相同的，有差别的仅仅是广告内容。如果不进行内容标记，那么单纯地想从Google Analytics的统计数据中发现同一个广告不同版本之间的效果差异是比较困难的。针对这种情况，我们就可以利用内容标记来做进一步的区分。

5. 关键词标记

这种标记类型的作用是识别付费搜索广告系列中的关键词，在日常的广告投放标记中较为少见。

如果我们需要将这些跟踪代码和参数添加到广告网址中，那么可以使用Google Analytics在帮助中心里的"网址构建器"。

11.1.4 在 Google Analytics 中设置目标

在运营外贸独立站的时候，我们希望目标客户进入我们的网站页面；在访客浏览页面内容的时候，我们又希望访客能与页面内容产生互动，如注册账号、填写联系表单、发送询盘或是下载相关产品的资料，等等。我们将访客的这些互动行为统称为业务目标的达成，也就是"转化"。

在Google Analytics中，我们可以将业务目标设置成"目标渠道"，这个目标渠道是对网站访客达成某个业务目标需要的不同步骤进行可视化呈现，因为并不是每个网站访客都能按照我们的页面设置完成我们想让他们完成的动作。

有了Google Analytics的目标渠道，我们就可以清楚地知道某个业务目标的哪个具体环节存在问题，然后进行完善。例如，一个B2C类型的在线零售网站，一个访客如果要购买产品，一般会有浏览商品、加入购物车、核对价格和付款这四个步骤。但是在将商品添加到购物车并进行价格核对之后，该访客就离开了网站，那么我们就需要分析是不是价格计算方式出了问题，如优惠券没有出现在最终的付款结算环节。

目标渠道的设置要在Google Analytics的数据视图中进行添加，每个数据视图最多能设置20个目标，所以尽可能地将重要的检测项目作为对象添加进去。不过也不用特别担心目标额度不够用，一个谷歌账号下可以同时容纳100个数据视图。接下来我们看看这个目标应该怎么设置。

（1）选择Google Analytics菜单栏左下角的"管理"功能，然后单击"数据视图"下的"目标"，如图11.25所示。

图11.25　为Google Analytics设置转化目标

（2）在出现的新页面中单击"新目标"按钮，如图11.26所示。

图11.26　创建新目标

（3）对目标进行设置。首先是模板，我们可以在系统预设的4个模板中进行选择，这4种模板分别是"收入""流量获取""咨询""互动"，每个模板下面还有很多细分的选项，如图11.27所示。选择了模板之后，单击"继续"按钮。

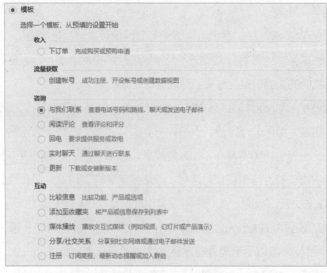

图11.27　Google Analytics提供的目标设置模板

第 11 章 外贸网站的数据分析和管理

以我们的B2B外贸独立站为例，一般情况下我们会选择"咨询"模板中的"与我们联系"（以查看电话号码和路线、聊天或者发送电子邮件作为目标）。如果想设置的目标与系统预设的这4种模式有比较大的出入，那么可以自定义目标。

（4）因为在上一步中选择的是"与我们联系"，所以在这个环节中我们可以先将目标说明的"名称"设置为"与我们联系"，在"类型"中选择"目标网址"，如图11.28所示，然后单击"继续"按钮。

图 11.28　为新增的目标设置说明

（5）设置目标的详细信息。因为我们设置的是让访客联系我们，所以这里的目标网址应该设置为"/contact-us/"（不需要加"https"和域名），如图11.29所示。

图11.29　为新增目标设置目标详细信息

如果我们的网站不是B2C类型的在线零售型网站，那么可以将图11.29中的"价值"统计功能关闭，并设置"漏斗"为开启状态。不管是不是投放了谷歌广告，访客都不太可能在看了Landing Page的内容第一时间就直接单击Contact Us页面进行查看。

基于上述原因，我们需要将访客从Landing Page开始最终到达Contact Us页面之间的这部分页面的跳转过程，以分步骤的形式进行设置，如图11.30所示。

图11.30 设置目标达成所需要经历的页面跳转过程

图11.30中的设置假定的基础是，某个访客首先进入我们网站的Landing Page是网站首页，在网站首页上我们设置了一款主推产品，产品名字为aaa，该主推页面的别名（也就是URL）是aaa。该访客在首页看了aaa的产品简介很有兴趣，就进入了该产品的详情信息页面，最后他可能想对这款产品深入了解，但在网站上找不到更多的信息，所以他想在Contact Us页面找到网站负责人的联系方式，于是便会跳转到联系页面。

注意，步骤中的目标页面地址不用加主域名，只需要具体的URL后缀即可。

图11.30中的三个步骤共同构成了Google Analytics中目标设置的漏斗条件。

目标设置完成之后，Google Analytics需要一定的时间来收集和统计相关数据，特别是对刚创建的小网站来说更是如此。对于设置好的目标及其所搜集的统计数据，可以通过"转化"功能的"概览"子菜单进行查看，如图11.31所示（此处引用数据为谷歌模板案例）。

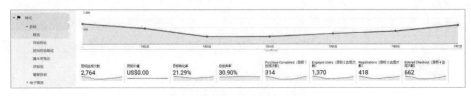

图11.31 转化功能的概览子菜单

从图11.32中我们可以看到，最近7天的目标达成次数是2764次，目标达成率是21.29%，总放弃率是30.9%（总放弃率的计算方式是放弃的渠道总数除以目标总启动次数）。注意，目标达成率和总放弃率这两个数值相加并不会是百分之百。

在Google Analytics给的这份模拟数据中，它设置了4个目标，分别是目标1

（Purchase Completed）、目标2（Engaged Users）、目标3（Registrations）和目标4（Entered Checkout）。这4个目标最近一周内各自的目标达成数量分别是314、1370、418和662次。

如果我们想了解某个预设目标达成情况的详情（特别是需要多少步才能完成某项目标），可以在Google Analytics中选择"转化"→"目标"→"逆向目标路径"进行查看。

我们可以进一步查看某个目标的达成过程中，各个步骤的分阶段目标达成情况。还是以案例中的目标1为例，该目标达成的各个分阶段漏斗效果如图11.32所示。

图11.32　目标达成各阶段的漏斗效果

从图中可以看出有1545位访客将自己喜欢的产品添加到了购物车中，这1545位访客中有887位没有进入下一个环节的Billing and Shipping，直接离开了网站，剩下658位访客进入了第二阶段。那么此阶段的转化率大约是42.59%（658÷1545×100%≈42.59%）。

到了Billing and Shipping环节（见图11.33），有些访客就会对购物车中待付款的产品项目进行核对，并不是每个将商品添加到购物车的访客都会付款。从图11.33中我们看到有161位访客选择了放弃付款，剩下的497位客户坚持到了付款环节，如图11.34所示。

图11.33　Billing and Shipping环节的漏斗数据

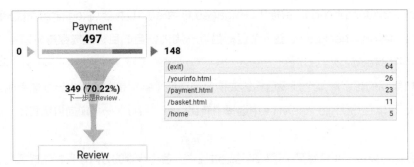

图11.34　Payment环节的漏斗数据

在Payment环节也会有很多客户离去，可能是因为支付环节存在问题。例如，操作烦琐，付款环境的安全性让访客担忧，付款的途径太少，付款时需要填写过多的个人隐私信息，等等。这些影响因素的存在导致了148位访客最终没有付款成功。剩下的349位客户最终完成了付款动作，那么这个环节的转化率就是70.22%（349÷497×100%≈70.22%）。

到了最后一步，还有可能出现访客流失的情况，如图11.35所示。

图11.35　Review到Purchase Completed环节的漏斗数据

当我们以为大功告成的时候，又有一部分访客的购买行为发生了变动。从图11.35中我们可以看出，这样的客户一共有35位，那么我们最终得到的完整交易笔数就为314，这个环节的转化率就是89.97%（314÷349×100%≈89.97%）。那么总的Purchase Completed的目标转化率就是20.32%（314÷1545×100%≈20.32%）。

从目标的漏斗分析图表中我们发现这样一个现象，越靠近最终预设目标的阶段，其转化率就越高，因为分层级筛选后，剩下的访客户达成目标的欲望更强烈。但是也有特殊情况，比方说从账单检查到付款界面阶段与从付款界面到成功付款阶段相比，前者转化率更高一些。

这个情况可以说明我们预设的付款界面或付款方式出现了问题，有可能是付款渠道太单一、付款环境不安全、付款的方式太烦琐，也有可能是付款需要填写的信息过多。这些问题的存在直接导致了优质访客资源的流失，后期我们就需要对该环境进行深入的整改。

11.2 Google Analytics 进阶

本节内容侧重于数据的收集与处理，应用配置和衡量计划的制订，Google Analytics 的数据收集和参数设置，以及 Google Analytics 的时间跟踪与其他设置。

11.2.1 如何利用 Google Analytics 对数据进行收集和处理

要使用 Google Analytics 来查看网站的各项数据，首先需要在网站的页面上安装一段 JavaScript 跟踪代码。安装好之后，当某个访客打开我们事先装好跟踪代码的网站页面之后，这段代码就会在该访客的浏览器上安放一个 Cookie，用于跟踪该用户在我们网站页面上的浏览情况和交互动作。

有人可能会说，网站上的访客这么多，每个访客在网站上可能有各种各样的浏览动作，Google Analytics 怎么知道哪个客户在网页上具体做了什么事情呢？对一些"目标"事件在分步骤展开统计的过程中，如何知道哪些访客完成了全过程，哪些访客因为各种原因中途离开了？

1. "命中"的定义

要回答这些问题，我们要先了解一下 Google Analytics 的"命中"概念。"命中"是一个网址字符串，字符串中有各种参数。当有访客在我们的网站上发生互动行为（如提交了联系表单）的时候，跟踪代码就会向 Google Analytics 发送这个命中行为的代码。通常情况下，"命中"（也就是网址字符串）如图 11.36 所示。

```
https://www.google-analytics.com/collect?v=1&_v=j43&a=1222585067&t=pageview&_s=1&dl=https%3A%2F%2Fwww.googleme
rchandisestore.com%2F&dr=https%3A%2F%2Fwww.google.com%2F&ul=en-us&de=UTF-8&dt=Google%20Online%20Store&sd=24
-bit&sr=1440x900&vp=1375x447&je=0&fl=21.0%20r0&_utma=41230772.810117230.1459896990.1464714869.1464802254.8&_u
tmz=41230772.1464802254.8.7.utmcsr%3Dgoogle%7Cutmccn%3D(organic)%7Cutmcmd%3Dorganic%7Cutmctr%3D(not%2520p
rovided)&_utmht=1464805887520&_u=SCCCgAAr~&jid=&cid=810117230.1459896990&tid=UA-30481-1&gtm=GTM-CGSQ&cd55=
Retail&z=1860796108
```

图 11.36　Google Analytics 中的"命中"对应的跟踪代码

从上面这段代码中我们可以解读出很多有用的信息，如用户浏览器的语言；用户正在浏览的网页名称，一般指的是页面的标题，可以从"<title>…</title>"中获取；用户设备的屏幕分辨率，如图11.36中的1440×900等。

命中所传递的信息完全取决于某个访客与我们网站页面之间的互动情况及我们要跟踪的具体指标项目。除了上面解读出的4个具体信息外，还包括其他的信息，如用户的身份标识码，这个身份标识码是自动生成的，用于区别某个访客是新用户还是老用户，以便Google Analytics在统计具体数据的时候，将相关信息归类到正确的项目中。

2. 命中的类型

（1）网页浏览命中。网页浏览命中是众多命中类型中最为常见的，毕竟绝大部分搜索用户在进入某个网站的时候，会先浏览该网站页面而不是立刻采取其他动作。每当搜索用户打开某个网站页面时，只要页面的源代码中包含Google Analytics跟踪代码，浏览器就会发送一次新的网页浏览命中给我们的Google Analytics后台。

（2）事件命中。事件命中需要我们自行设置对应的事件跟踪项目，如打开某个特定的网页、单击联系表单的发送按钮、单击视频的播放按钮等。一般情况下，事件命中在发送给Google Analytics后台信息的时候包含四个数据参数，分别是事件价值、事件标签、事件类别和事件操作。

（3）交易命中。一般来说，交易命中在零售类型的B2C网站上较为常见。它的主要作用是向Google Analytics后台发送与电子商务购买有关的数据，如访客购买的产品型号、订单ID、付款金额等。如果我们的网站是B2C在线零售网站，那么建议在Google Analytics中设置增强型电子商务以便传递更多的在线交易数据。

除了以上三种命中类型外，还有很多其他类型的命中，如社交命中，我们可以在网站页面上设置社交分享图标，访客单击之后就会将当前页面的内容分享到他的社交账号上。

3. Google Analytics对命中传递信息的处理

Google Analytics跟踪代码通过命中将带有参数信息的字符串发送到Google Analytics后台后，后台就要开始执行数据处理的动作。

（1）Google Analytics根据用户身份识别码，判定这个命中数据是属于谁的，是新用户还是老客户。

（2）将命中数据归入会话功能中。

（3）将命中数据与Google Analytics中的其他数据进行合并统计分析。

用户身份识别码是谷歌跟踪代码根据用户浏览器的 Cookie 随机生成的一个唯一身份 ID，每一个 ID 对应一个具体的用户，如 001 对应的是张三，那么谷歌跟踪代码便绝对不会再将 001 对应到李四身上。当王五作为新用户第一次浏览安装了谷歌跟踪代码的网页时，谷歌跟踪代码便会根据王五所使用的浏览器 Cookie 为他生成唯一 ID（假设为 002），命中的数据发送给 Google Analytics 后台之后，因为系统中尚未有 002 这个 ID，所以王五就会被视为新用户。

在同一个数据统计周期内，王五多次访问该网站页面，同时谷歌跟踪代码会将王五浏览网站页面所产生的多次命中数据发送到 Google Analytics 后台，后台检测出该 ID 为 002，与系统中存在的 ID 完全符合，这时王五就变成了老用户。

但是有一种特例需要注意，王五虽然因多次访问某个网站页面而被 Google Analytics 标记为老用户，但如果某一天王五心血来潮清除了自己浏览器的 Cookie，那么谷歌跟踪代码就会为王五生成一个全新的身份识别 ID，这个身份识别 ID（已经不再是 002，可能变成了 005）被传到 Google Analytics 后，因为在系统中检测不到，所以此时的王五又被标记为新用户。

在识别出命中所传递的数据是属于老用户还是新用户之后，Google Analytics 就需要对命中数据中的各项参数进行归类。我们知道，Google Analytics 是一个统计分析工具，既然是统计分析，那么必然要确定一个统计分析的时间区间，我们将这个过程称为"会话"。

也就是说，网站页面上的跟踪代码不可能永远跟踪某个访客在网站上的所有行为并将其行为记录在一个会话单元内。这个会话将时间限定为该访客停止所有命中行为后 30 分钟（该时间限定可以更改，默认情况下是 30 分钟）。例如，某访客进入我们的网站页面进行浏览，5 分钟后打开了其他网站页面，其间没有再回到我们的网站页面操作，那么从离开的那一刻开始往后顺延 30 分钟，该会话结束。

但实际上访客的浏览行为会比上面说的这种情况复杂得多，如某个用户访问了我们的首页，然后他又打开另外一个新的浏览器标签页面并浏览上面的内容，可能因为页面内容过于精彩中途忘了回到我们的网站页面上，直到 30 分钟后才想起我们的网站页面，这时候他又回到我们的网站页面上，点击播放了我们的视频。那么对于这个用户，Google Analytics 会将他在我们网站页面上的行为记录成 2 个不同的会话发送给 Google Analytics 后台。

第一个会话包含了一次网页浏览命中，第二个会话包含一个事件命中，视频播放这种交互行为被归类为事件命中，而不是网页浏览命中。

这些会话数据传输到 Google Analytics 后台被整理和计算出若干个统计指标，如会话次数、每次会话浏览页面数量、平均会话时长和跳出率等。这些数据会直接影响该网站页面在SERP中的排名，也是我们做谷歌SEO的侧重点。

11.2.2 Google Analytics应用配置和衡量计划的制订

Google Analytics跟踪代码发送的是最原始的跟踪数据，如果不经过专门的处理，很难看得懂发送了什么数据。所以，要想获得自己需要的数据指标和对应数值，就需要对数据过滤器、目标、数据分组、自定义维度、自定义指标等相关功能设置对应的数据配置规则，这些规则就是具体的数据处理方式。

以数据过滤器为例，它的工作原理类似于计算机语言中的布尔值，执行True（真）或者False（假）条件判断。例如，我们要在所有的数据中排除来自我们内部人员所产生的数据，那么可以设定数据过滤器的条件为IP判断，如果监测到跟踪代码发送过来的数据中IP等于我们自己的IP，那么这份数据的性质就为True，不需要执行数据统计工作。

以目标归类为例，Google Analytics将不同的目标行为设定为四个大类，分别是网页浏览、事件触发、会话持续时间、页面访问深度。每一个大类所针对的访客行为又有很大的差别，每个配置目标在单次会话中只会被记录一次转化行为。比方说我们将事件触发的条件自定义为"单击视频播放按钮"，这时即使有个访客对我们的视频内容比较感兴趣，连续看了5遍，那么事件触发转化的次数也是被统计为1的。

当然，如果我们对数据统计分析有更高层级的要求，那么完全可以在Google Analytics中根据自己的需要创建统计维度和指标。自定义维度通常情况下被用作自定义报告的主要数据统计维度或者标准报告下的次级维度。而自定义指标的作用是收集其他无法用Google Analytics中的预定义指标衡量的标准和维度。

当上述标准或者自定义指标的数据被传导到Google Analytics后台之后，Google Analytics就会将数据分门别类地整理统计，以便数据使用人员在检索相关数据的时候能够从各个汇总数据库表格中快速地提取数据并形成报告。

对于我们B2B的外贸独立站，有四个比较重要的指标需要我们学习。

（1）页面停留时间：下一次网页浏览命中的时间戳减去本次网页浏览命中的时间戳。举个例子，我们在10:00打开了某个网站首页，在10:05时打开了该网站的Products页面，因为该网站每个页面都有Google Analytics跟踪代码，所以在打开Products页面的时候，浏览器向后台发送了一个数据，后台就知道该访客已经离开首页到达了该网站的其他页面进行浏览，两个时间戳一核对，即可知该用户在Home页面上的停留时间是5分钟。

（2）每次会话浏览页数：用户在每次会话期间以唯一身份ID浏览不同网页的事件命中数的平均值。假设某个用户对我们的网站页面内容比较感兴趣，多次来到我们网站上浏览，其间没有更换浏览设备和浏览器，也没有执行清除Cookie等动作。那么该用户总共浏览的网页数量除以总共的访问事件次数就等于他每次会话的浏览页数。

（3）平均会话时长：这个指标虽然和页面停留时间有点相似，却是不同的统计指标。页面停留时间的统计对象是用户在单网页上的停留时间，平均会话时长指的是用户从进入网站到离开网站（或者说超出了会话计时区间）的时间。我们可以将平均会话时长理解成用户能在我们的网站上待的平均时长。

（4）跳失率：在我们网站页面上只进行过一次互动的访客占总访客的比例。假设某个用户在浏览了A页面之后还浏览了B页面，那么对A页面来说，该用户并没有跳失，因为他在B页面上的浏览行为又再一次被命中。而如果他从B页面离开并关闭了B页面，因为此次会话再没有对其有命中的记录，所以B页面的此次会话跳失率就是100%，分配的会话时长和页面停留时间均被统计为0，哪怕现实情况是该访客确实花时间认真查看了B页面的内容。

既然是数据统计分析，就必须有数据维度和指标的统计处理范围，否则统计分析结果不仅不能为我们的判断和决策提供客观正确的数据支持，反而会误导我们的合理判断。一般来说，Google Analytics的维度和指标有三个范围，分别是命中级别、会话级别和用户级别。

理论上来说我们无须对Google Analytics系统默认的维度和指标范围进行配对，因为当前的Google Analytics维度和指标配对在标准报告中是自动执行的。只有当我们自定义维度或者自定义指标的时候，才需要手动设置范围。确定了维度和相关指标之后，Google Analytics会将原始数据在未经过滤的情况下与我们的媒体资源ID相互关联。

不同的网站类型所对应的操作重点是不一样的，对于B2B类型的批发型网站，我们希望客户留下询盘信息；对于B2C类型的零售网站，我们希望客户在检查完订单信息之后，单击付款按钮进行付款。即使在同一个网站上，客户采取的不同操作也有主次之分。

关键转化和次要转化的区分，为的是让我们更好地制订衡量计划。衡量计划是为了让Google Analytics中的相关配置与我们的实际业务目标保持一致。衡量计划应该以具体的业务目标为核心,如让访客多给我们发送询盘表单。这个询盘表单的发送往往和文章类型页面的关联度较小,与产品类型页面的关联度较大。

在这种情况下,我们就不要在衡量计划中过多地关注页面停留时间,而是应该将关注的重点落在访客的互动中,如查看产品视频、申请免费样品、下载产品目录等。正确的衡量计划应该包括我们预设的总体业务目标、支持该目标的不同策略及实现这些策略的方法。

11.2.3 Google Analytics的数据收集和配置设置

前面我们提过用过滤器来排除对最终统计结果有影响的数据,那么Google Analytics中的高级过滤器还有哪些拓展功能呢?我们选择"管理"→"数据视图"→"过滤器"命令,在任意一个过滤器中都可以看到有两种过滤器类型供我们选择,分别是预定义过滤器和自定义过滤器。

1. 自定义过滤器

预定义类型是系统预设的,包含三个层级的过滤设置,分别是选择过滤类型、设置数据目标、选择表达式。预定义的过滤器类型的操作在前面已经讲过。自定义过滤器的功能要比预定义过滤器的功能复杂得多,它可以将命中数据纳入收集范围,或者将命中数据从总数据中排除,将数据格式设置为大写或者小写形式,以及搜索并替换命中收集的数据,如图11.37所示。

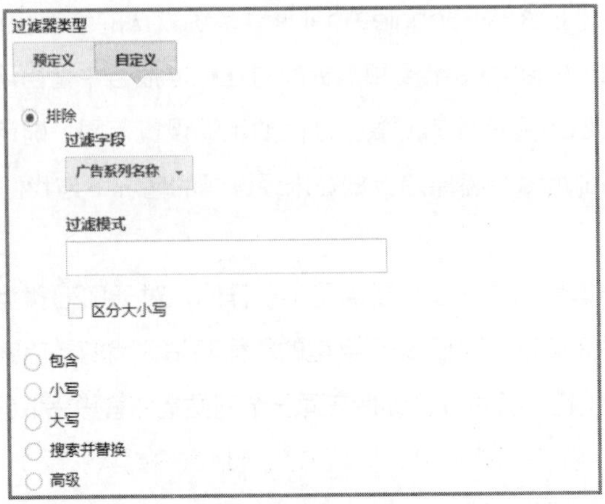

图11.37　为Google Analytics添加自定义过滤器功能

如果我们想在自己外贸独立站的搜索结果中排除国内同行数据对最终数据的影响，那么我们首先需要设置过滤器"自定义"类型为"排除"，在"过滤字段"下拉列表中选择"语言设置"，在"过滤模式"文本框中输入关键字参数"中文（简体）"，如图11.38所示。

图11.38　选择自定义过滤器类型并设置过滤条件（1）

如果我们在数据视图中只想对移动端的流量进行分析，那么在过滤器类型中我们先选择"包含"，然后在"过滤字段"下拉列表中选择"设备类别"，在"设备类别"的子项目下拉列表中选择"移动设备"，如图11.39所示。

图11.39　选择自定义过滤器类型并设置过滤条件（2）

在自定义过滤器类型中我们还可以区分大写和小写，如果在浏览器的地址栏中没有刻意区分访问地址的大小写，那么前端页面上不管是大写还是小写，我们看到的都是同一个网站页面。但是Google Analytics在统计信息的时候，是将大写的页面URL和小写的页面URL作为两个完全不同的网站页面统计到数据视图中的。为了避免相同页面出现两份统计结果的情况，我们可以在过滤器的自定义类型中选择"大写"或者"小写",然后将"过滤字段"设置为"请求URL"。

"搜索并替换"功能在外贸独立站Google Analytics数据统计分析中使用的机会并不是特别多,它的主要作用是将多个网址合并。

"高级"过滤器功能采用正则表达式,以各种复杂的方式删除、替换、合并过滤器字段。正则表达式是一些字符,我们可以使用这些字符找出匹配的文本,从而触发相应的操作。

2. 自定义维度和自定义指标

对于Google Analytics中的自定义维度和自定义指标这两个功能,通过选择"账号设置"→"媒体资源"→"自定义定义"可以找到,如图11.40所示。

图11.40　Google Analytics中的自定义维度和自定义指标

(1)自定义维度。自定义维度与默认维度本质上并没有特别大的差别,最大的不同是,在自定义维度下,数据的统计维度和维度取值由我们自己控制。接下来我们尝试着创建一个自定义维度。

在图11.40中选择"自定义维度"选项,然后在弹出的新页面中设置自定义维度的名称,并为自定义维度设置范围,包括命中、会话、用户、产品四种,如图11.41所示。

①命中:包含用户在访问网站页面或者执行单个操作时的相关数据。

图11.41　选择自定义维度的范围

②会话:采集某个会话持续期间或者某个特定访客的相关数据并加以统计分析。

③产品:数据统计对象为某款产品的相关数据。

④用户:其统计维度与会话类型差不多。

自定义维度和自定义指标只能与来自相同范围的自定义维度或者指标配对,要想使设定的自定义维度有效果,就需要选中"范围"下面的"已启用"。当然,我们也可以随时停用自定义维度,只需取消选中

“已启用”即可。

注意，即使取消选中“已启用”，之前已经收集并处理过的自定义维度数据依然会存在，只是不再执行我们设定的自定义维度数据收集工作。

在自定义维度创建页面单击“创建”按钮之后，Google Analytics会呈现相关的新建自定义维度代码段，如图11.42所示。

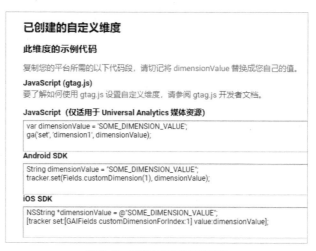

图11.42　新建自定义维度代码段

根据自己的需要复制上图中的代码段，然后将代码中“dimensionValue”（维度值）替换成自己的值。这样我们就完成了Google Analytics的自定义维度设定，系统会为我们生成一个自定义维度列表，列表中有各种我们自己设定的自定义维度项目，如图11.43所示。

自定义维度名称	索引	范围	上次更改日期	状态
Logged In Status (Coming soon)	1	会话	2016年6月29日	无效
Product ID	2	命中	2016年1月26日	已启用
User Category	3	用户	2015年12月17日	已启用
Sales Region	4	会话	2017年2月16日	已启用
Shipping Method (Coming Soon)	5	命中	2016年6月29日	无效

图11.43　系统自动生成的自定义维度列表

要想让刚创建的自定义维度发生效用，还需要将复制的代码添加到自己的网站页面代码中，操作方式和添加Google Analytics跟踪代码一致，此处不再赘述。

（2）自定义指标。自定义指标的设定是为了让Google Analytics针对我们的网站业务收集相关指标，如网页上加载的广告数量、加载网页所需要消耗的带宽、每个营销渠道所带来的品牌信息页面浏览量等。它和自定义维度一样，也是在自己的网站页面上添加JavaScript代码来收集自定义指标数据。首先在图11.44中单击左上角的"新自定义指标"按钮，然后设置自定义指标名称、指标范围、格式设置类型、最大值和最小值（这两个参数是非必填项目），如图11.45所示。

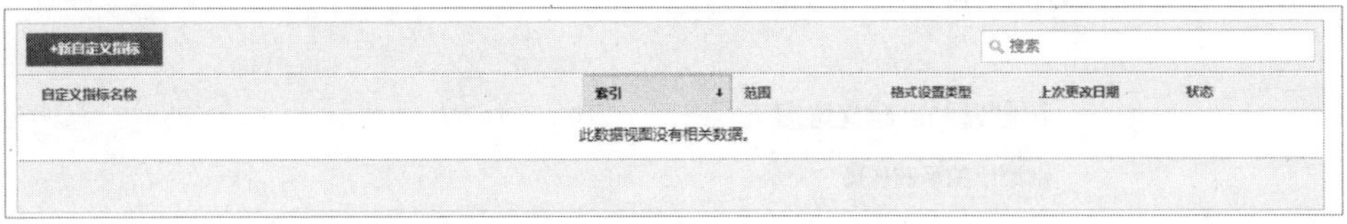

图11.44　新增Google Analytics的自定义指标

图11.45　设置新增的自定义指标

在"范围"下拉列表中只有"命中"和"产品"两个可选类别，当选择"命中"类别时，自定义指标的数值会随着跟踪代码传送到Google Analytics中的每一次命中而增加。若选择"产品"类别，自定义指标的值会随着我们分配给产品的费用而增加。

"格式设置类型"可以选择"整数"、"货币（带小数）"和"时间"中的任意一种。如果我们想设置自定义指标用于统计分析网站页面的浏览量，那么建议选择"整数"，如果要实现每增加一次网页浏览命中，Google Analytics的统计数据就增加1，就要将自定义指标的最小值设置为0，最大值设置为2，这样设定之后，取值区间为0～2，因为取值是整数，所以数量变更量就是1。设置完之后单击"创建"按钮，我们就能看到如图11.46所示的页面。

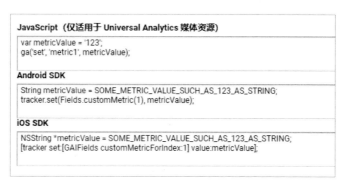

图11.46　为自定义指标添加跟踪代码

和自定义维度一样，要想自定义指标发挥效用，就需要将跟踪代码添加到自己需要跟踪分析的网站页面上。如果有多个自定义指标，那么每个自定义指标的索引参数也会不一样。索引指的是我们在Google Analytics中创建的自定义指标的索引编号，我们可以把它理解成指标项目的序号。

自定义指标和自定义维度一样，只能处理指标创建之后的统计数据，对于此前所搜集的数据不会产生任何作用。如果我们停用自定义指标，那么Google Analytics的数据会恢复如常，但是经过自定义指标处理的数据不会复原，这也是我们要创建三个数据视图（原始数据视图、主数据视图和测试数据视图）的原因。

11.2.4　Google Analytics事件跟踪与其他设置

除了利用Google Analytics来统计分析网站上有多少访客浏览了多少个不同的页面，以及对相关的统计数据进行筛选处理外，我们还可以用Google Analytics设置不同的事件跟踪，进一步了解访客在某些我们期望他们互动的页面项目上是否产生了互动行为。

事件跟踪与自定义维度和自定义指标一样，都需要将JavaScript代码添加到我们需要跟踪的各个网站对应元素上。例如，在外贸独立站的产品聚合分类页面上设置了一些名为Learn More的按钮，单击之后会跳转到产品详情页面。针对这些按钮，我们需要在网页代码中找到按钮元素（一般在<button></button>中）输入对应的Google Analytics跟踪代码。

一个网站页面上可能存在多个我们想监控的事件触发元素，我们需要对每一个希望监控的事件单独设置事件跟踪代码。甚至有时同一个网站页面元素需要分别设置不同的事件跟踪代码，如一段视频有播放时间和暂停时间，我们需要对按钮的播放状态和暂停状态分别设置事件跟踪代码。

要想完整地跟踪一个事件，一般情况下，代码中会存在四种参数，分别是事件价值、事件标签、事件类别和事件操作。

- 事件价值：对某个事件的数值型价值衡量，如果每一次播放视频都能为我们带来0.5元的收益，那么该事件的价值就是0.5元。
- 事件标签：用于描述我们需要跟踪的事件元素，如提交询盘表单信息，我们可以用事件标签将其命名为"Inquiry form submit"。
- 事件类别：用于对跟踪事件进行分类，如在我们的外贸独立站中，事件类型可以分成播放视频、提交联系表单、分享社媒内容等。
- 事件操作：网站访客在执行事件时所采取的操作。例如，我们将事件类别设定为询盘表单，那么在事件操作中就可以设置为提交。

对事件的类别和操作进行命名的时候，不要出现重复命名的情况，否则数据会发生重复统计的情况。所以，命名要简单、易懂，尽量让所有人看得明白。

如图11.47所示，在事件概览中，事件总数是18585，该指标统计的是所有网站页面的访客与被跟踪元素之间的互动总数。假设我们的事件是提交询盘表单，那么该网站应该收到的询盘表单就是18585份。唯一身份事件数指的是触发该事件的总用户数量。这两个数值是不一样的，往往前者大于后者，因为有时候一个用户可能发送多份询盘表单。

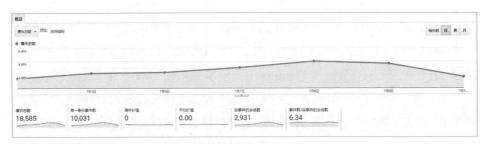

图11.47　Google Analytics的事件总数概览

含事件的会话数是指执行了具体事件的用户在网站页面上的相关行为。按照图11.47所示的数据，在众多的会话中只有2931个会话发生了询盘表单发送行为。这些含有询盘表单的发送行为平均生成询盘表单6.34次。

以Google Analytics的这份示例数据为参考，当在事件类别中选择了"Contact Us"之后，就会进入Contact Us事件的数据统计页面，如图11.48所示。

第 11 章 外贸网站的数据分析和管理

图11.48 事件类别统计数据

Contact Us事件总数为121，占所有监控事件的比例为0.65%，这121个事件是由72个独立ID访客所产生的，换句话说，就是72个访客在网站上执行了Contact Us事件，平均一个访客执行1.68次Contact Us事件，如图11.49所示。

图11.49 事件总数对应的唯一身份事件数统计表

依次单击图11.49左上角的"事件操作"和"事件标签"，我们就能看到这份事件数据统计报告将事件操作命名为"Onsite Click"，将事件标签命名为"Email"和"Phone"，如图11.50和图11.51所示。

图11.50 Google Analytics的事件操作

图11.51 Google Analytics的事件标签

Google Analytics的数据收集和配置中还提供了一些非常有用的相关配置，如内部网站搜索、"受众特征和兴趣"报告、计算指标、渠道分组、内容分组等，如图11.52所示。

下面以"受众特征和兴趣"报告为例，来看一下Google Analytics通过标准跟踪代码和Google广告Cookie来分析匿名用户的受众特征数据。

首先要开启"'受众特征和兴趣'报告"功能，在Google Analytics后台选择"管理"→"媒体资源"→"媒体资源设置"→"广告功能"→"启用受众特征和兴趣报告"即可开启此功能，如图11.53所示。

图11.52 Google Analytics的其他功能

图11.53 开启"受众特征和兴趣"报告功能

开启该功能之后并不会立刻有数据显示出来,因为数据收集整理需要一定的时间。此外,如果我们的外贸独立站是刚创建的,初期流量很少,那么"受众特征和兴趣"报告也不会显示任何数据。在经过一段时间的数据统计分析之后,我们就会得到对应的受众特征统计分析结果,如图11.54所示。

图11.54左侧是目标受众群体的年龄分布情况,其中25～34岁的受众是当之无愧的主力,排第二位的是18～24岁的受众群体,其他4个年龄阶段的受众所占比例随着年龄的增大而不断变小。也就是说,我们的受众以年轻人群为主。

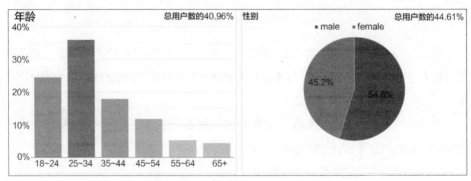

图11.54 受众特征统计分析结果

图11.54右边是受众的性别比例,其中男性占比为54.8%,女性占比为45.2%,两者之间相差并不是很大。

如果我们想进一步了解上述两组数据,那么可以单击受众特征中的年龄和性别数据进行查看，如图11.55所示。折线图表示的是每一天不同年龄段的访客数量波动情况。

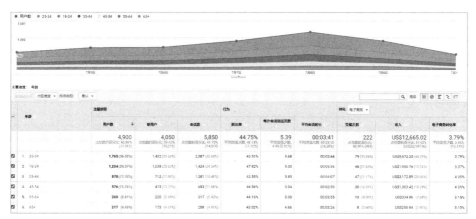

图11.55　受众特征中的年龄和性别数据统计图表

除了可以分析受众特征中的年龄和性别，还可以分析受众的兴趣统计数据，如图11.56所示。

图11.56　受众群体的兴趣统计数据概览

根据兴趣的不同，设置了10个兴趣类别，如果我们有进一步探索的欲望，还可以查看图11.56右侧的兴趣细分数据。受众兴趣数据的统计分析能够让我们对当前用户的个人偏好有一个更加清晰的认知，在输出内容的时候可以更好有针对性。例如，图11.56中占比最大的兴趣类别是购物类，那么很显然，我们在输出内容的时候就要以购物类内容为主。

受众群体中还有行为、技术、移动设备状态、跨设备数据统计和基准化分析等多个项目分析大类，每个项目分析大类下还有若干个项目分析小类，可供我们深入了解网站的具体情况，此处不再赘述。

11.3 利用 Google Analytics 进行再营销

做完外贸独立站之后,很多人会选择投放谷歌广告,但是会遇到不断追加投入,却不能有效转化的尴尬局面。

Google Analytics 和 Google Ads 关联之后,我们能够对谷歌广告投放过程中的相关数据进行跟踪,对此前到达过我们网站的访客,根据来访时间、来访事件等进行筛选和匹配,来达到谷歌广告有针对性投放的目的,从而提高访客转化率。

谷歌广告再营销也称为二次营销,二次营销的功能非常强大,通过数据统计分析,我们能够将投放的谷歌广告定位到曾经来我们外贸独立站的用户。可能因为各种原因,这些客户没有选择联系我们,也没有发送相应的产品询盘信息。

1. 选定再营销广告的目标群体

针对上述情况,我们可以使用二次营销工具在谷歌的展示广告网络、移动应用 APP 或者谷歌搜索上同这类用户展示相关广告,促使这类"特殊人群"重新回到我们的外贸独立站,号召他们与我们建立新的联系。

要使用广告的再营销功能,我们首先需要在谷歌广告(Google Ads)后台获取谷歌二次营销的跟踪代码,相关操作如下。

进入 Google Ads 后台,找到受众群体管理器,对"受众群体定义"进行设置,选择对应的受众来源,如图 11.57 所示。

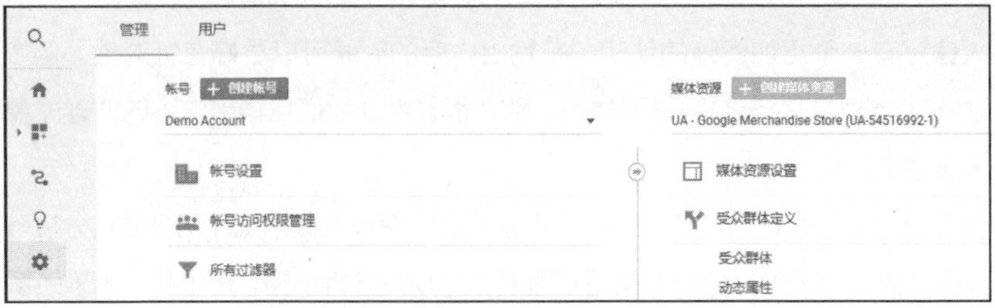

图 11.57 为谷歌广告受众群体选择数据来源

这时候有两种选择,一种是 Google Ads 代码,另一种是利用 Google Analytics 分析数据进行关联。以第一种方式为例,在"Google Ads 代码"中可以看到命中次数、活跃参数数量和使用中的列表数量，单击"详细信息"按钮，如图11.58所示。

图11.58　插件Google Ads跟踪代码的详细信息

在打开的页面中系统默认给出了3种方式，分别是自行添加代码、通过电子邮件发送代码和使用Google跟踪代码管理器，这里我们选择自行添加代码。需要说明的是，Google Ads代码已经由全局网站代码所取代，要设置再营销，我们需要在网站上添加全局代码。虽然我们之前的再营销代码依然有效（如果事先已经设置），但是谷歌官方的建议是使用新的全局网站代码。

全局网站代码会将访问者添加到我们的网站访问者列表中，并且在我们的网域上设置新的Cookie，用于存储将用户引导到我们网站的广告点击的相关信息。但实际情况是，我们不知道具体哪个访客查看了我们网站的哪个页面，为了使最终的再营销对象数据更加精准，我们还需要将全局网站代码添加到网站的每个页面上。

这里的操作和配置Google Analytics代码一样，找到WordPress后台的主题编辑器功能，然后在header.php文件中找到<head></head>，再将在Google Ads后台找到的全局网站代码添加进去。添加好代码之后要先打开网站页面，使用"Ctrl + U"快捷键，查看网页源代码中是否已经出现了刚才添加的全局代码，如果没有对应的代码，就得重新检查并更新上面的操作，直到出现对应的代码。

如果采用的是Google Analytics的后台数据关联，就无须插入代码了。首先启用Google Analytics后台的管理功能，找到跟踪信息中的"数据收集"功能。

启用"数据收集"功能之后，会出现一个针对广告功能的数据收集选项，里面有两个项目，分别是"再营销"和"广告报告功能"。我们选择开启"再营销"功能，如图11.59所示。

至此，我们已经成功地对Google Analytics设置了收集相关数据的指令，但Google Analytics还缺少收集相关数据的指令对象，所以我们要为其指定一个Google Ads的广告目标。

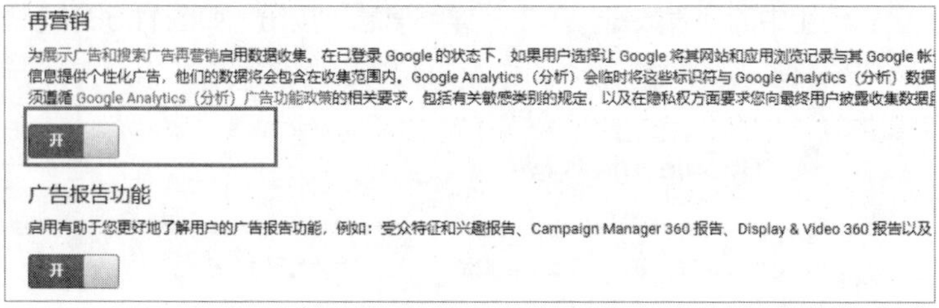

图11.59 开启谷歌广告"再营销"功能

在Google Analytics的"产品关联"（Product Linking）中，我们找到"Google Ads关联"（Google Ads Linking）。然后单击左上角的"新关联组"（New Link Group），这样我们就可以创建一个新的关联组，用来链接我们的谷歌广告账号，如图11.60所示。

图11.60 新建受众群体

在创建新关联组的时候，可直接用系统预设的模板，单击图11.60中的"从库中导入"按钮，会出现库内容选择列表，根据自己的需求进行筛选即可。

首先我们需要为受众群体来源选择一个数据视图。为了确保我们的数据是未经过筛选的，此处我们一般选择原始数据。完成之后，我们单击"受众群体定义"设置。单击"新建"按钮之后我们会进入"受众群体构建工具"界面，里面有很多项目供我们设置。这里我们选择"高级"选项组中的"条件"选项，如图11.61所示。

图11.61 设置受众群体的自定义条件1

考虑到我们的谷歌再营销广告针对的是那些"来去匆匆"的访客，因此我们单击图

11.61中的"添加过滤条件"按钮，对受众群体的具体筛选条件进行设置。假设我们的客户只看了咖啡包装机的product-a页面，而没有继续到contact-us页面与我们联系，那么我们设置的过滤器条件就应该是：网页包含www.domain.com/product-a且网页不包含www.domain.com/contact-us/，如图11.62所示。

图11.62 设置受众群体的自定义条件2

那么有没有可能某些用户查看了product-b页面却没有进入contact-us页面呢？显然这种情况是存在的，为了使谷歌再营销广告投放得更具针对性，我们可以将筛选条件设置得更加详细些。这里的筛选条件要根据自己网站的实际情况进行增设，条件越清楚针对性越高。如图11.63所示，设定条件为看了产品页面product-a或者产品页面product-b，且在我们的网站上看了3个或3个以上页面，网站停留时间大于等于3分钟，且没有单击contact-us页面的用户。如果条件太多，过滤后的数据就会变得很少，而投放谷歌再营销广告时是有一定的目标受众人数指标的，所以我们要把握好筛选程度。

图11.63 设置受众群体的自定义条件3

注意：在配置网页地址的时候，不需要添加域名，只需要添加具体的页面URL即可。

将受众群体定义完整，并设置好对应的数据过滤器规则之后，我们就需要选择受众群体目标平台了，如图11.64所示。这里我们选择平时进行谷歌广告投放的账号即可。

图11.64　选择受众群体目标平台

将关于受众群体的项目都设置完成后，单击"发布"按钮。Google Analytics会提示我们后续的操作，让我们前往Google Ads中制作再营销广告系列，如图11.65所示。

图11.65　制作谷歌再营销广告系列

单击图11.65中的"制作广告系列"按钮，就会跳转到谷歌广告的账号后台，如图11.66所示。

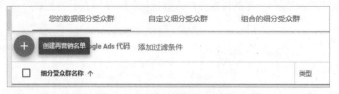

图11.66　创建谷歌再营销广告名单

单击图11.66左侧的加号按钮，在弹出的界面中选择"网站访问者"作为设置对象，如图11.67所示。然后逐一设置细分受众群体的名称、细分受众群体成员、访问过的网页规则等项目。假设我们事先已经进行过谷歌广告的投放，并且要对此前所有已浏览过该广告但未形成转化的目标对象设置再营销广告，那么我们可以在"细分受众群名称"文本框中将这部分对象命名为"来去匆匆用户"，如图11.68所示。

图11.67　选择"网站访问者"作为再营销对象

图11.68　为细分受众群体命名

在"细分受众群成员"项目中，我们要对受众群成员的访问规则进行设置，系统预设了5个待选项，如图11.69所示。

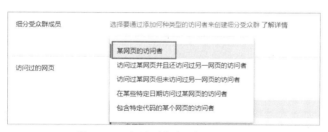

图11.69　对受众群体成员进行规制设置

这5个待选项所指向的规则条件是有很大区别的，条件设置得越复杂，对应的再营销对象目标会越精准。

以机械网站为例，当我们设置细分受众群成员为"某网页的访问者"后，如果某个访客浏览过我们的product-a页面，那么该访客就可以被认为是我们再营销广告的目标。但是在实际中，我们很可能不会轻易断定该访客对我们的产品感兴趣，换句话说就是，该访客距离与我们接触和交流还有很远的距离，那么我们可以在"细分受众群成员"中选择"访问过某网页并且还访问过另一网页的访问者"，然后在访问过的网页条件中，分别输入对应的两个网站页面的链接，如product-a和contact-us页面。从某种程度上来说，当访客进入了contact-us页面，就说明该访客有比较强的与我们沟通的欲望，所以我们的设置应该如图11.70所示。

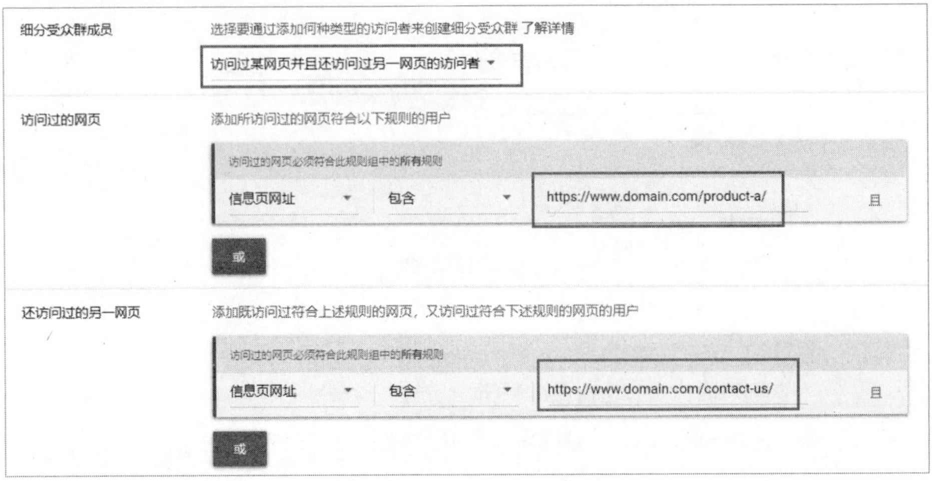

图11.70 设置对应的筛选条件

注意，如果我们的目标对象比较复杂，那么这里的筛选条件就需要仔细设置，要合理地运用"或"和"且"来调整受众群体的范围。

设置完筛选条件后，我们就需要设置"预填充选项"了。"预填充选项"是指Google Ads可以使用过去30天与我们的网站页面有过互动的用户信息来预填充细分受众群体，如图11.71所示。

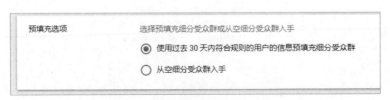

图11.71 设置再营销的"预填充选项"

"成员资格有效期"指的是某个符合上述数据筛选标准的用户停留在我们事先设定的"来去匆匆用户"列表上的时间，需要结合自己的产品和行业特征进行设定。一般来说，货值较高且采购周期较长的项目，时间可以设置得更长一些。相反，低货值易耗品和复购率较高的项目，建议将有效期设置得短一些，这样才能使有限的谷歌广告费用投放出更好的广告效果。注意，这个有效期最长可以设置为540天。

上述所有项目都填写完毕且检测无误之后，单击"创建细分受众群"按钮进行创建，如图11.72所示。

图11.72 创建网站的细分受众群体

到这一步,我们就完成了谷歌再营销广告的受众群体设置。

2. 对目标群体设置再营销广告

有了再营销广告所针对的目标群体之后,我们需要再为目标群体制作一个再营销广告。那么为什么要重新做一个广告呢?

从理论上来说,使用原来的广告也没有太大问题。只不过从另外一个角度考虑,这些人之所以在第一次看到广告的时候没有选择对应的操作,原因无外乎初次投放的广告图像不够精美、广告文案没有吸引力、广告内容乏善可陈、广告所指向的网站页面内容无法让人产生信任感、广告页面所指向的网站页面缺乏转化的对应元素,等等。

基于上述原因,我们需要重新制作一个更有针对性的再营销广告。

(1)在Google Ads后台单击"新广告系列"按钮(见图11.73),进入广告目标选择界面,如图11.74所示。

图11.73 新增一个谷歌广告系列

图11.74 选择广告目标类型

因为我们做的是再营销广告，所以这里选择"在没有目标导向的情况下制作广告系列"。

（2）选择广告系列类型，有搜索广告、展示广告和购物广告等8种预设的广告类型。一般情况下我们选择搜索或者展示类型。前者的受众面更大，更容易使再营销广告触发投放，而展示型广告相对来说更加精准，但是触发量相对较少。如果想在短期内投放更多的再营销广告，那么建议选择搜索类型的广告进行投放。但再营销广告的投放是有一定限制条件的，搜索型广告的潜在受众群体需要达到1000个，而展示型广告只需要100个潜在受众就可以执行了。

（3）对广告系列中的具体内容进行设置，如图11.75所示。

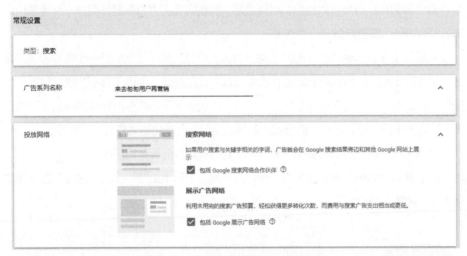

图11.75　对广告系列的相关内容进行设置

为了加大再营销广告的触发面，我们在图11.75中选择"搜索网络"和"展示广告网络"两种投放网络。如果有自己的特殊需求，那么选择其中一个即可。在"隐藏更多设置"中，还有再营销广告的"开始日期和结束日期"、"广告系列网址选项"、"动态搜索广告设置"及"广告投放时间"这4个选项，如图11.76所示。

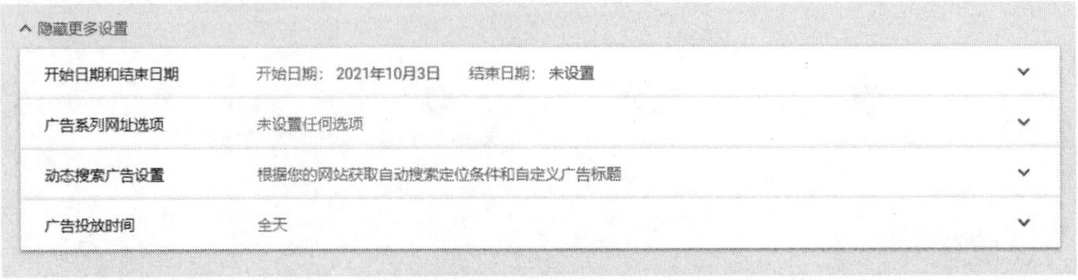

图11.76　隐藏选项

（4）对广告的定位进行设置，定位中有两个项目需要设置，分别是"地理位置"和"语言"。如果我们的再营销广告针对的是某国客户，就在"地理位置"选项组中选中"输入其他地理位置"单选按钮，如图11.77所示。

图11.77　广告的定位设置

（5）对细分受众群体进行设置。这时候就不需要从系统预设的细分受众群体中选择了，直接利用关键词搜索并选择已创建的"来去匆匆用户"列表即可，如图11.78所示。

图11.78　选择事先创建的再营销受众目标

（6）常规的谷歌广告投放设置。在预算中我们要设定再营销广告的平均日投放预算值。但是要注意，有时候我们账户中所扣除的费用可能会超出这个设定值，因为在不按转化次数付费的广告系列中，谷歌允许广告的点击次数一天之内有最高1倍的上浮空间，也就是超额投放。

对于出价的目标，因为我们进行的是再营销广告的投放，所以这里我们应该选择转化次数或者转化价值。

关于广告的附加信息，有三个项目需要我们认真填写，分别是附加链接、附加宣传信息和附加电话信息，这些都属于谷歌广告的基本操作，此处不再赘述。

3. 如何提高谷歌广告的成效

前文中我们提到过，广告的受众群体可以直接从Google Ads的模板库中调用，具体的操作步骤是在Google Analytics的"管理"菜单中选择"受众群体定义"再选择"受众群体"→"从库中导入"，如图11.79所示。

图11.79　从库中导入受众群体

例如，假设我们经营的是一家电子商务公司，那么只需按"电子商务"类别进行过滤，然后按预设模板的受欢迎程度、模板评分和被采用次数等排序因素进行排序，就可以得到一个针对电子商务再营销的受众群体列表模板了。选择一种模板，单击"导入"按钮，就可以将该受众群体模板添加到Google Analytics中了。

导入模板之后要做的就是将相关的Google Analytics数据与该模板进行配对，以便后期在投放谷歌广告时，广告的触发不是没有条件限制的关键词搜索匹配。因为这里的广告受众群体已经在模板中限定了广告触发的条件。

接下来我们用时间导向定位法做谷歌再营销的广告转化。

（1）创建一个新的网站访问者受众列表，并将其命名为"最近7天网站访客"，在"访问过的网页"中的"信息页网址"后面添加一个斜杠。这样设置之后，只要有访客浏览了我们网站的任何页面，都会被认为符合当前的筛选过滤条件。

（2）设置受众成员身份有效期。假设我们要定位过去7天内访问过我们网站的访客，就将会员有效期设置为7天，如图11.80所示。

图11.80　利用时间导向定位法设置再营销广告受众群体

这样就可以排除其他访客行为时间比设定时间短的数据了，假设有A、B、C、D四位访客，他们的访客行为和对应的访客二次营销列表名单的设置是这样的：

①A访客过去1天访问过我们的网站——无须排除；

②B访客过去7天内访问过我们的网站——排除A；

③C访客过去14天内访问过我们的网站——排除A和B；

④D访客过去30天内访问过我们的网站——排除A、B和C。

也就是说，预设的符合时间条件的时间界限越大，那么小于此时间界限最大值的任何访客都不会作为此阶段的受众群体而被归入统计列表中。

如果我们要投放搜索广告，而且想获得较好的投放效果，那么需要使用RLSA（搜索广告），也就是搜索广告再营销列表。与常规搜索广告的投放效果相比，RLSA可以将我们的广告转化率提高61%甚至更多。RLSA的设置如下。

①在Google Ads后台找到"受众群体"选项，然后新增一个受众群体。

②选择一个广告系列或广告组。建议将谷歌广告再营销的受众群体添加到所有搜索广告系列（或广告组）中。

③选择"观察"并添加刚才已经设置好的谷歌广告再营销列表。

④选择所需的任何相关受众群体，然后保存。建议选择一个以上的受众群体，因为这将在以后为我们提供更多选择和数据。

⑤设置出价。现在通过设置出价将再营销受众群体应用到我们的搜索广告系列或广告组中。这里不建议将出价提高5%或者5%以上，一般的做法是给它一些时间来建立数据，然后根据再营销广告的投放效果对出价进行调整。